Dr.STONE

Story: Riichiro Inagaki

Art: Boichi

22

UNSERE STONE WORLD

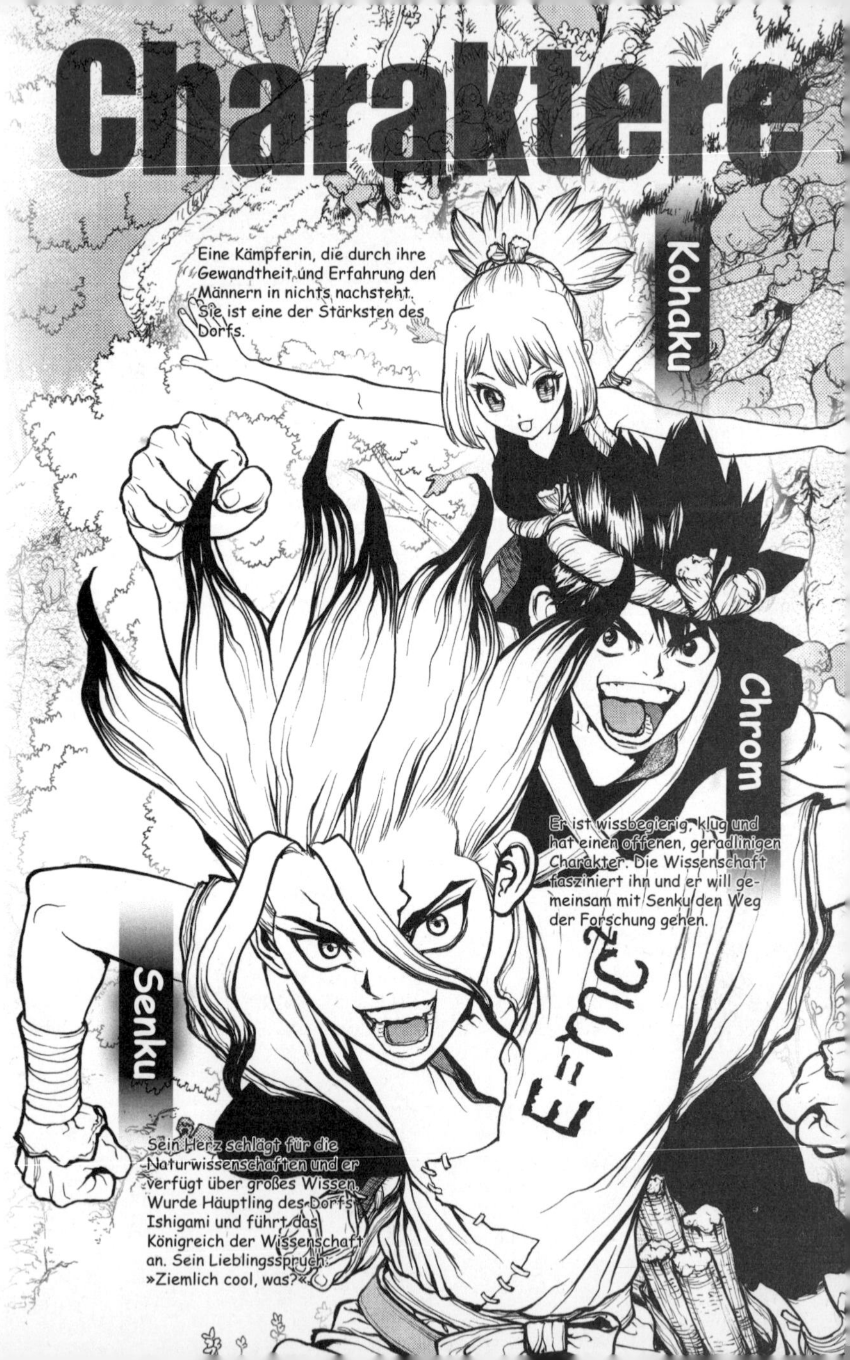
Charaktere
Kohaku
Eine Kämpferin, die durch ihre Gewandtheit und Erfahrung den Männern in nichts nachsteht. Sie ist eine der Stärksten des Dorfs.
Chrom
Er ist wissbegierig, klug und hat einen offenen, geradlinigen Charakter. Die Wissenschaft fasziniert ihn und er will gemeinsam mit Senku den Weg der Forschung gehen.
Senku
Sein Herz schlägt für die Naturwissenschaften und er verfügt über großes Wissen. Wurde Häuptling des Dorfs Ishigami und führt das Königreich der Wissenschaft an. Sein Lieblingsspruch: »Ziemlich cool, was?«
E=mc2

Dr. STONE

STORY

Eines Tages wird die gesamte Menschheit durch ein rätselhaftes Licht versteinert. Mehrere tausend Jahre später durchbrechen die Highschool-Schüler Senku und Taiju ihre Versteinerung und erwachen wieder zum Leben. Die beiden beschließen, Wissenschaft und Zivilisation von Grund auf neu aufzubauen und die Menschheit zu retten. Doch dann wird Senku von Tsukasa, dem stärksten Highschool-Schüler aller Zeiten, der die Wissenschaft verneint, beinahe umgebracht.

Senku überlebt im Geheimen und baut im Dorf Ishigami das Königreich der Wissenschaft auf, gerät dabei aber in einen Kampf gegen das Tsukasa-Imperium. Die beiden Lager können schließlich Frieden schließen, doch durch Hyogas Verrat wird Tsukasa schwer verletzt. Senku versetzt Tsukasa in einen Kälteschlaf, bis er eine Möglichkeit gefunden hat ihn zu heilen, findet auf der Schatzinsel die Versteinerungsvorrichtung und schafft es, Tsukasa wiederzuerwecken.

Am Ursprungsort der Versteinerung entdecken Senku und seine Leute einen riesigen Berg von abgenutzten Versteinerungswaffen, genannt Medusen. Im »Stein-Sanktuarium« sichern sie sich Diamanten, die als Batterien funktionieren, und arbeiten daran, die Medusen wieder zum Laufen zu bringen. Das wäre ihre Trumpfkarte im Kampf gegen Stanley!! Doch die Verfolger rücken gnadenlos immer näher und näher...

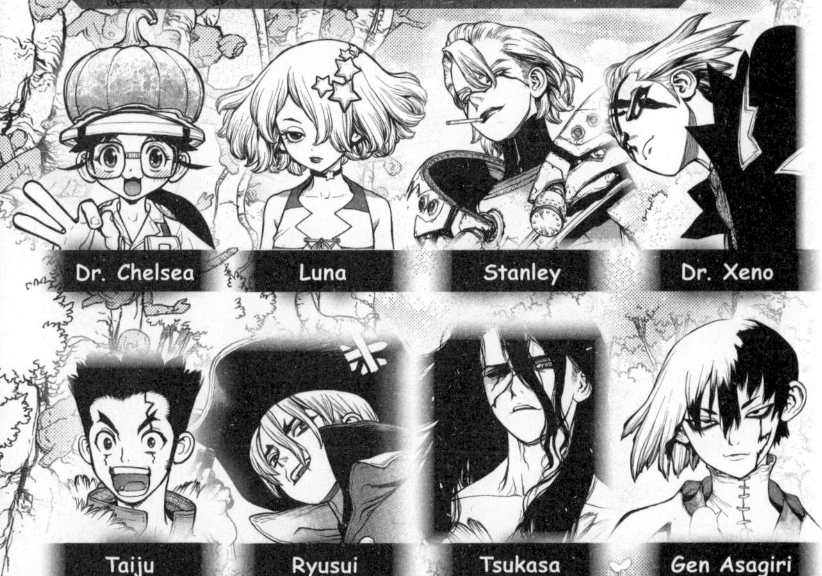

INHALT

Z=188 WAS ICH DAMALS VERNICHTEN WOLLTE	005
Z=189 UNSER DR. STONE	024
Z=190 DIE WISSENSCHAFT ÜBERFLÜGELT DAS LEBEN	047
Z=191 DER SCHREI AUS DEM HIMMEL	067
Z=192 BIS WIR UNS WIEDERSEHEN	087
Z=193 UNSERE STONE WORLD	109
Z=194 EINSAME HOMO SAPIENS	129
Z=195 EINSAME SCHATZSUCHERIN	149
Z=196 EINSAME WISSENSCHAFTLERIN	168

22

UNSERE STONE WORLD

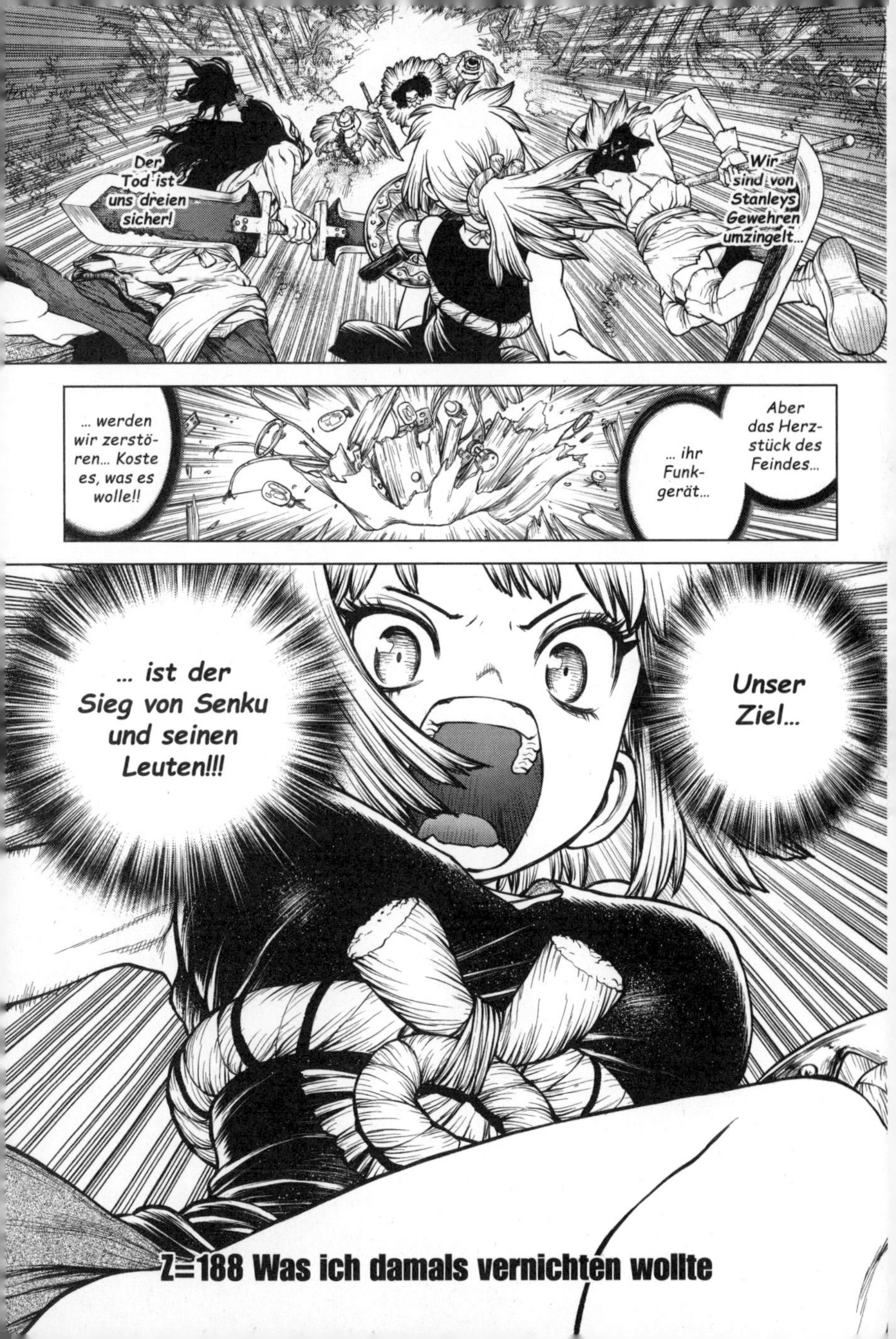

Z=188 Was ich damals vernichten wollte

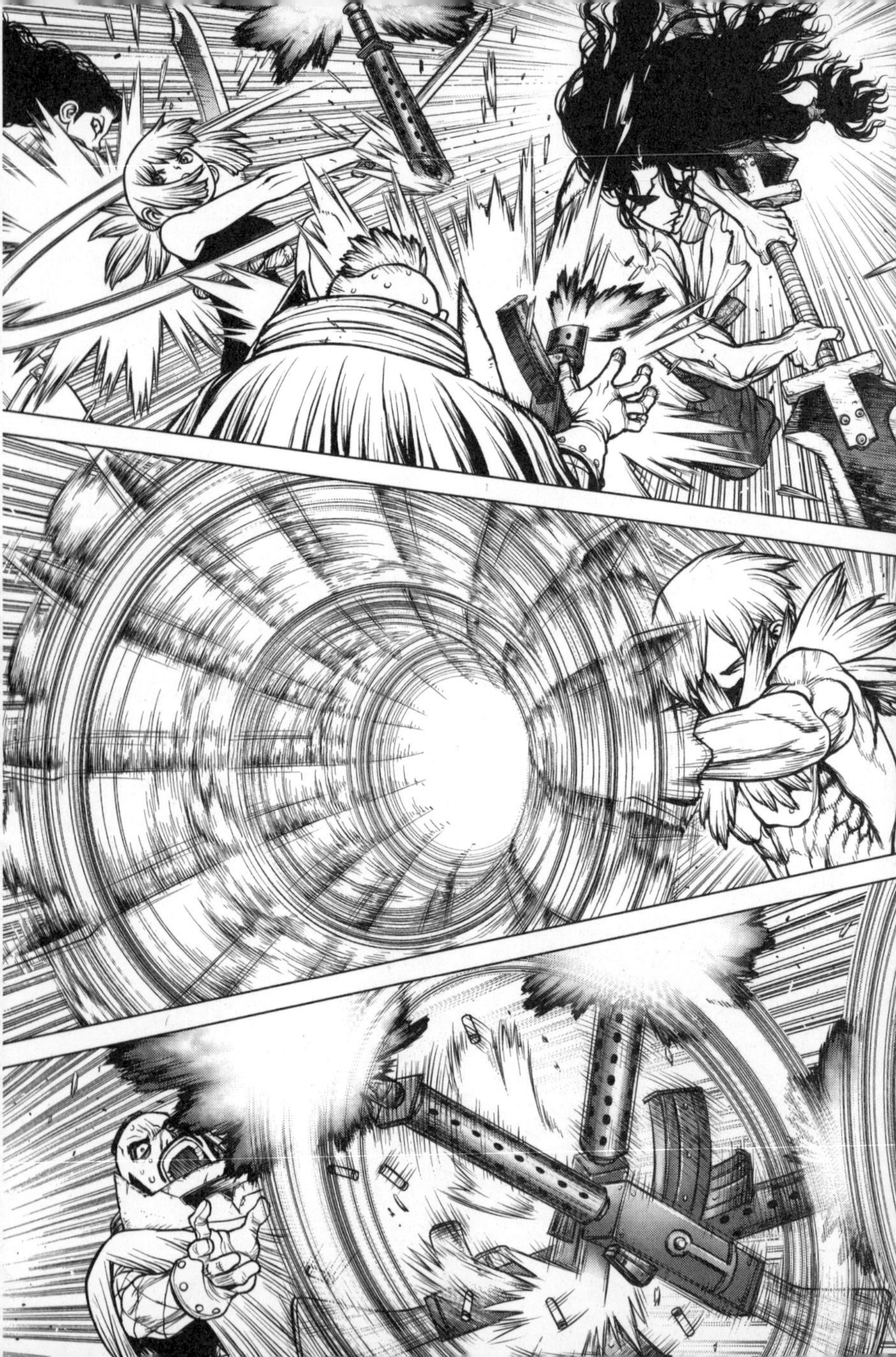

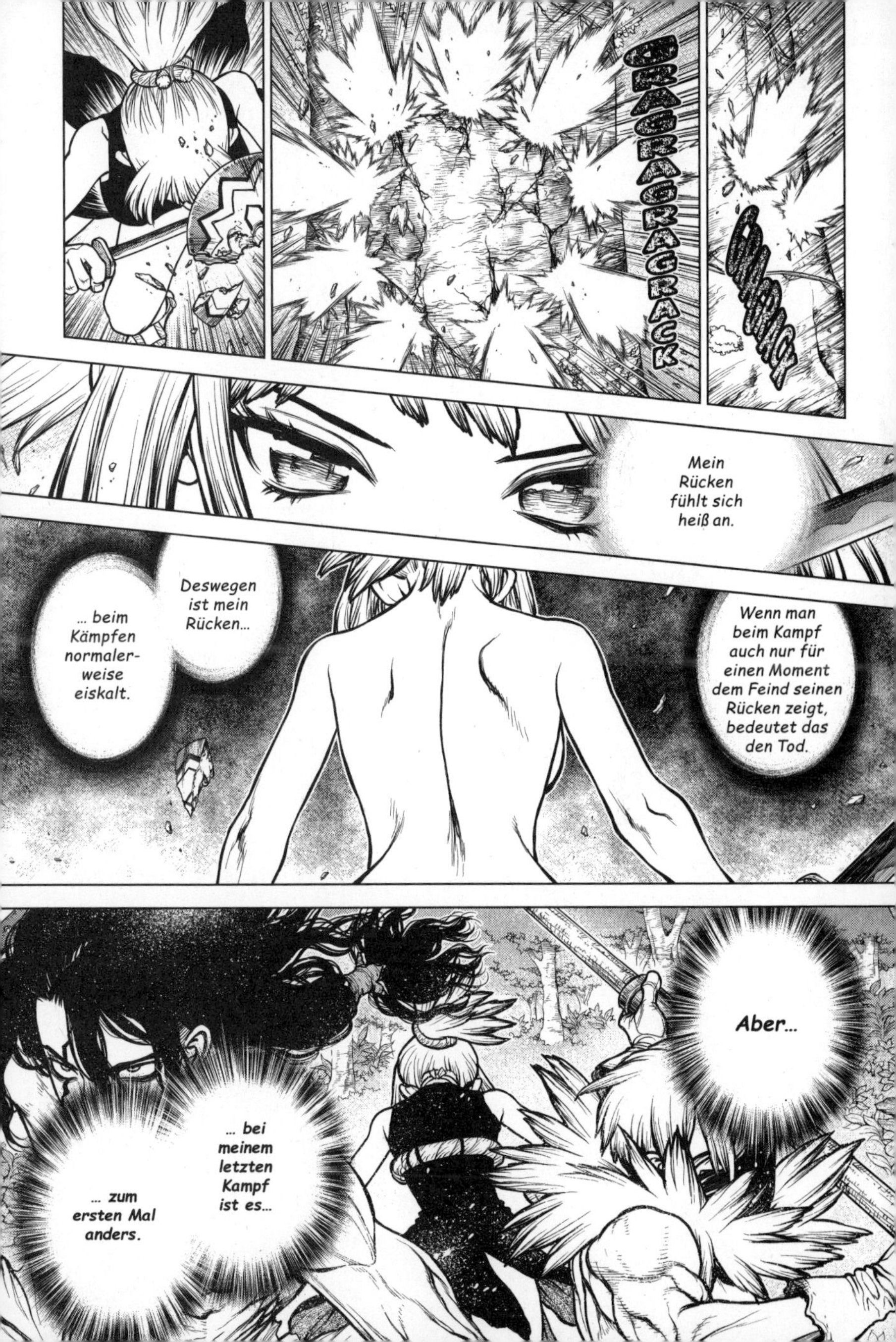
GRAGRAGRACK
Mein Rücken fühlt sich heiß an.
Wenn man beim Kampf auch nur für einen Moment dem Feind seinen Rücken zeigt, bedeutet das den Tod.
Deswegen ist mein Rücken...
... beim Kämpfen normalerweise eiskalt.
Aber...
... bei meinem letzten Kampf ist es...
... zum ersten Mal anders.

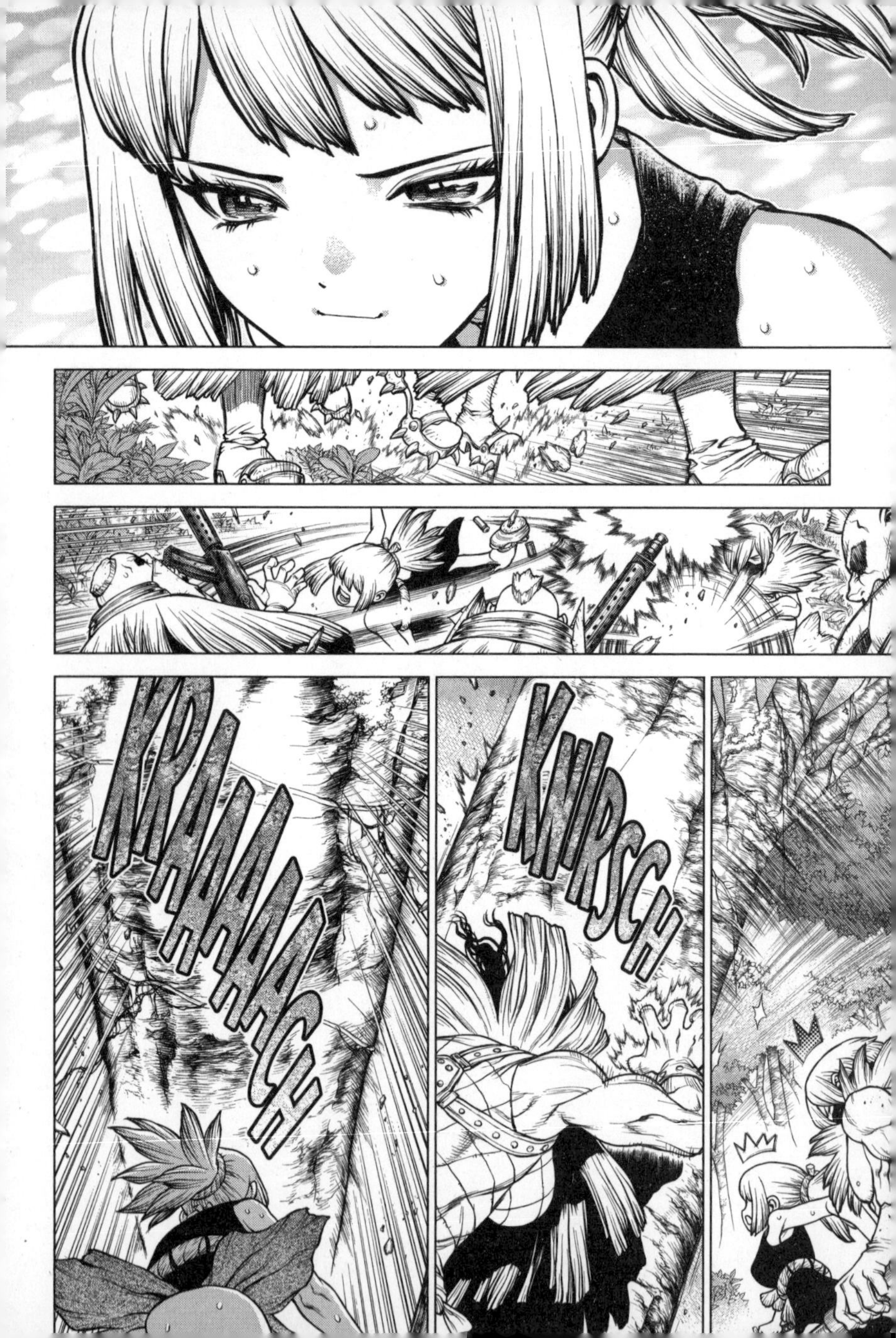
KNIRSCH
KRAAAAAACH

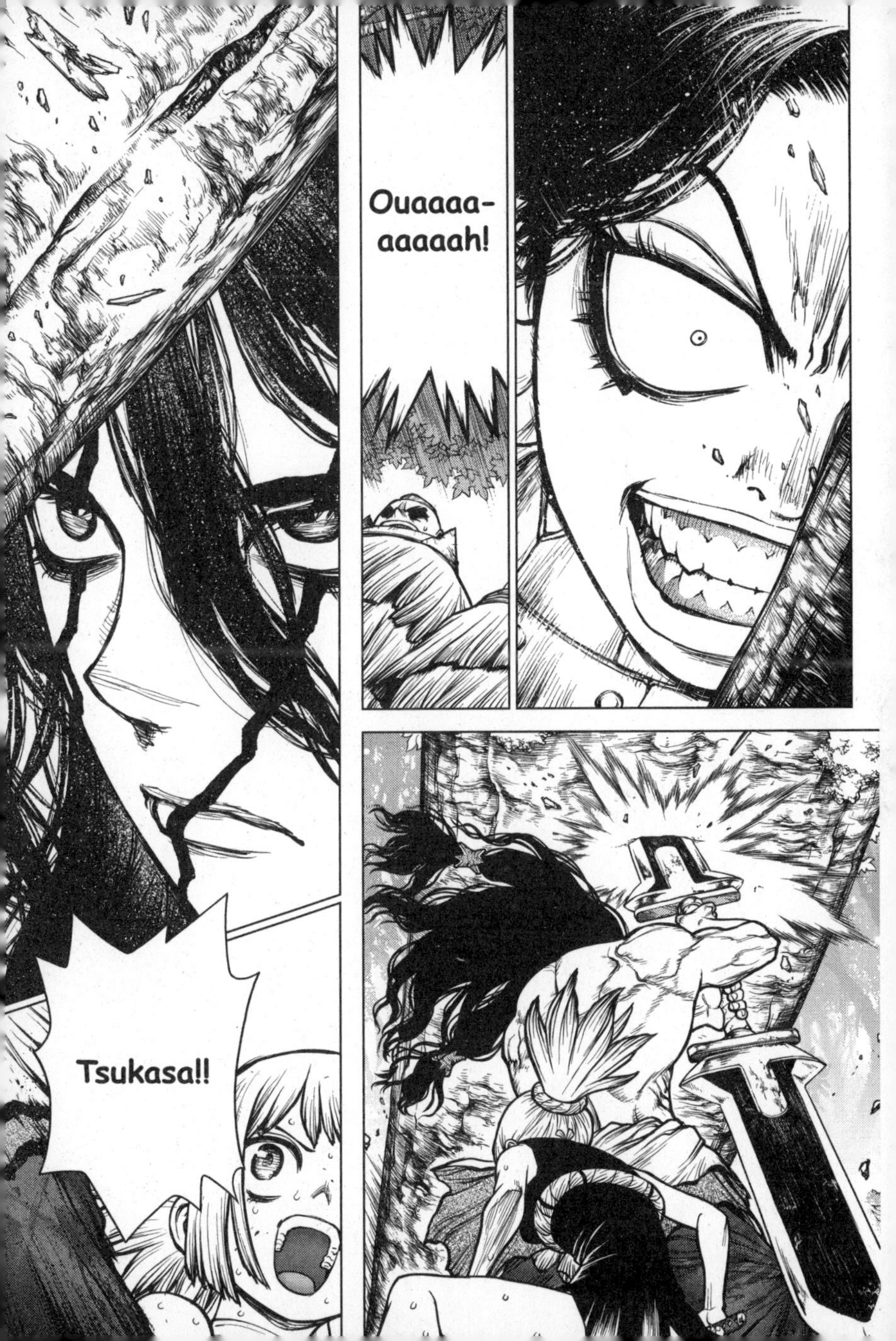
Ouaaaa-
aaaaah!
Tsukasa!!

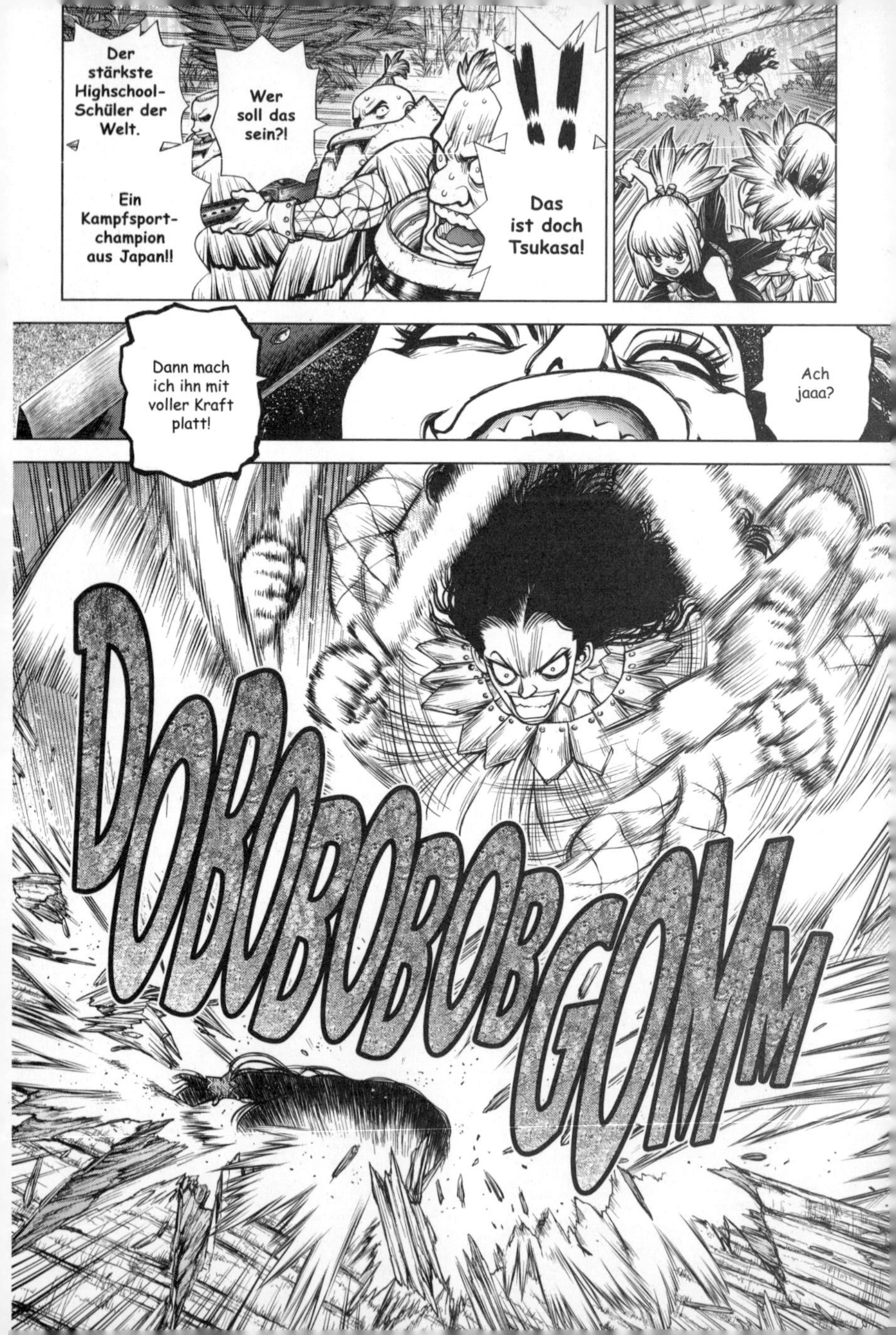
!!
Das ist doch Tsukasa!
Wer soll das sein?!
Der stärkste Highschool-Schüler der Welt.
Ein Kampfsport-champion aus Japan!!
Ach jaaa?
Dann mach ich ihn mit voller Kraft platt!

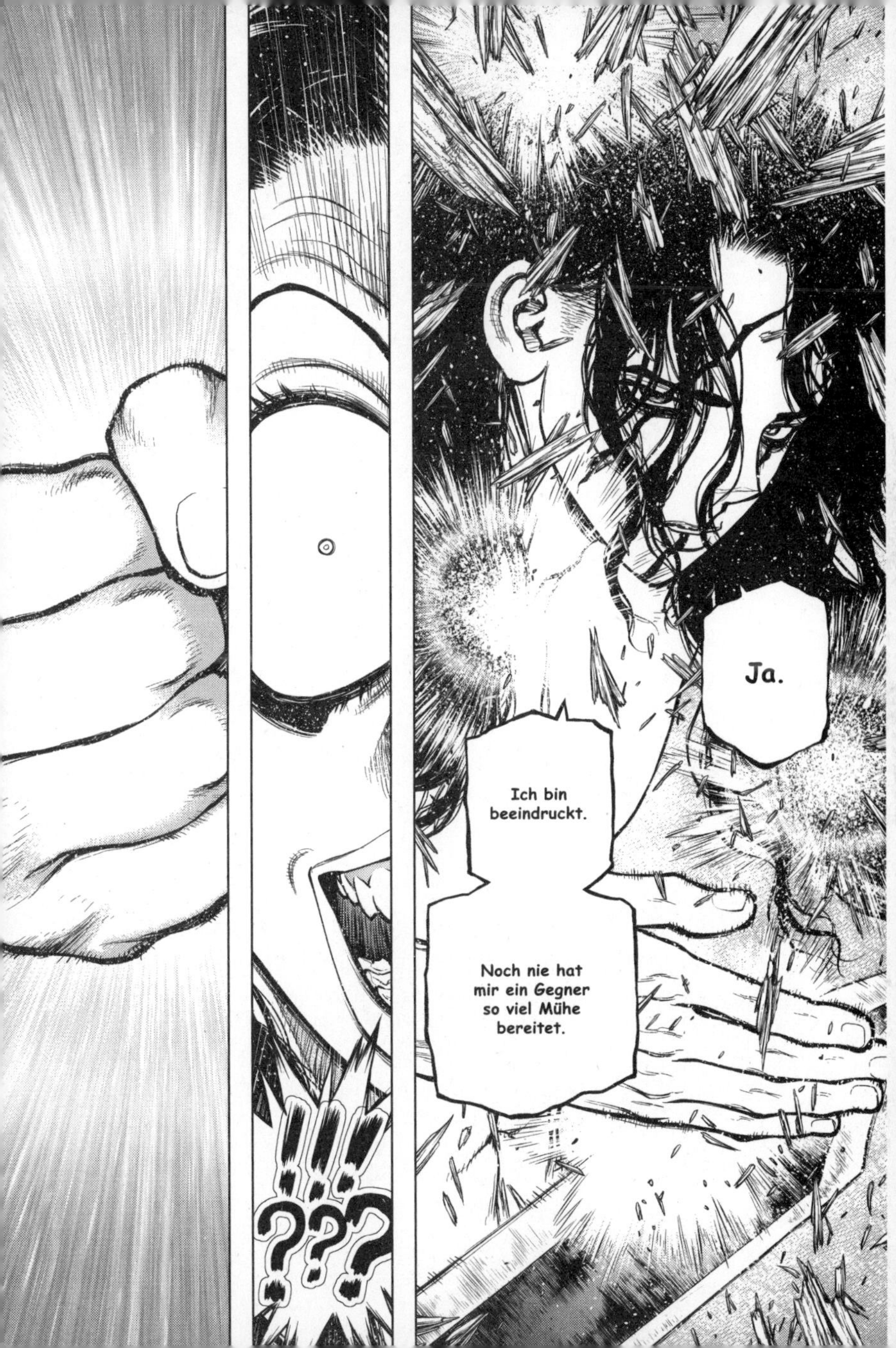
Ja.
Ich bin beeindruckt.
Noch nie hat mir ein Gegner so viel Mühe bereitet.
!!!
???

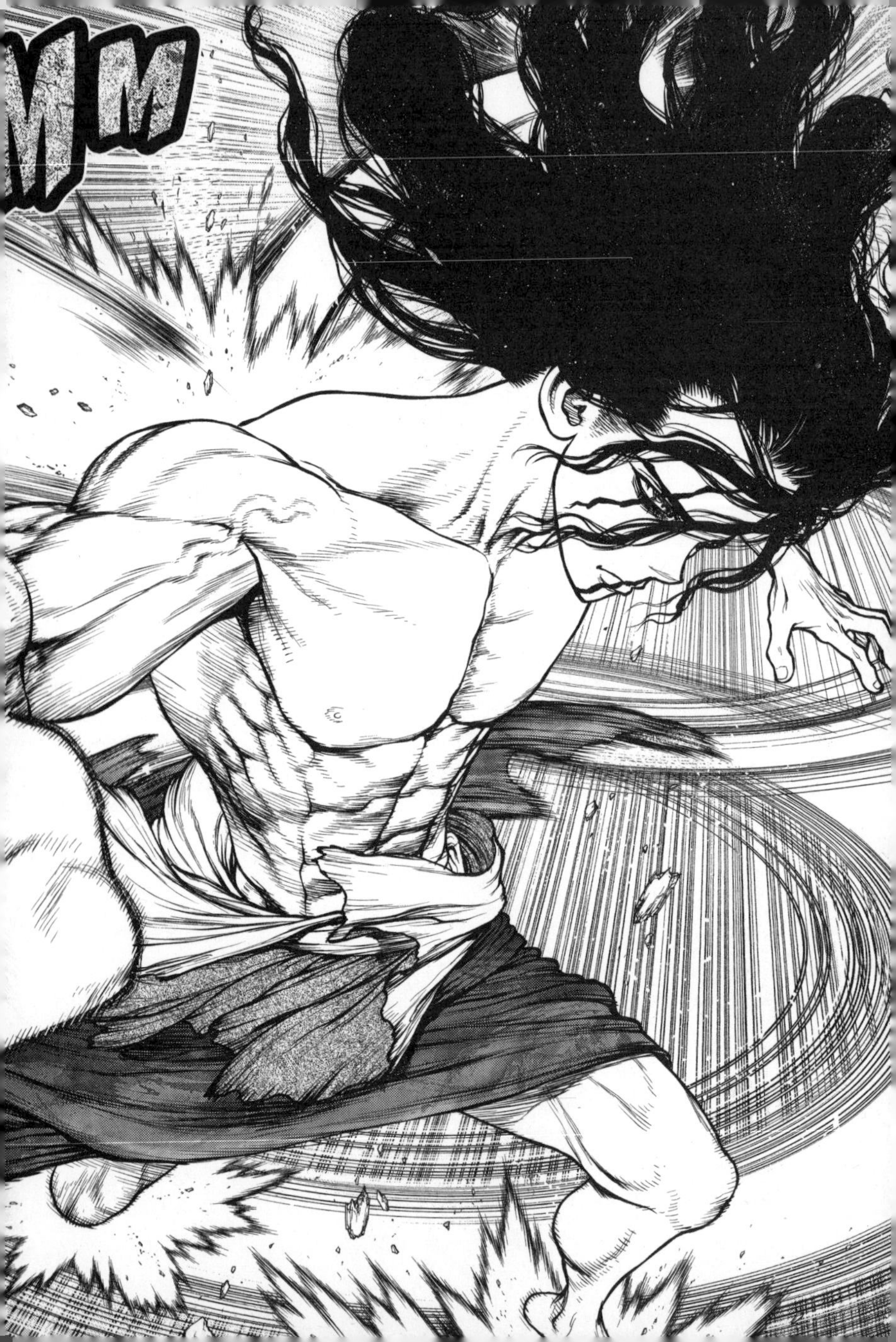
MM

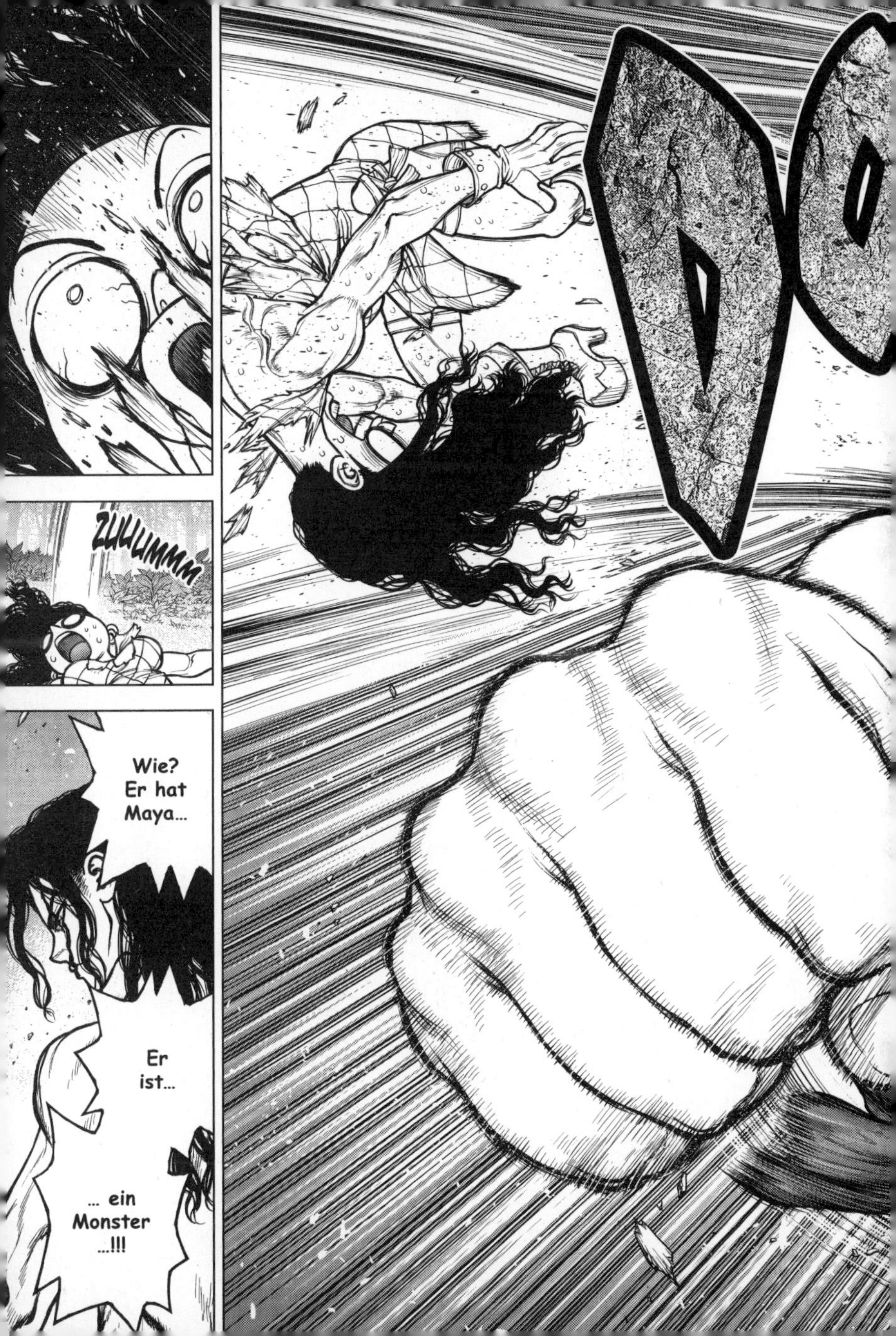
DO
ZUUUMMM
Wie? Er hat Maya...
Er ist...
... ein Monster ...!!!

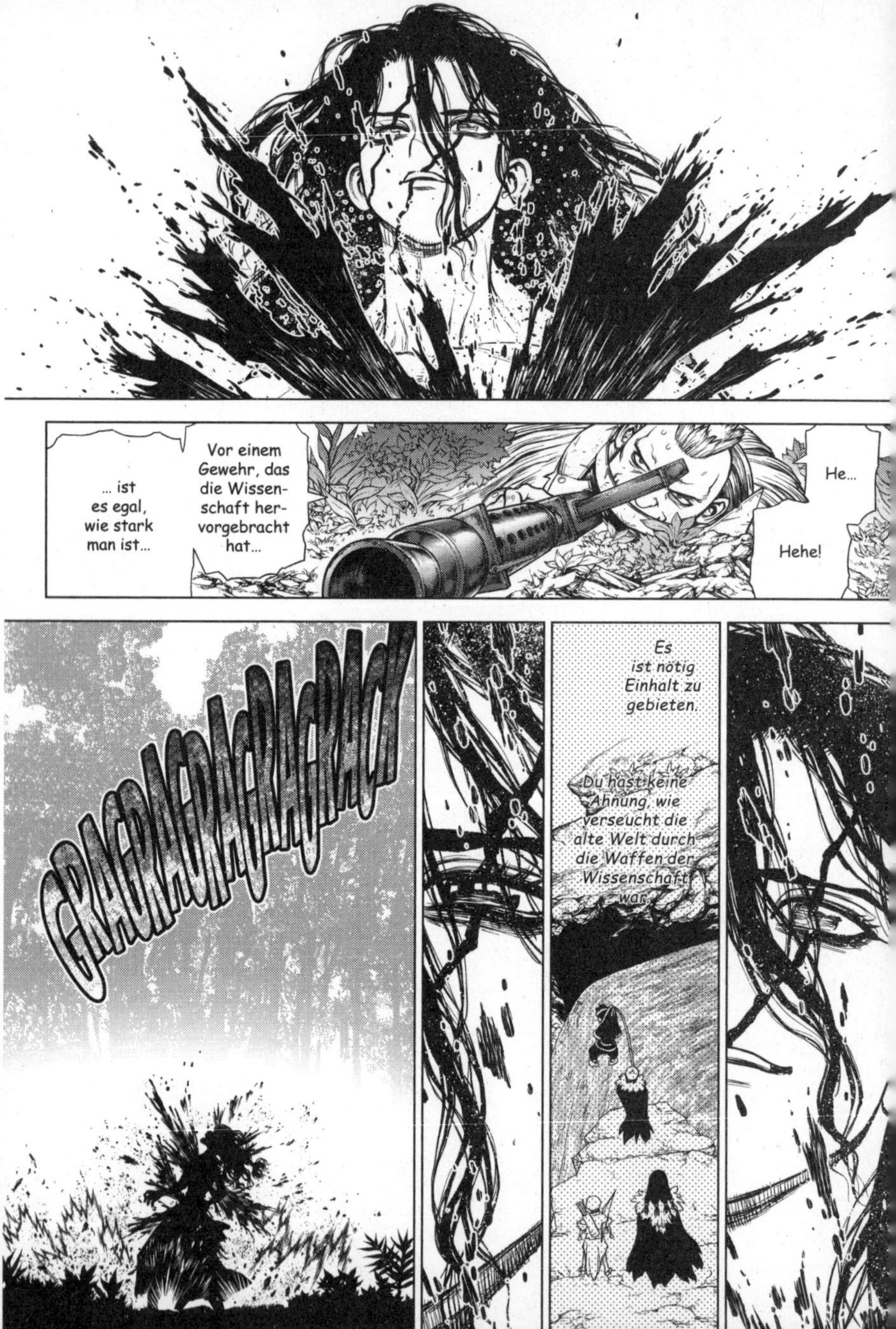
He...
Hehe!
Vor einem Gewehr, das die Wissenschaft hervorgebracht hat...
... ist es egal, wie stark man ist...
Es ist nötig Einhalt zu gebieten.
Du hast keine Ahnung, wie verseucht die alte Welt durch die Waffen der Wissenschaft war.

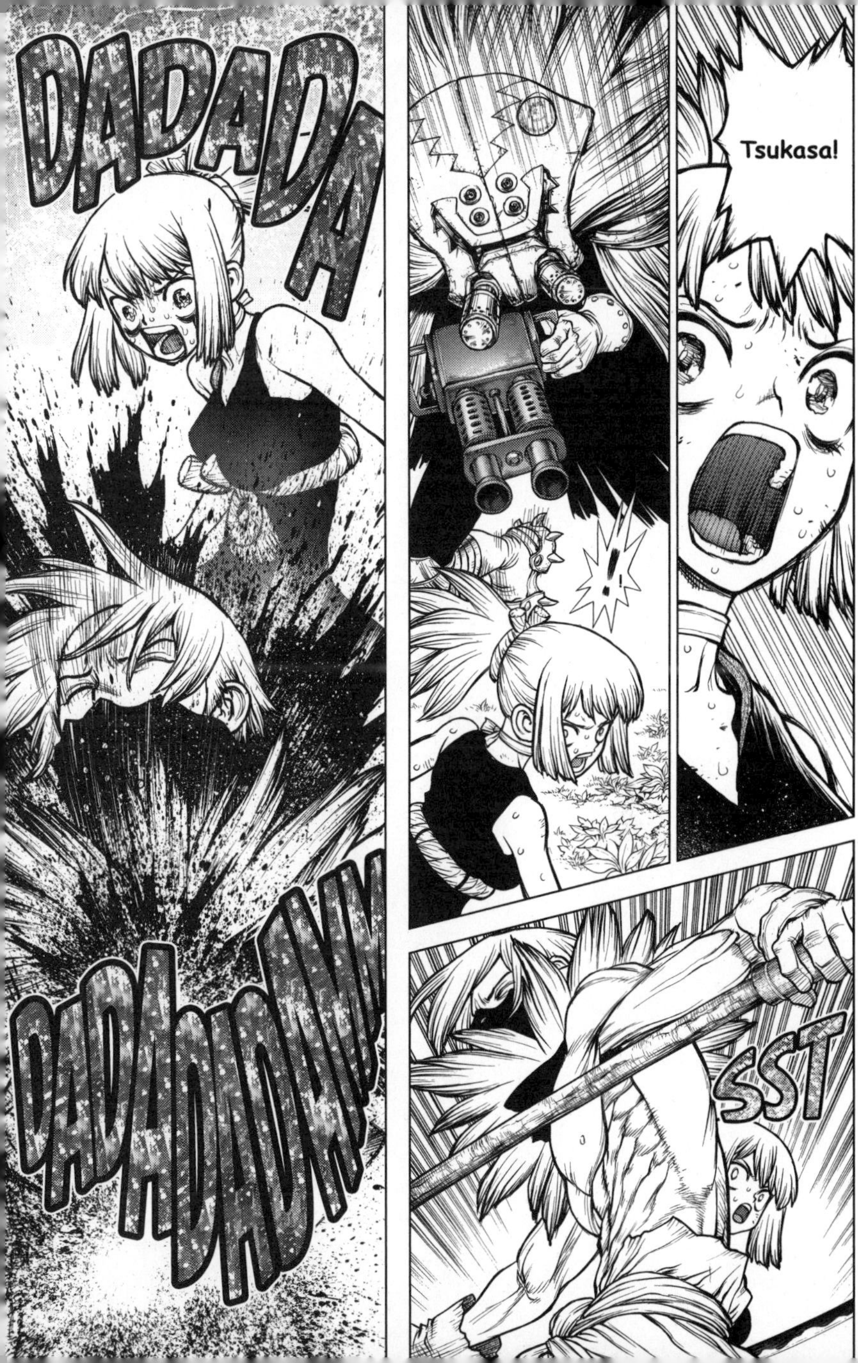
Tsukasa!
DADADA
!
DADADADAM
SST

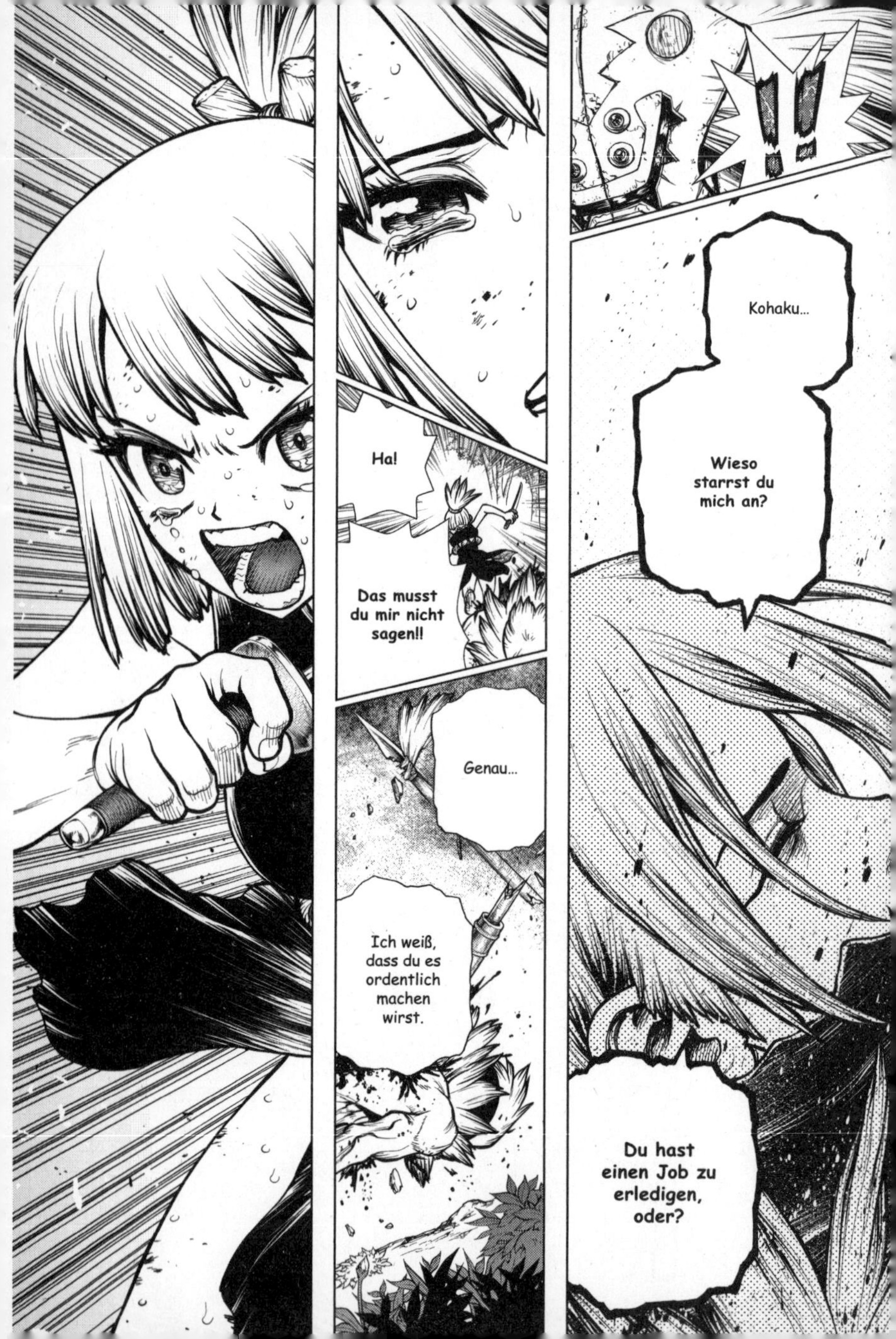
!!
Kohaku...
Wieso starrst du mich an?
Du hast einen Job zu erledigen, oder?
Ha!
Das musst du mir nicht sagen!!
Genau...
Ich weiß, dass du es ordentlich machen wirst.

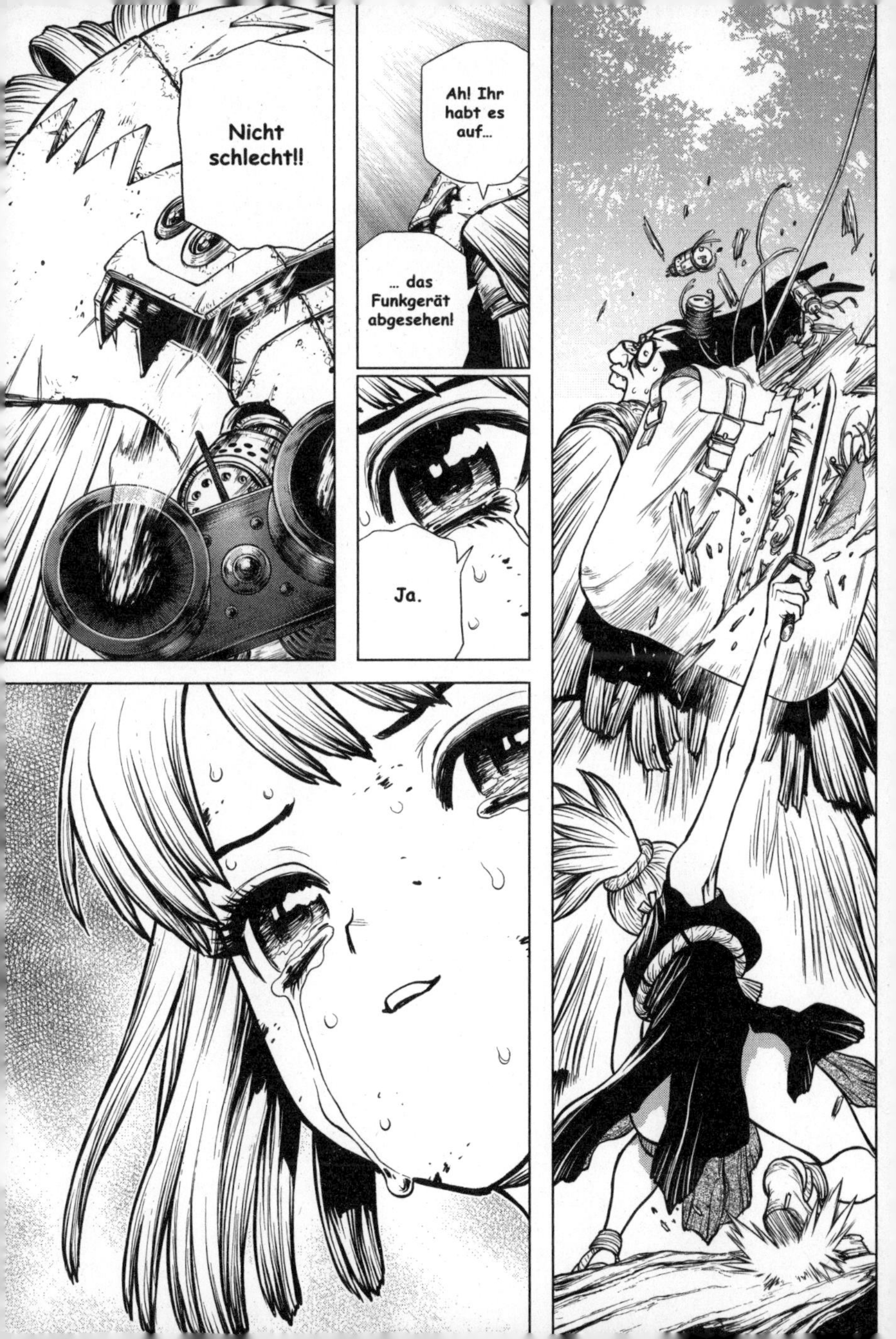
Ah! Ihr habt es auf...
... das Funkgerät abgesehen!
Nicht schlecht!!
Ja.

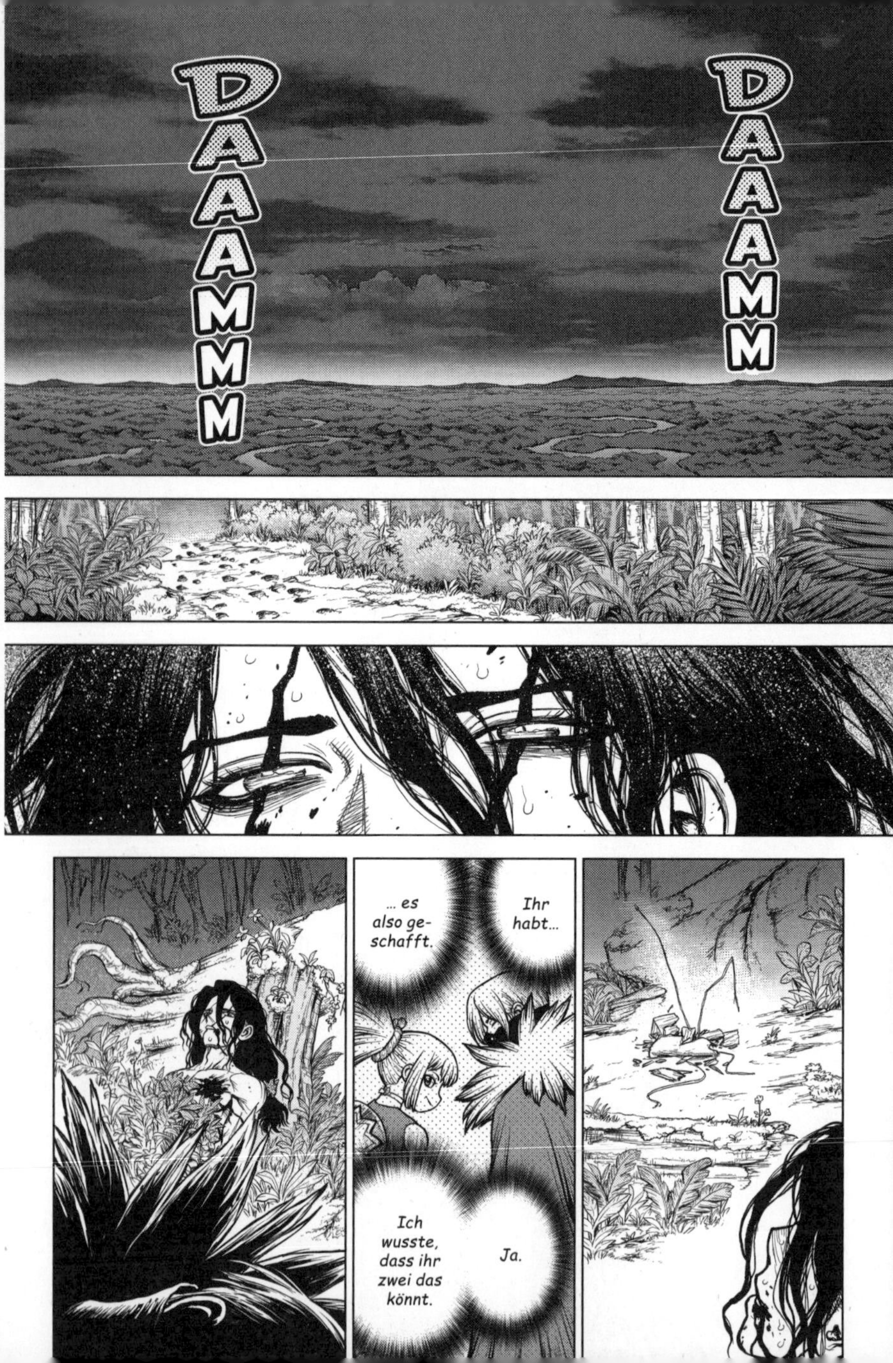
DAAAMM
DAAAMMM
Ihr habt…
… es also geschafft.
Ja.
Ich wusste, dass ihr zwei das könnt.

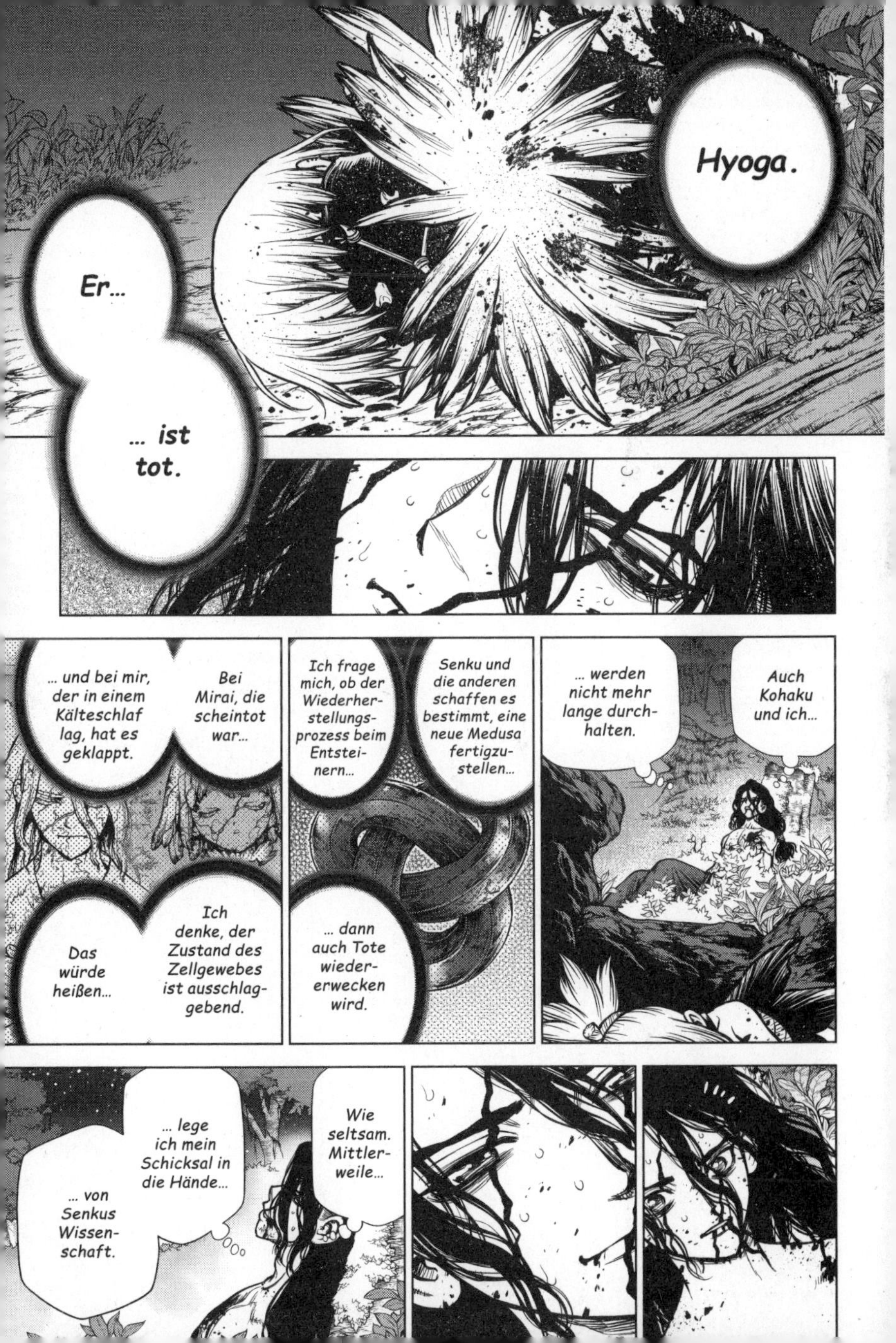
Hyoga.
Er...
... ist tot.
Auch Kohaku und ich...
... werden nicht mehr lange durchhalten.
Senku und die anderen schaffen es bestimmt, eine neue Medusa fertigzustellen...
Ich frage mich, ob der Wiederherstellungsprozess beim Entsteinern...
... dann auch Tote wiedererwecken wird.
Bei Mirai, die scheintot war...
... und bei mir, der in einem Kälteschlaf lag, hat es geklappt.
Ich denke, der Zustand des Zellgewebes ist ausschlaggebend.
Das würde heißen...
Wie seltsam. Mittlerweile...
... lege ich mein Schicksal in die Hände...
... von Senkus Wissenschaft.

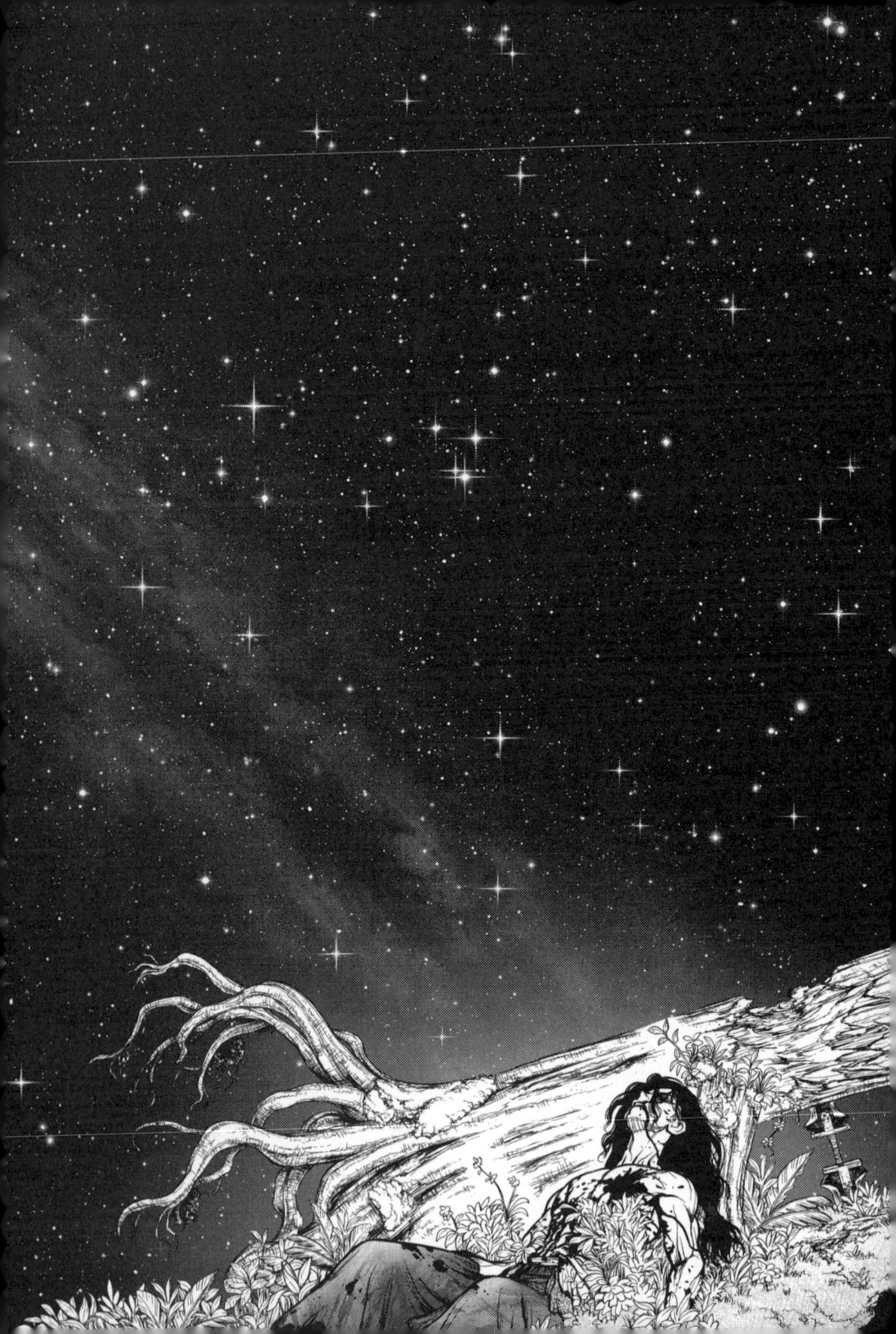

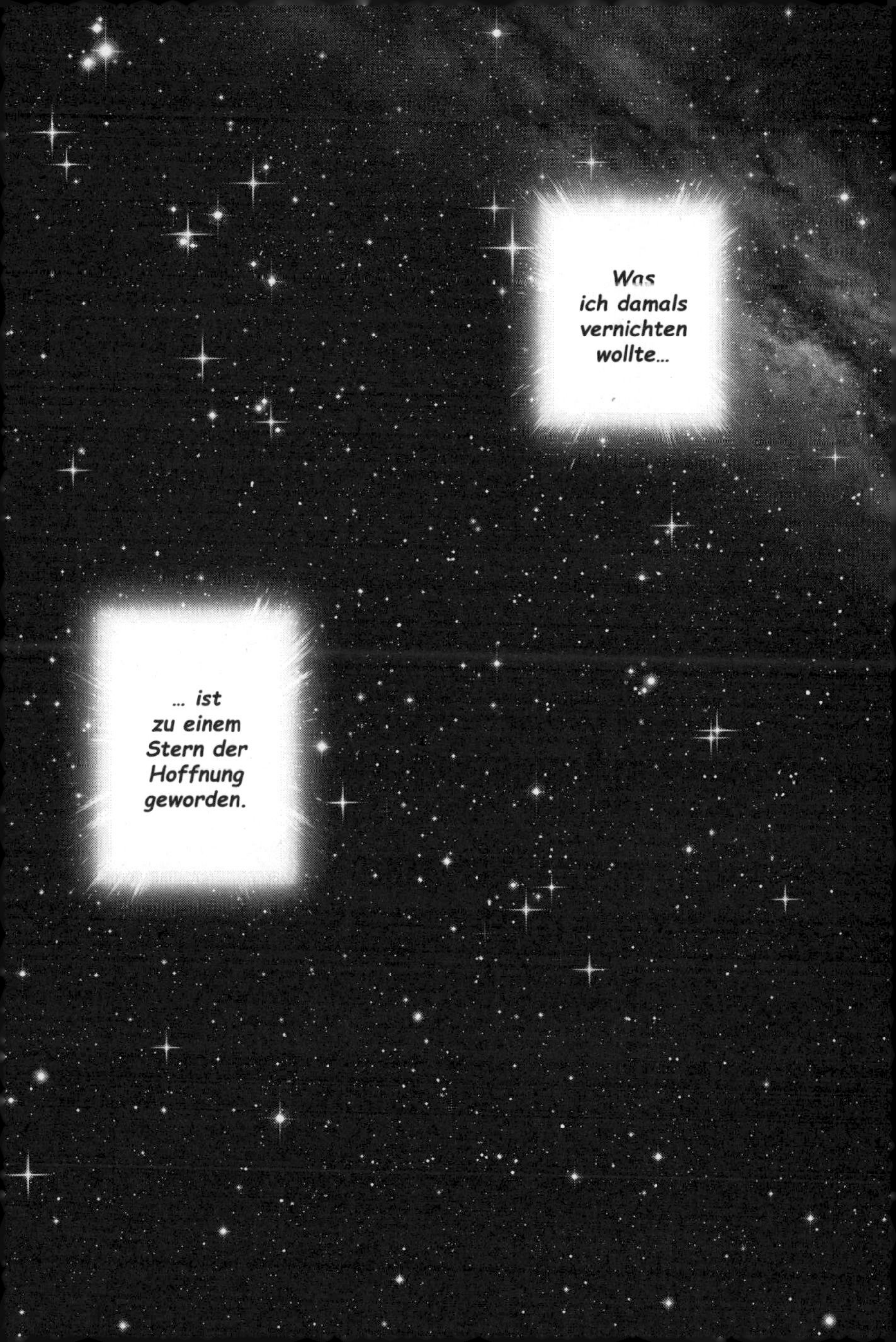
Was ich damals vernichten wollte…
… ist zu einem Stern der Hoffnung geworden.

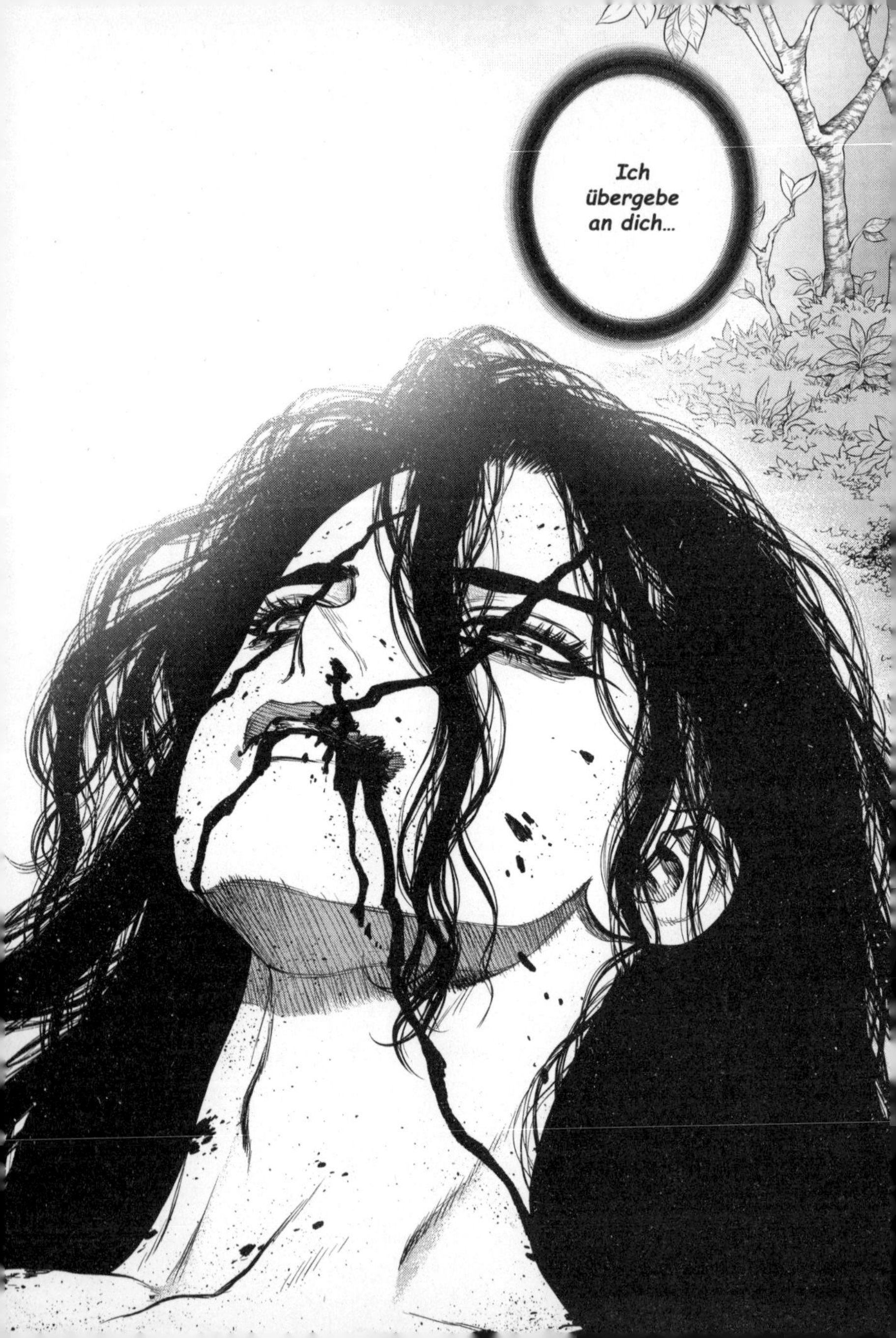
Ich übergebe an dich…

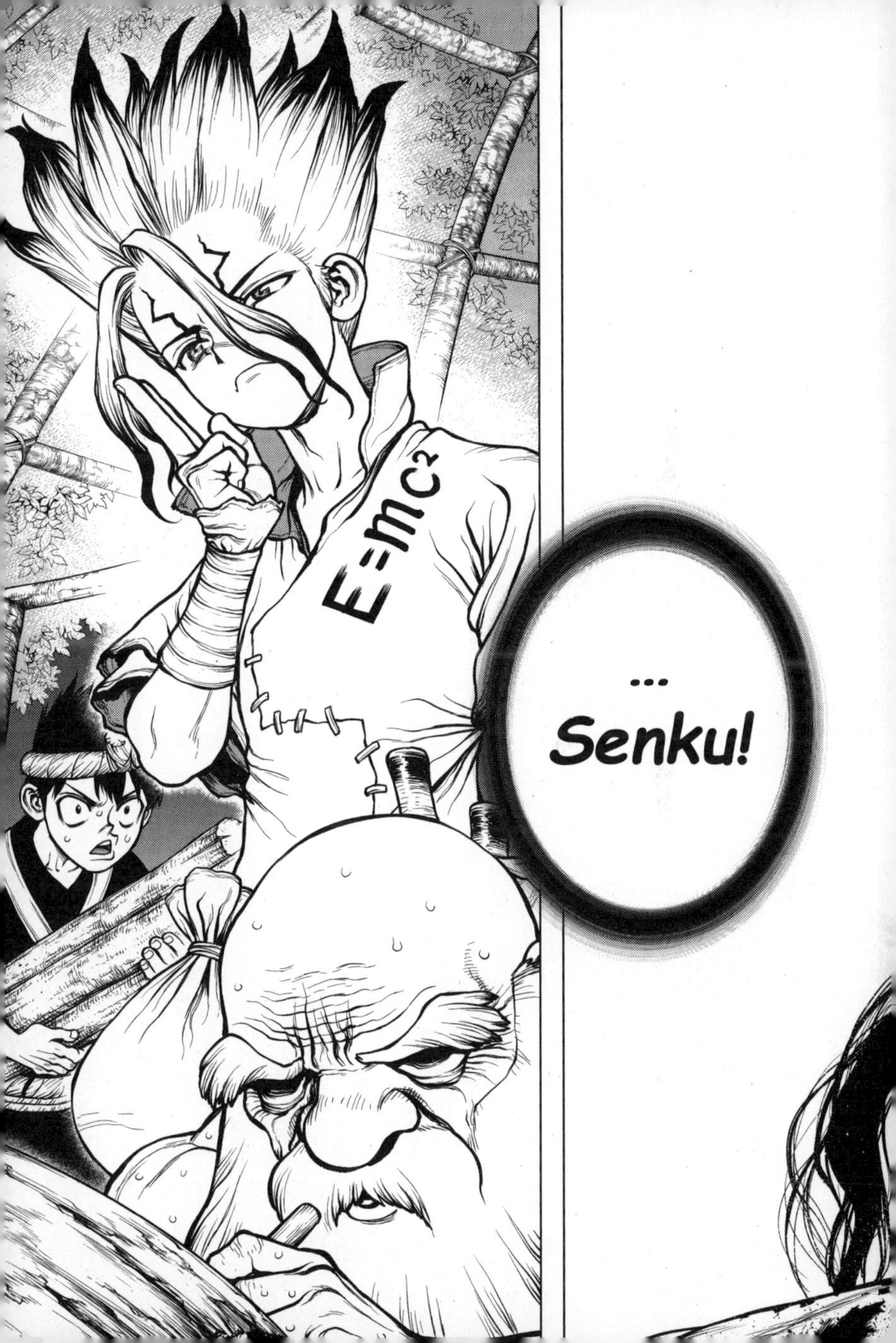
E=mc²
... Senku!

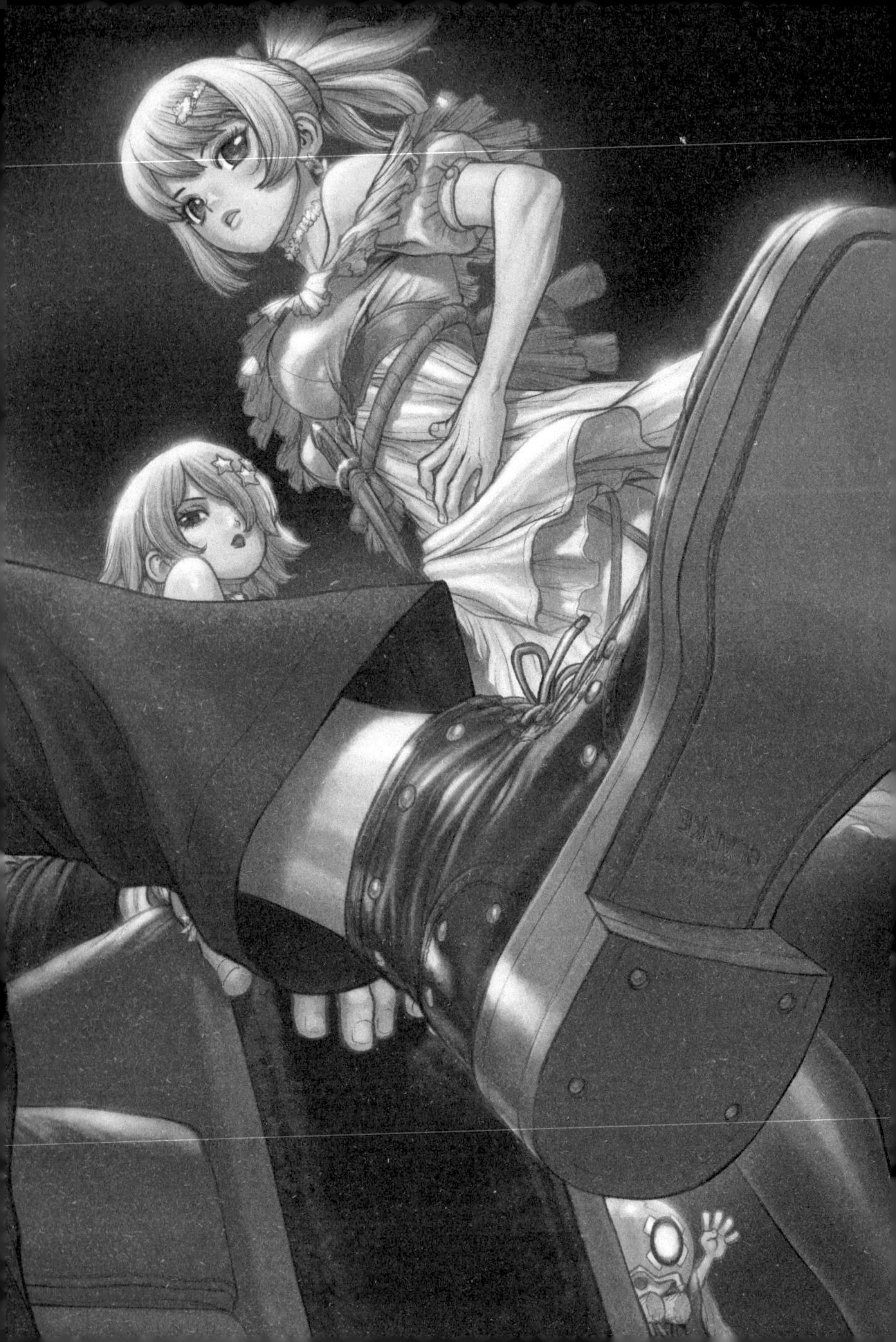

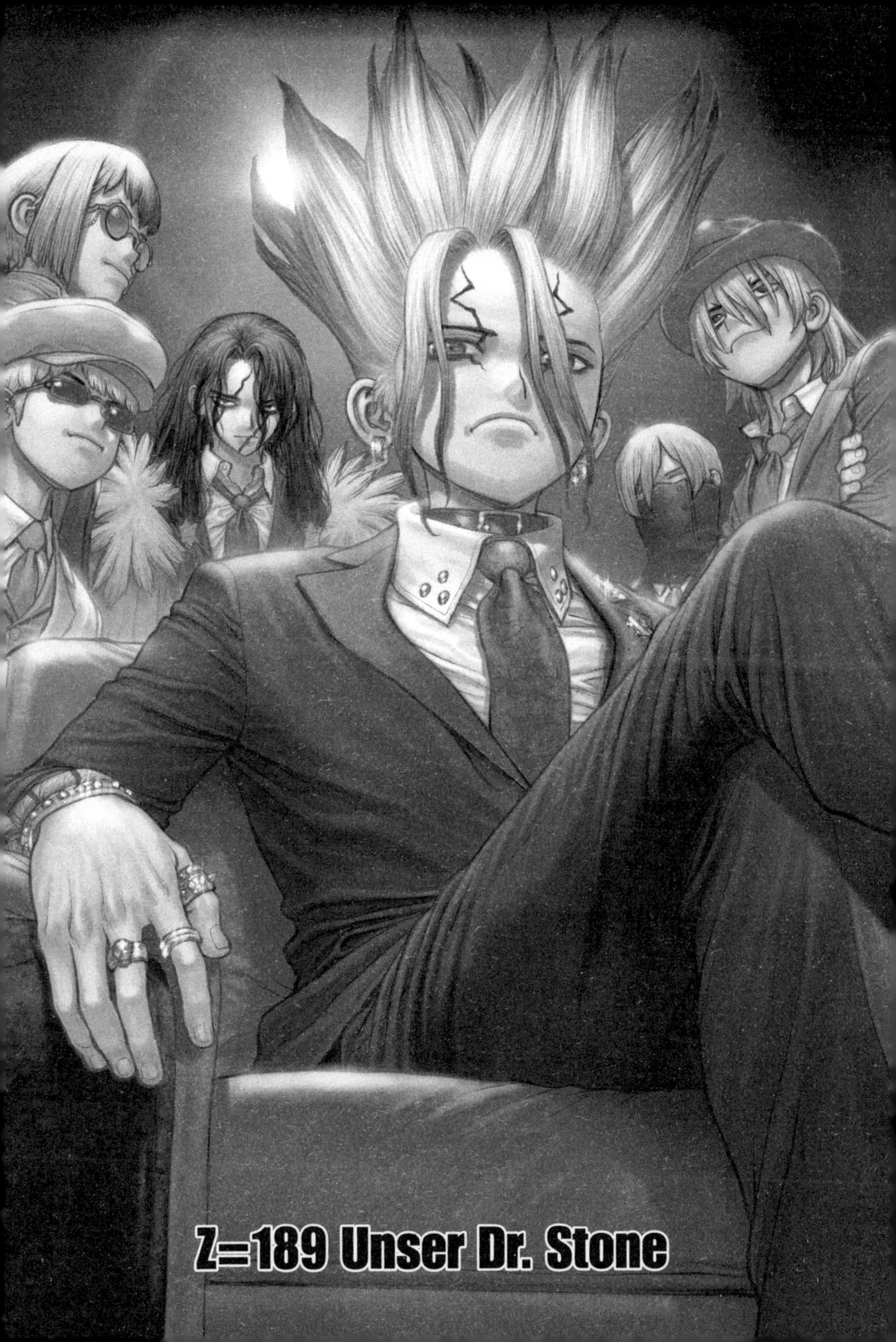
Z=189 Unser Dr. Stone

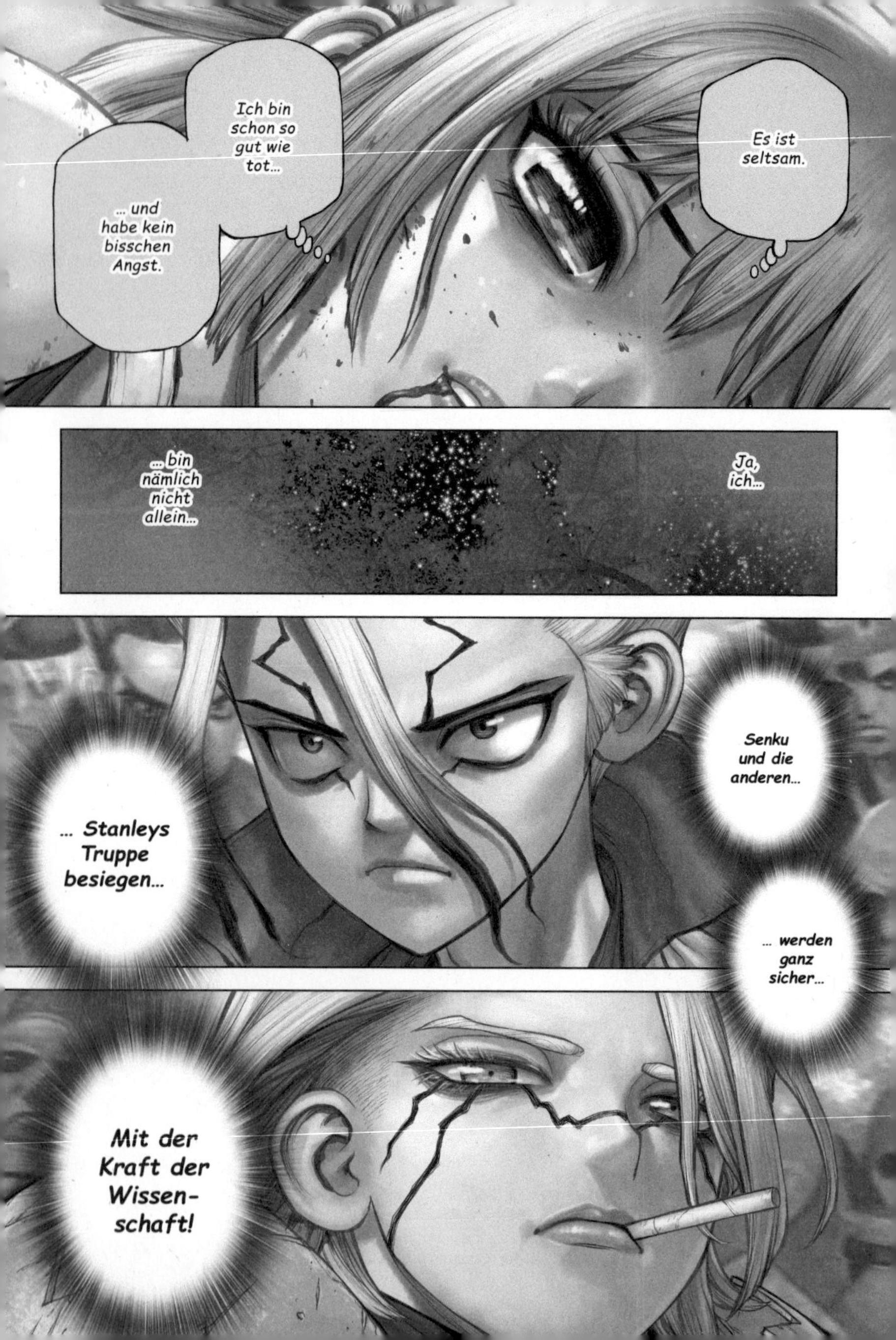
Es ist seltsam.
Ich bin schon so gut wie tot...
... und habe kein bisschen Angst.
Ja, ich...
... bin nämlich nicht allein...
Senku und die anderen...
... werden ganz sicher...
... Stanleys Truppe besiegen...
Mit der Kraft der Wissen-schaft!

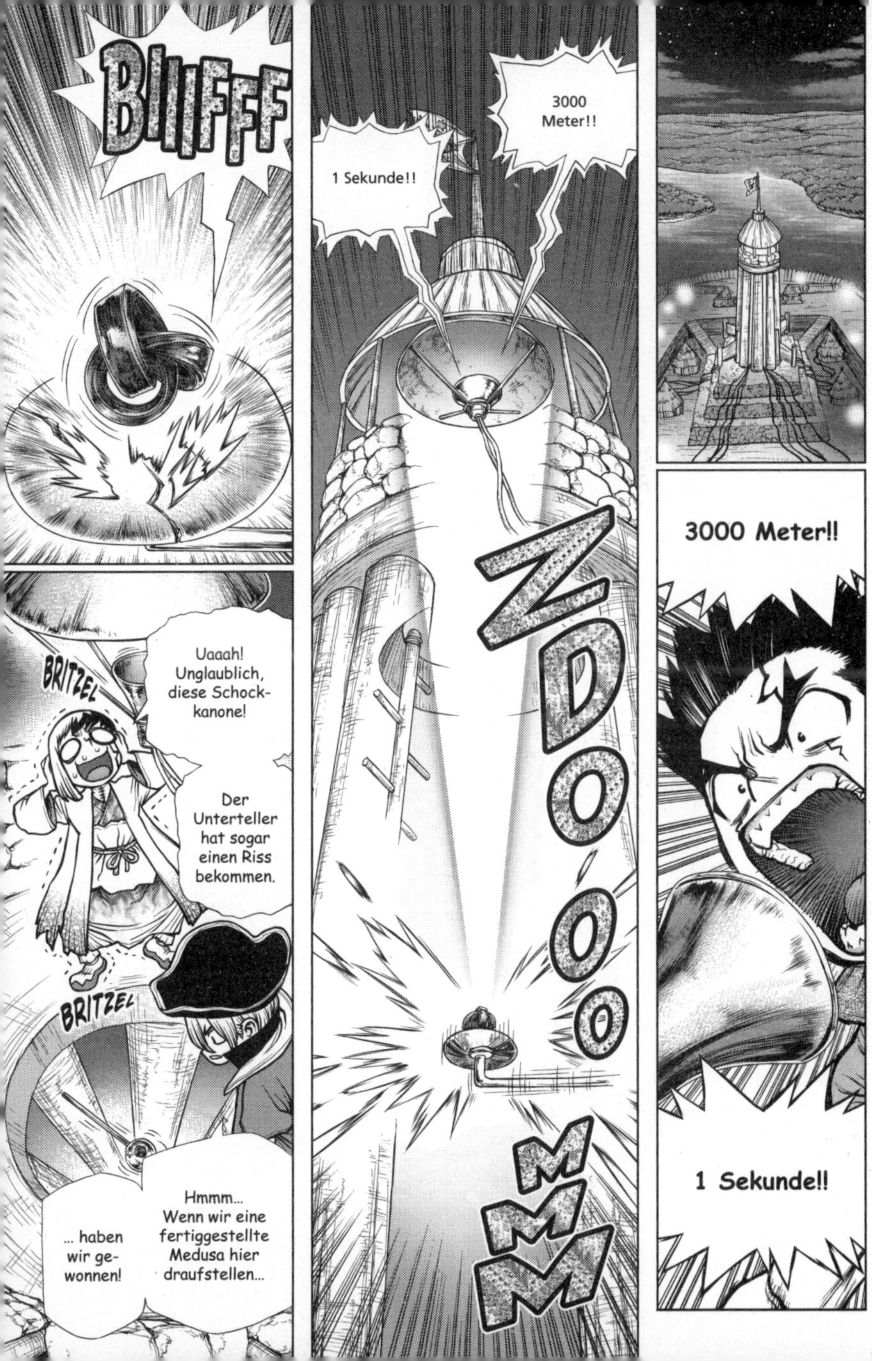
BIIIFFF
3000 Meter!!
1 Sekunde!!
NDOOOOMMMM
3000 Meter!!
1 Sekunde!!
BRITZEL
Uaaah! Unglaublich, diese Schock-kanone!
Der Unterteller hat sogar einen Riss bekommen.
BRITZEL
Hmmm... Wenn wir eine fertiggestellte Medusa hier draufstellen...
... haben wir ge-wonnen!

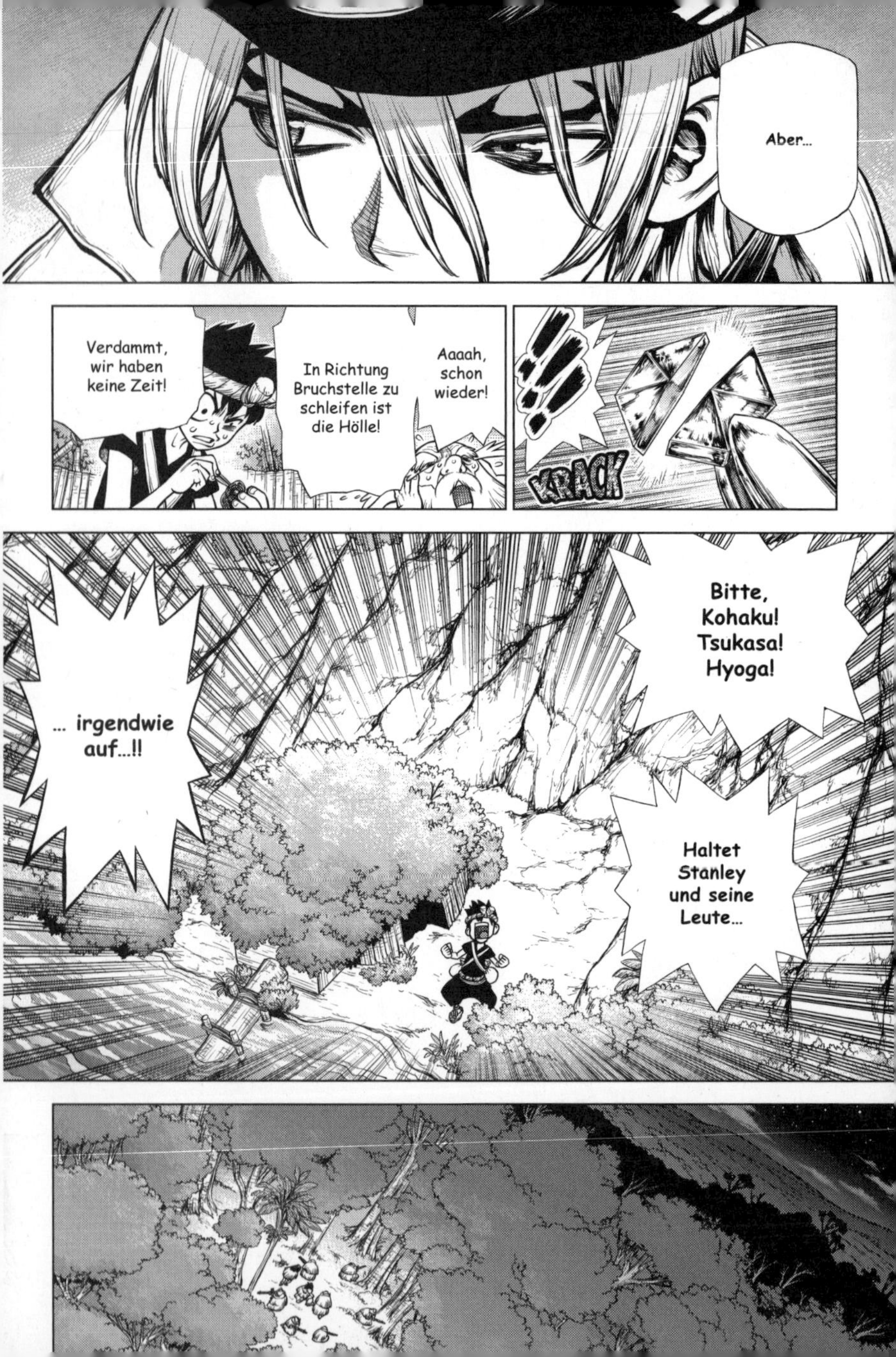
Aber...
KRACK
Aaaah, schon wieder!
In Richtung Bruchstelle zu schleifen ist die Hölle!
Verdammt, wir haben keine Zeit!
Bitte, Kohaku! Tsukasa! Hyoga!
Haltet Stanley und seine Leute...
... irgendwie auf...!!

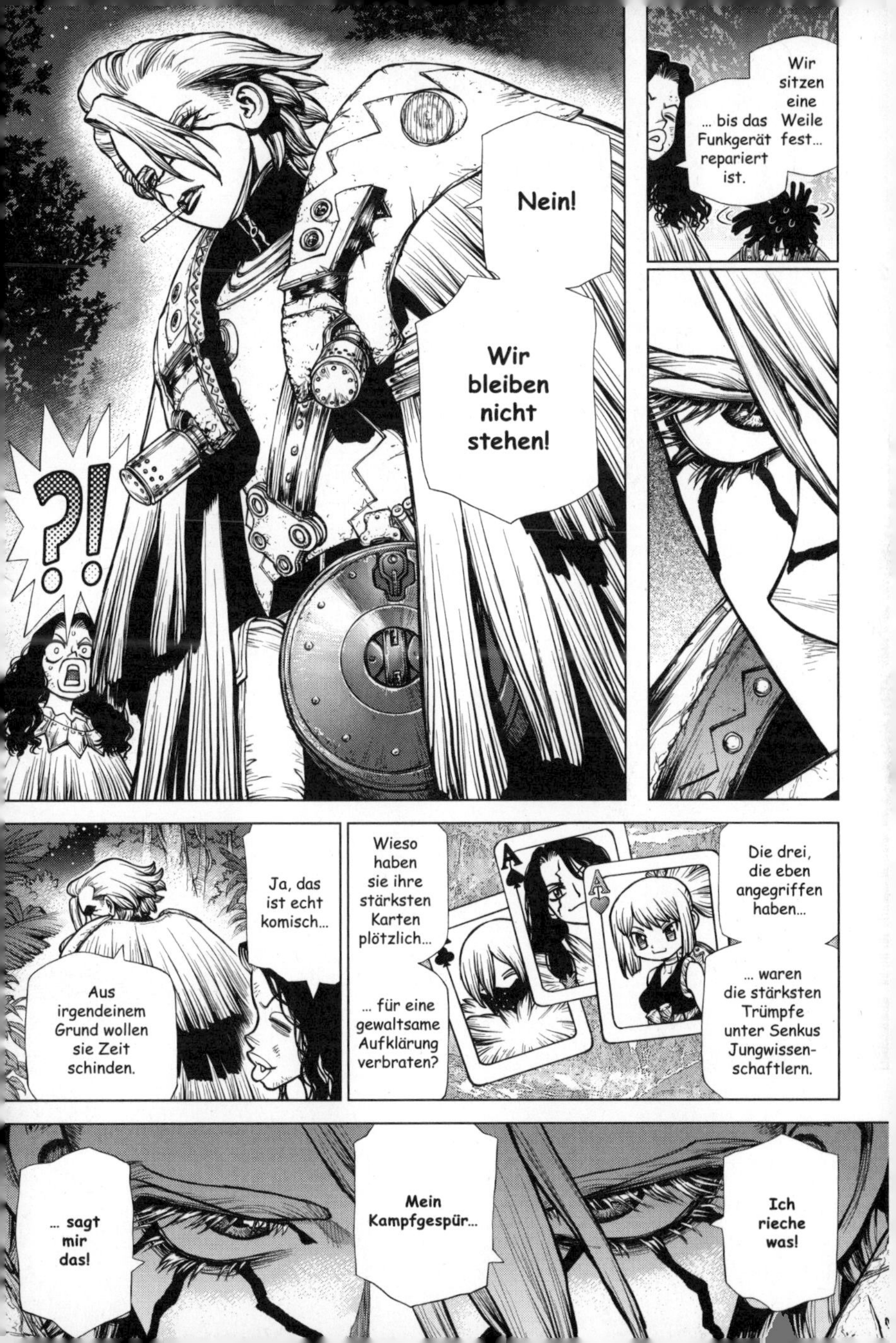
Wir sitzen eine Weile fest...
... bis das Funkgerät repariert ist.
Nein!
Wir bleiben nicht stehen!
?!
Die drei, die eben angegriffen haben...
... waren die stärksten Trümpfe unter Senkus Jungwissen-schaftlern.
Wieso haben sie ihre stärksten Karten plötzlich...
... für eine gewaltsame Aufklärung verbraten?
Ja, das ist echt komisch...
Aus irgendeinem Grund wollen sie Zeit schinden.
Ich rieche was!
Mein Kampfgespür...
... sagt mir das!

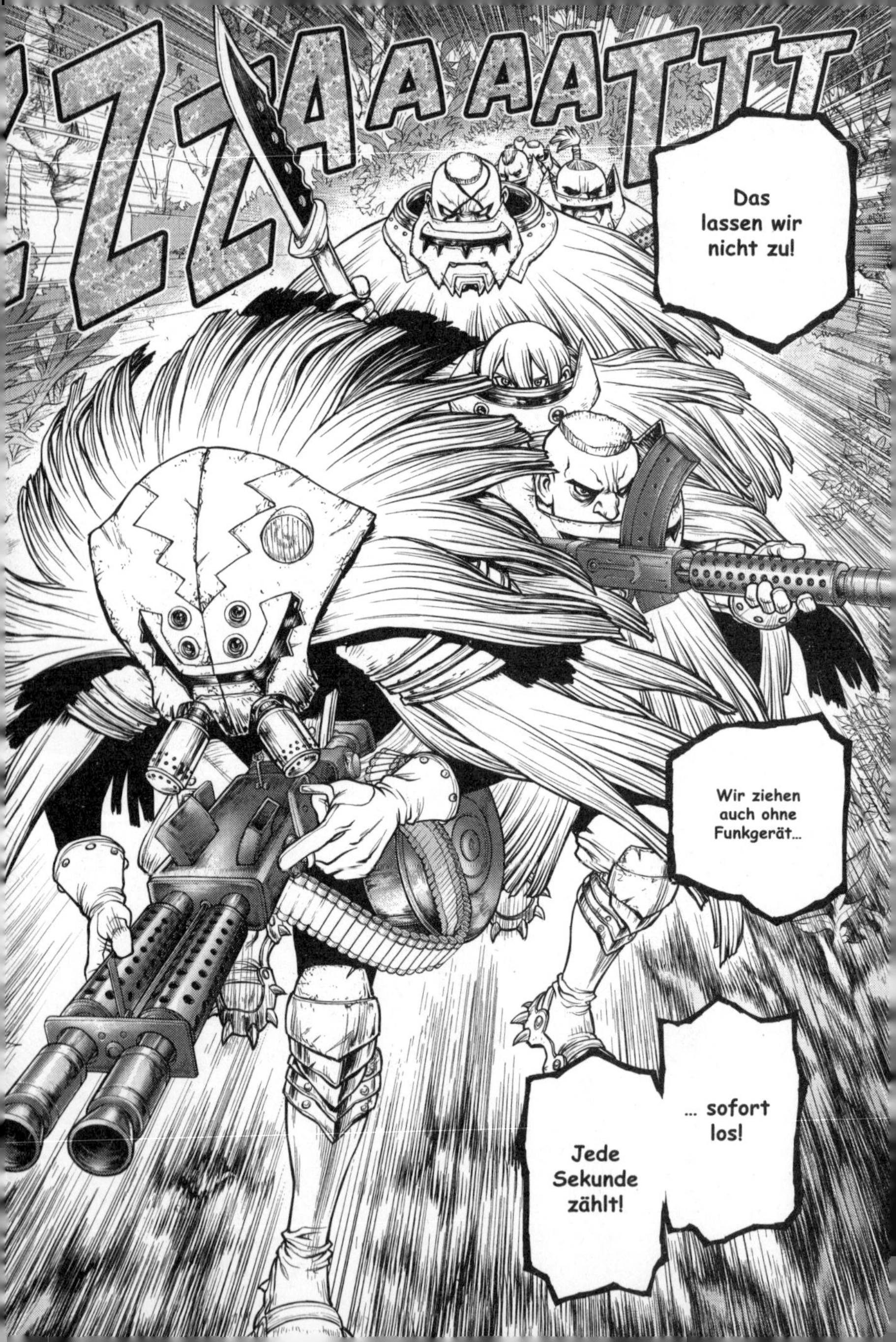
ZZAAAATTT
Das lassen wir nicht zu!
Wir ziehen auch ohne Funkgerät…
… sofort los!
Jede Sekunde zählt!

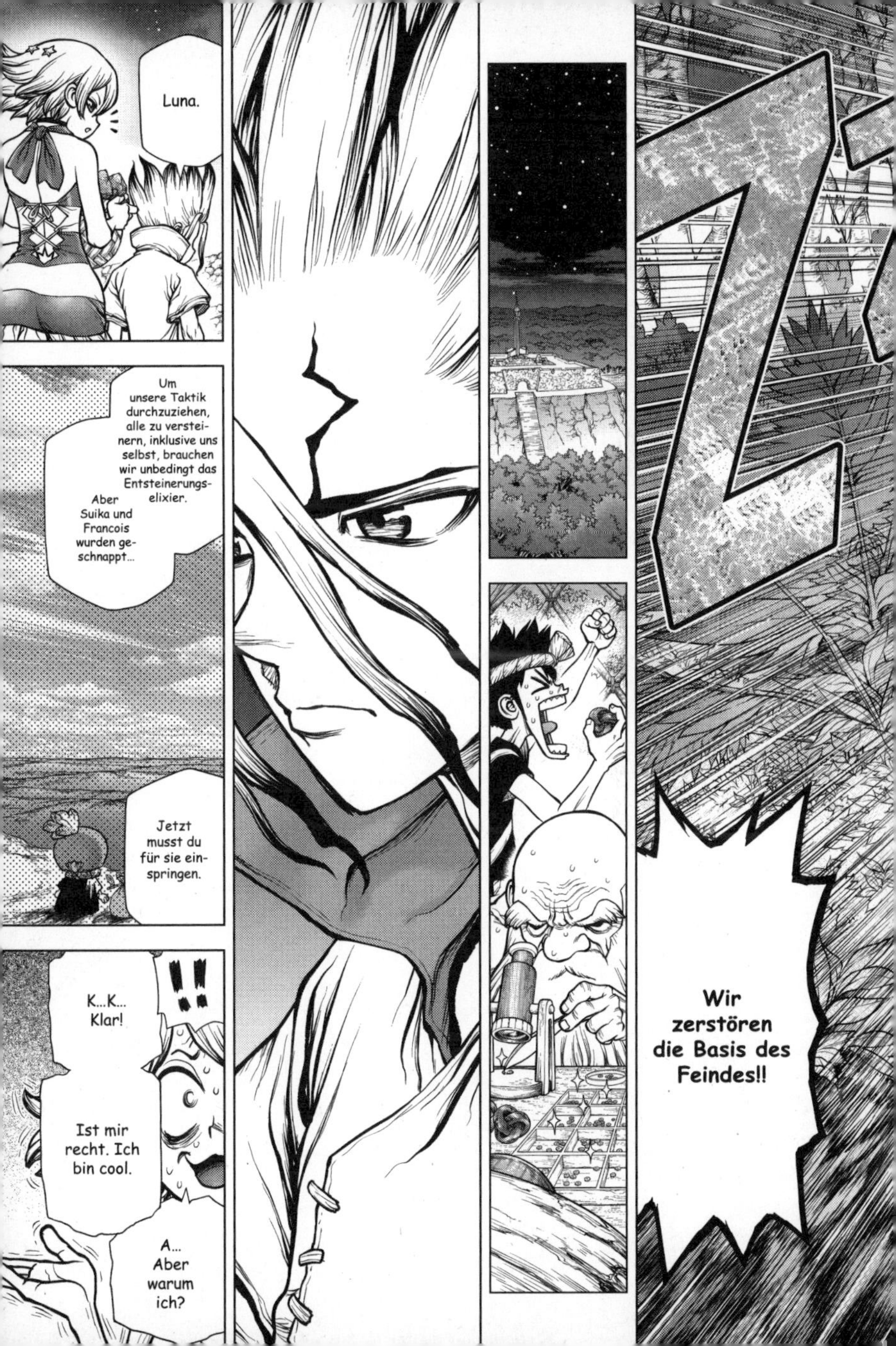
Wir zerstören die Basis des Feindes!!
Luna.
Um unsere Taktik durchzuziehen, alle zu versteinern, inklusive uns selbst, brauchen wir unbedingt das Entsteinerungs-elixier.
Aber Suika und Francois wurden ge-schnappt...
Jetzt musst du für sie ein-springen.
!!
K...K... Klar!
Ist mir recht. Ich bin cool.
A... Aber warum ich?

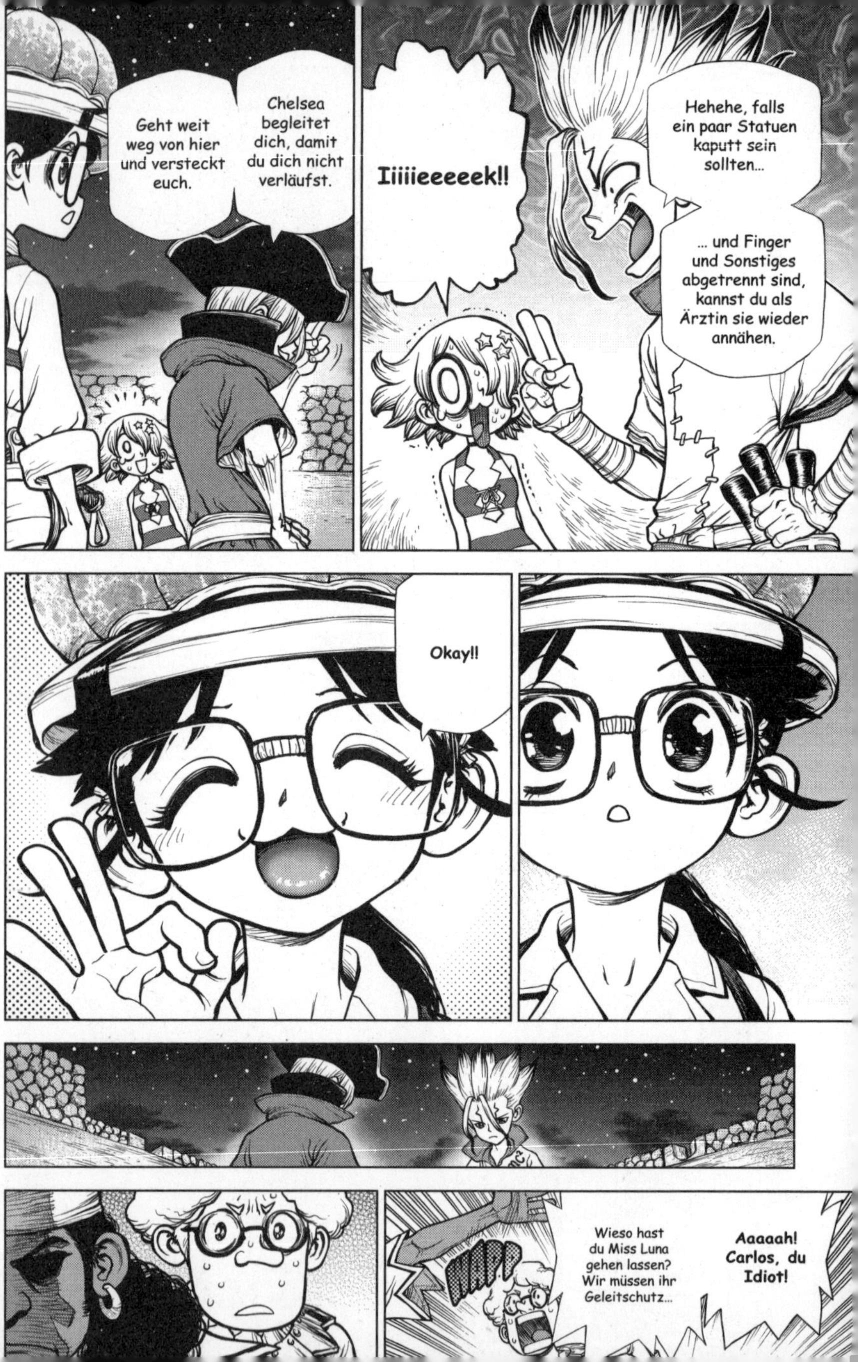
Hehehe, falls ein paar Statuen kaputt sein sollten...
... und Finger und Sonstiges abgetrennt sind, kannst du als Ärztin sie wieder annähen.
Iiiiieeeeek!!
Chelsea begleitet dich, damit du dich nicht verläufst.
Geht weit weg von hier und versteckt euch.
Okay!!
Aaaaah! Carlos, du Idiot!
Wieso hast du Miss Luna gehen lassen? Wir müssen ihr Geleitschutz...

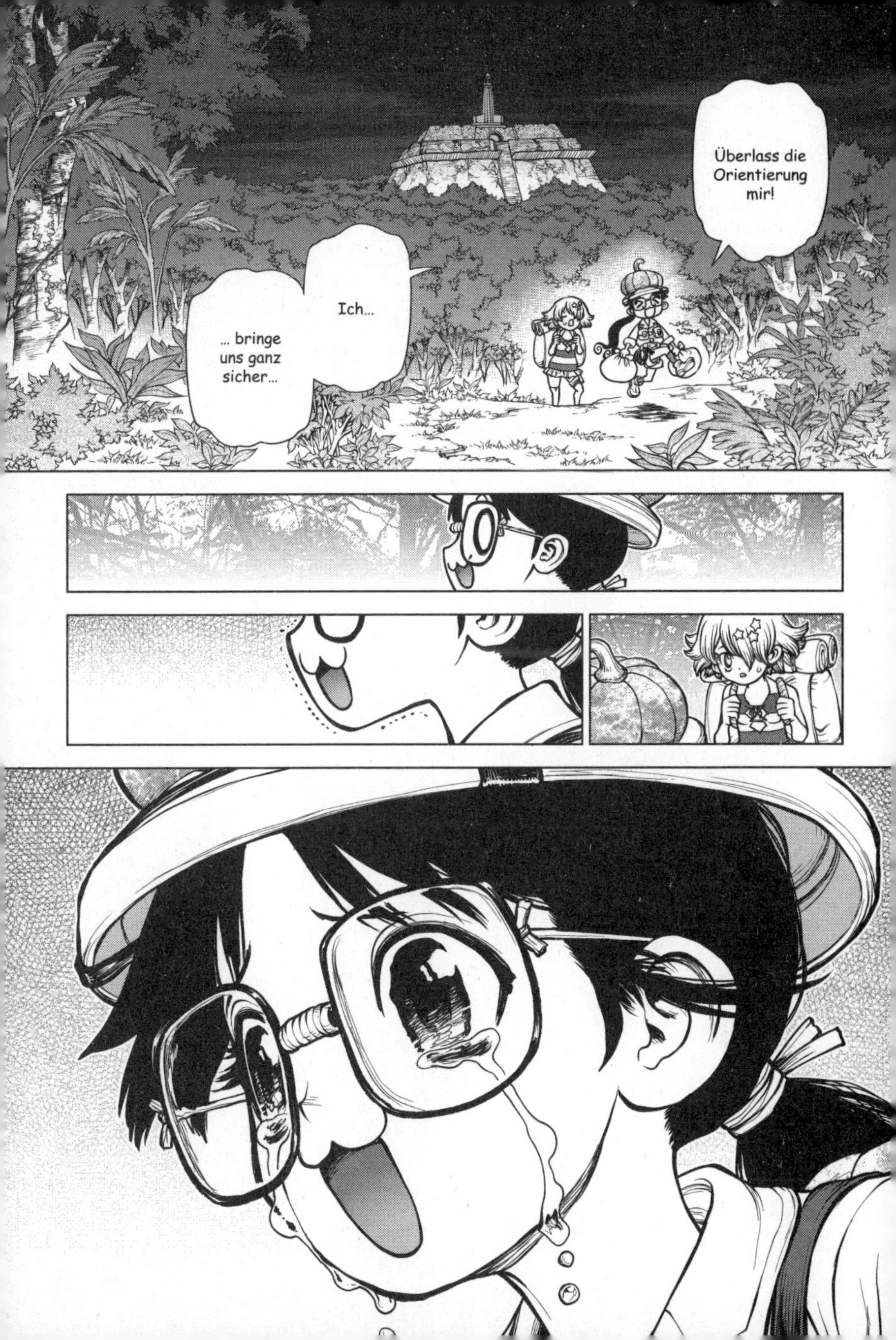
Überlass die Orientierung mir!
Ich...
... bringe uns ganz sicher...

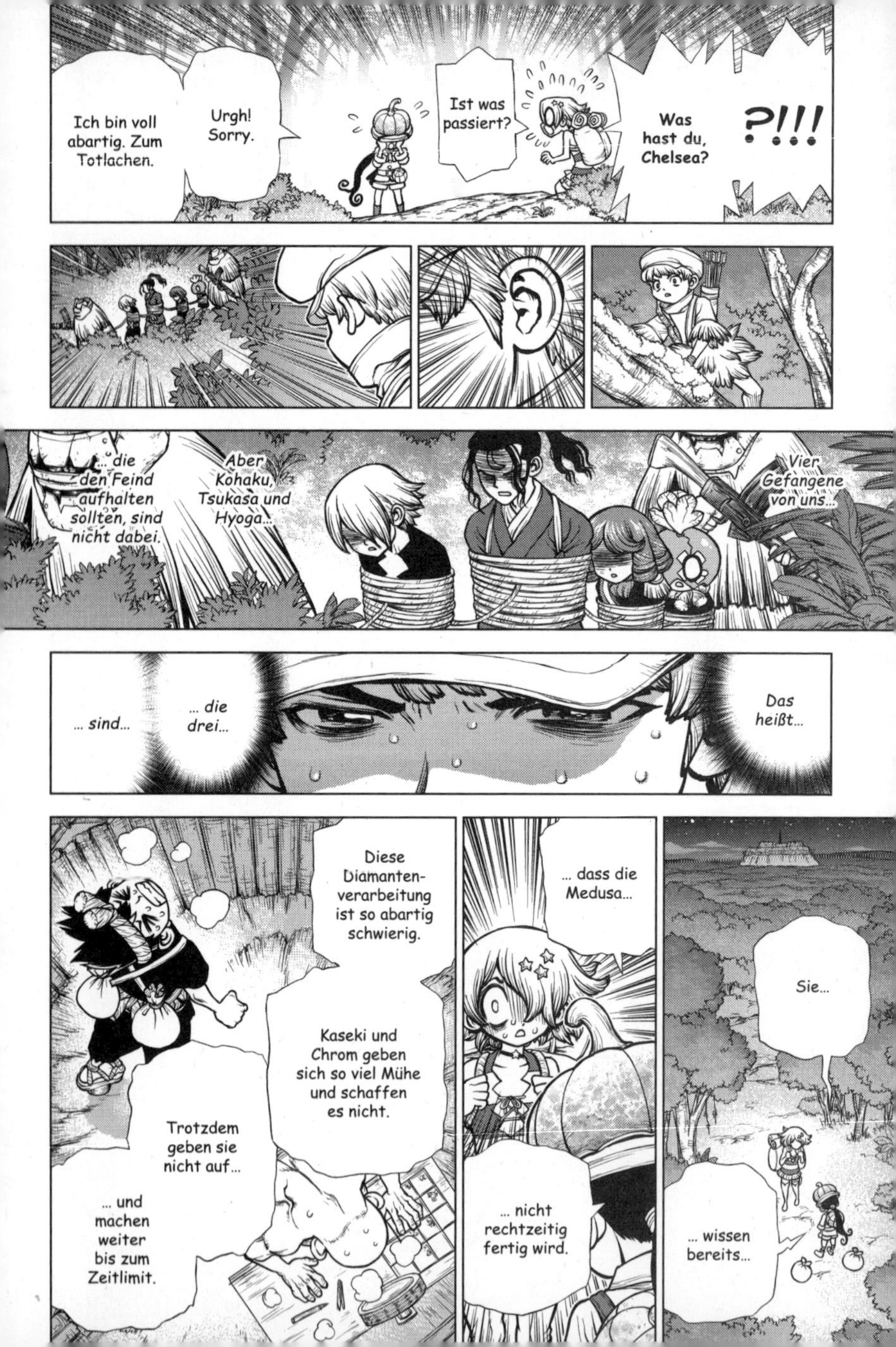
?!!!
Was hast du, Chelsea?
Ist was passiert?
Urgh! Sorry.
Ich bin voll abartig. Zum Totlachen.
Vier Gefangene von uns…
Aber Kohaku, Tsukasa und Hyoga…
… die den Feind aufhalten sollten, sind nicht dabei.
Das heißt…
… die drei…
… sind…
Sie…
… wissen bereits…
… dass die Medusa…
… nicht rechtzeitig fertig wird.
Diese Diamantenverarbeitung ist so abartig schwierig.
Kaseki und Chrom geben sich so viel Mühe und schaffen es nicht.
Trotzdem geben sie nicht auf…
… und machen weiter bis zum Zeitlimit.

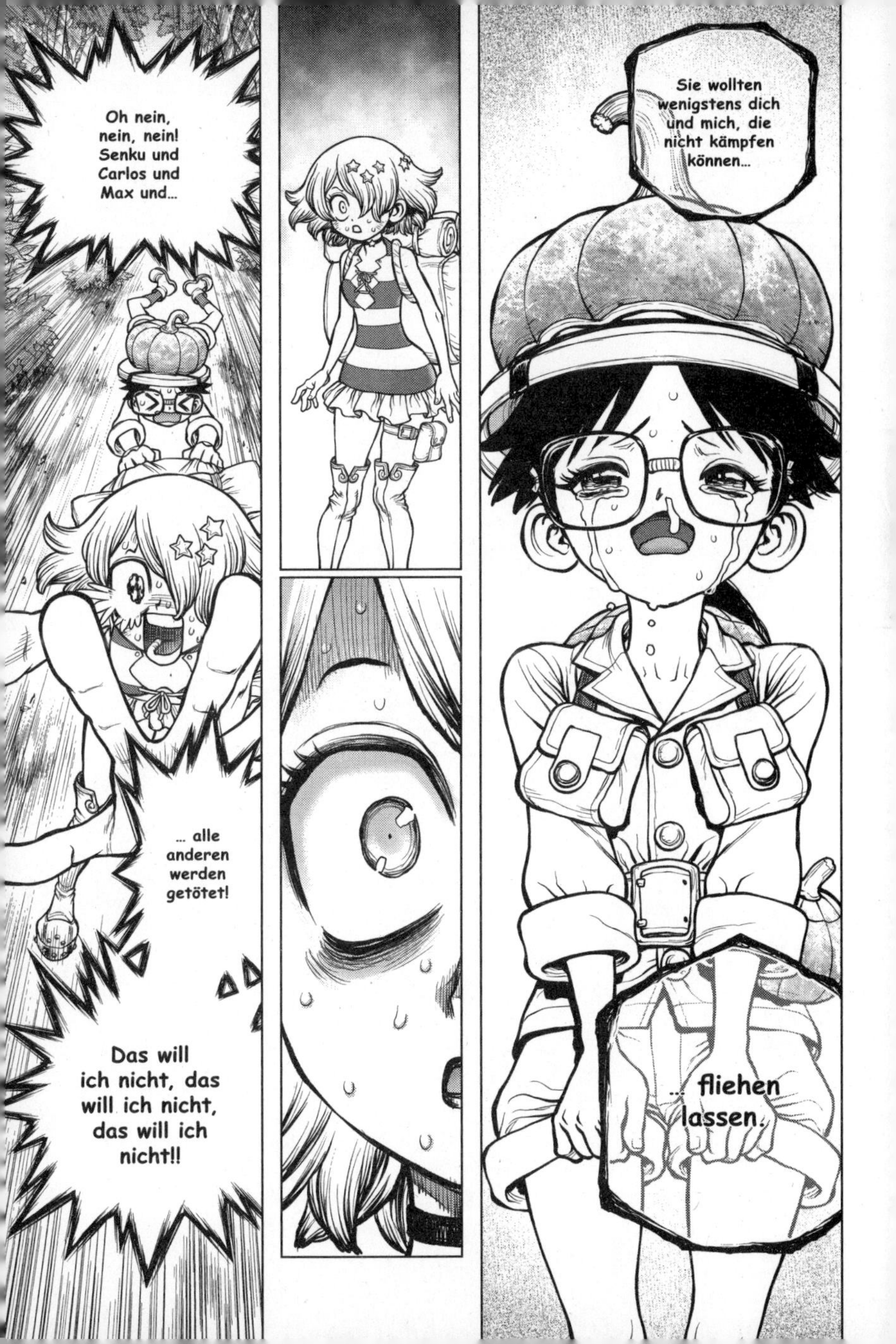

Oh nein, nein, nein! Senku und Carlos und Max und...
... alle anderen werden getötet!
Das will ich nicht, das will ich nicht, das will ich nicht!!
Sie wollten wenigstens dich und mich, die nicht kämpfen können...
... fliehen lassen.

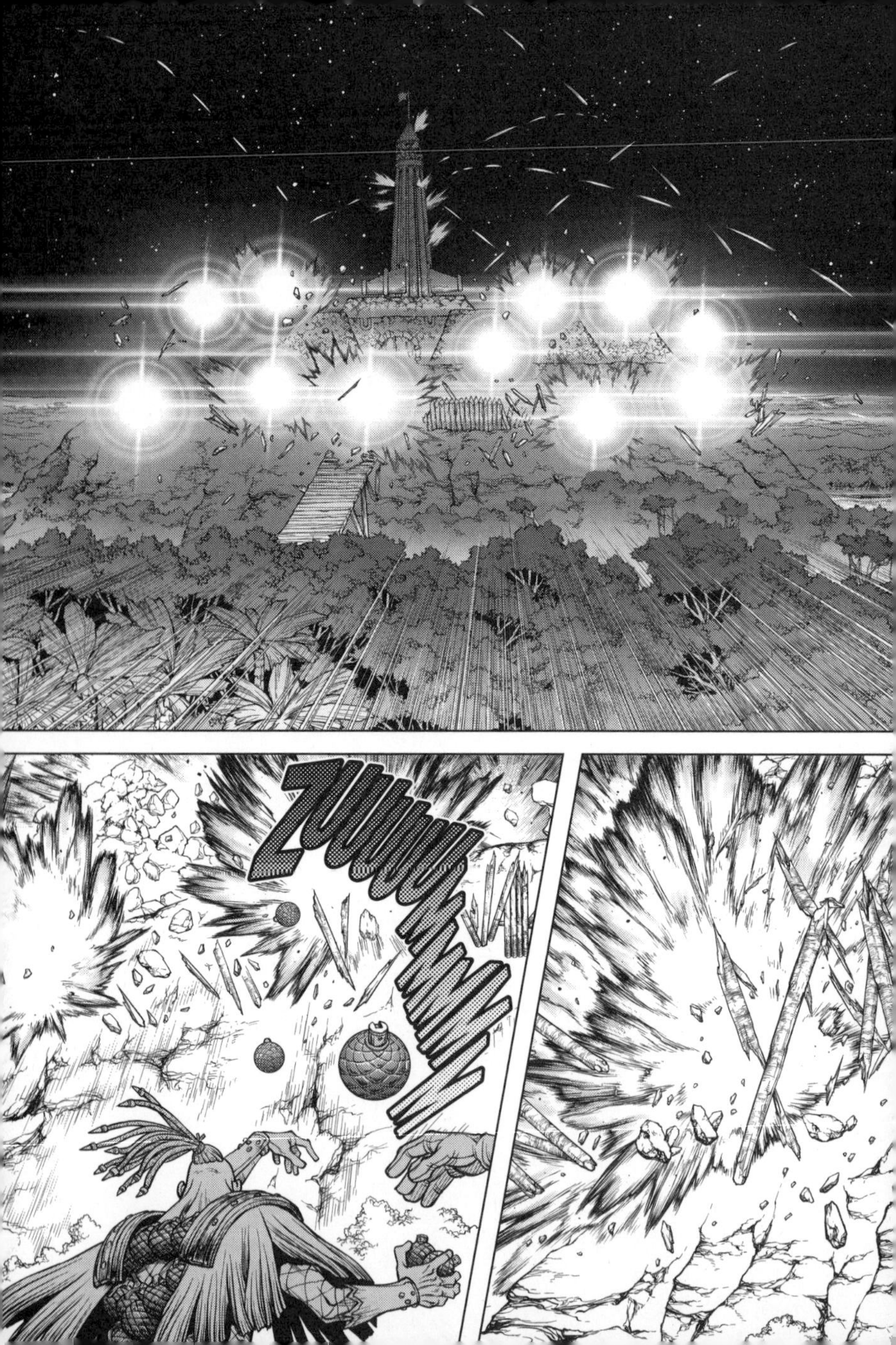

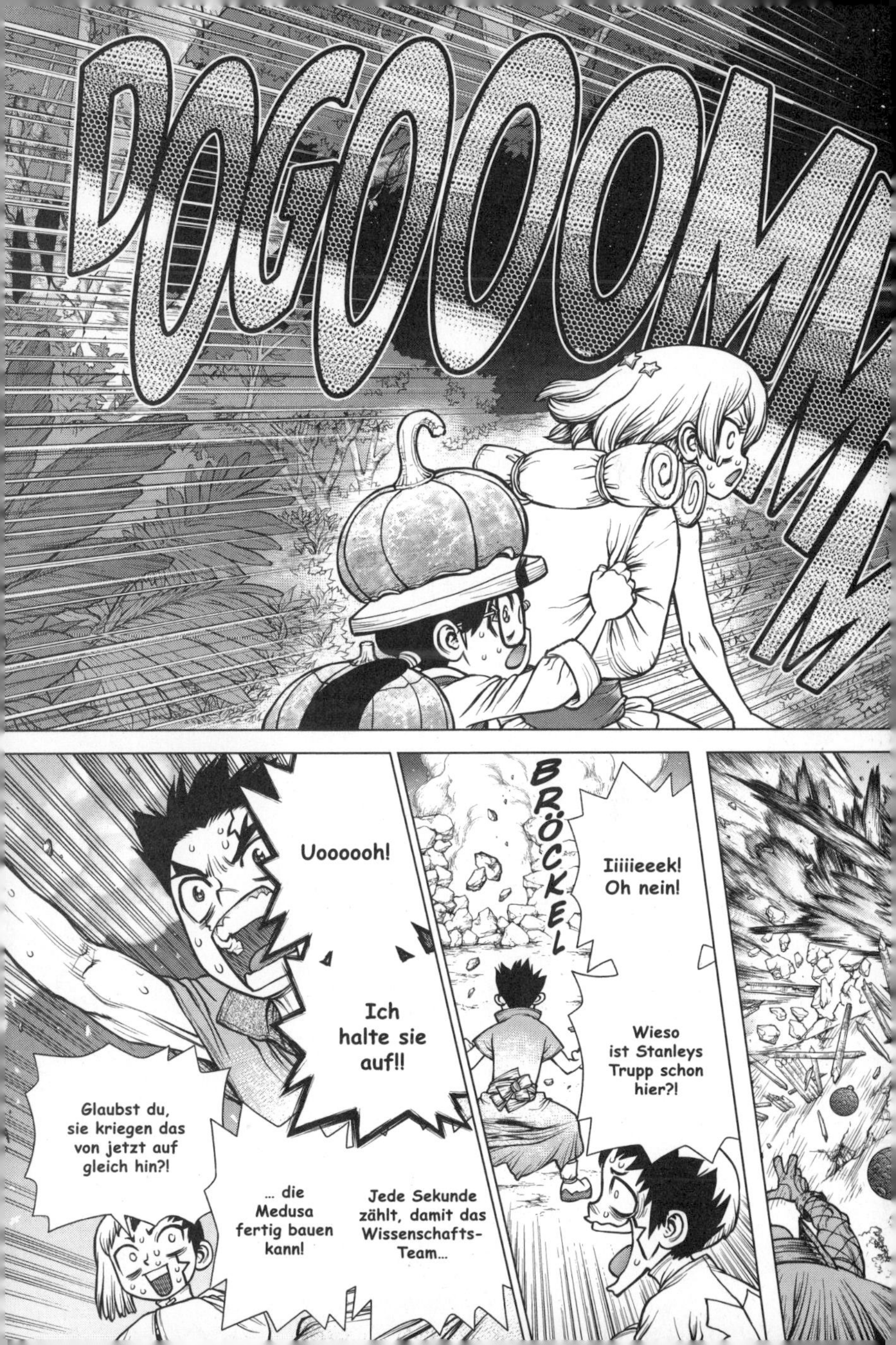
DOGOOOOM
BRÖCKEL
Iiiiieeek! Oh nein!
Wieso ist Stanleys Trupp schon hier?!
Uoooooh!
Ich halte sie auf!!
Jede Sekunde zählt, damit das Wissenschafts-Team...
... die Medusa fertig bauen kann!
Glaubst du, sie kriegen das von jetzt auf gleich hin?!

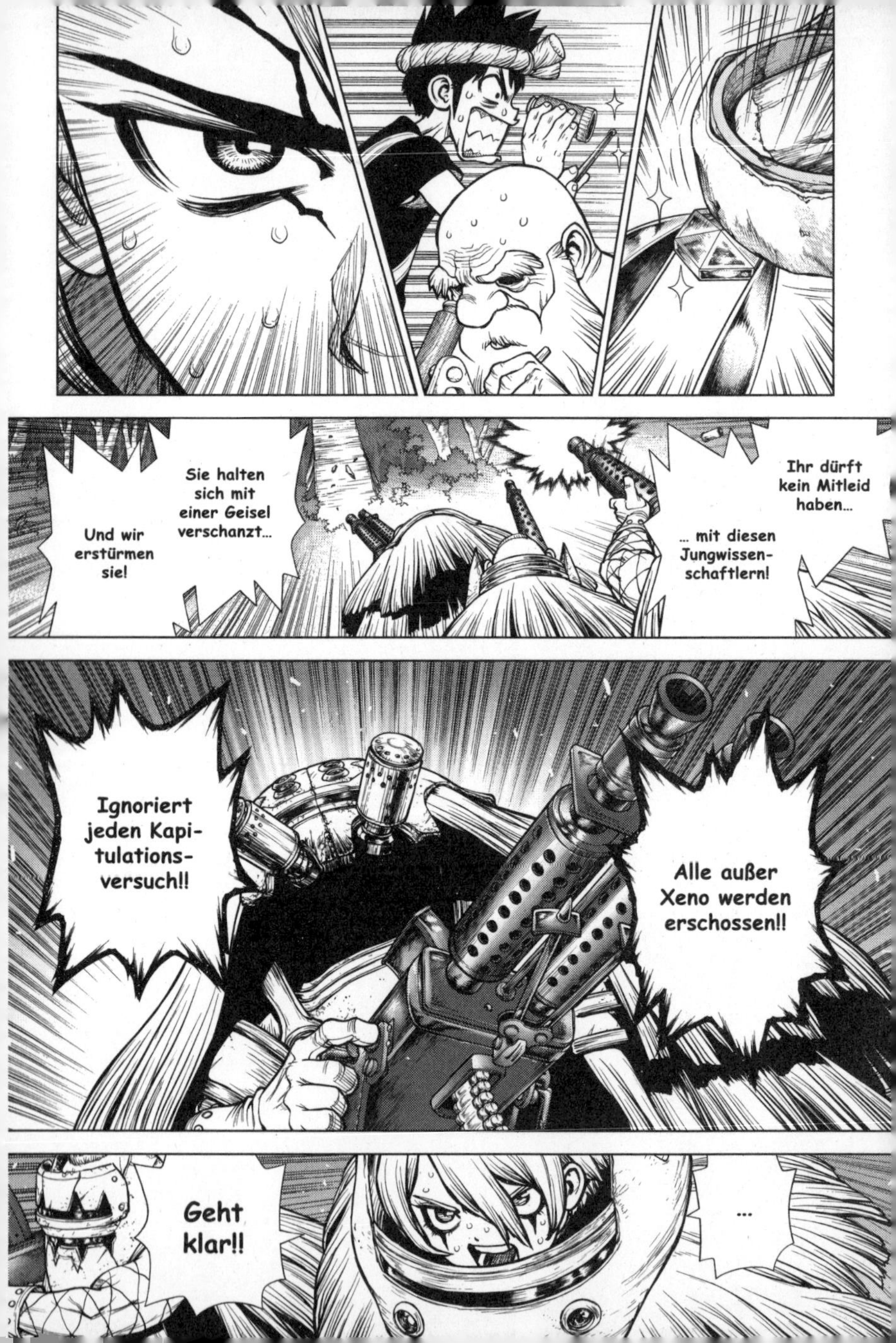
Ihr dürft kein Mitleid haben…
… mit diesen Jungwissenschaftlern!
Sie halten sich mit einer Geisel verschanzt…
Und wir erstürmen sie!
Alle außer Xeno werden erschossen!!
Ignoriert jeden Kapitulationsversuch!!
…
Geht klar!!

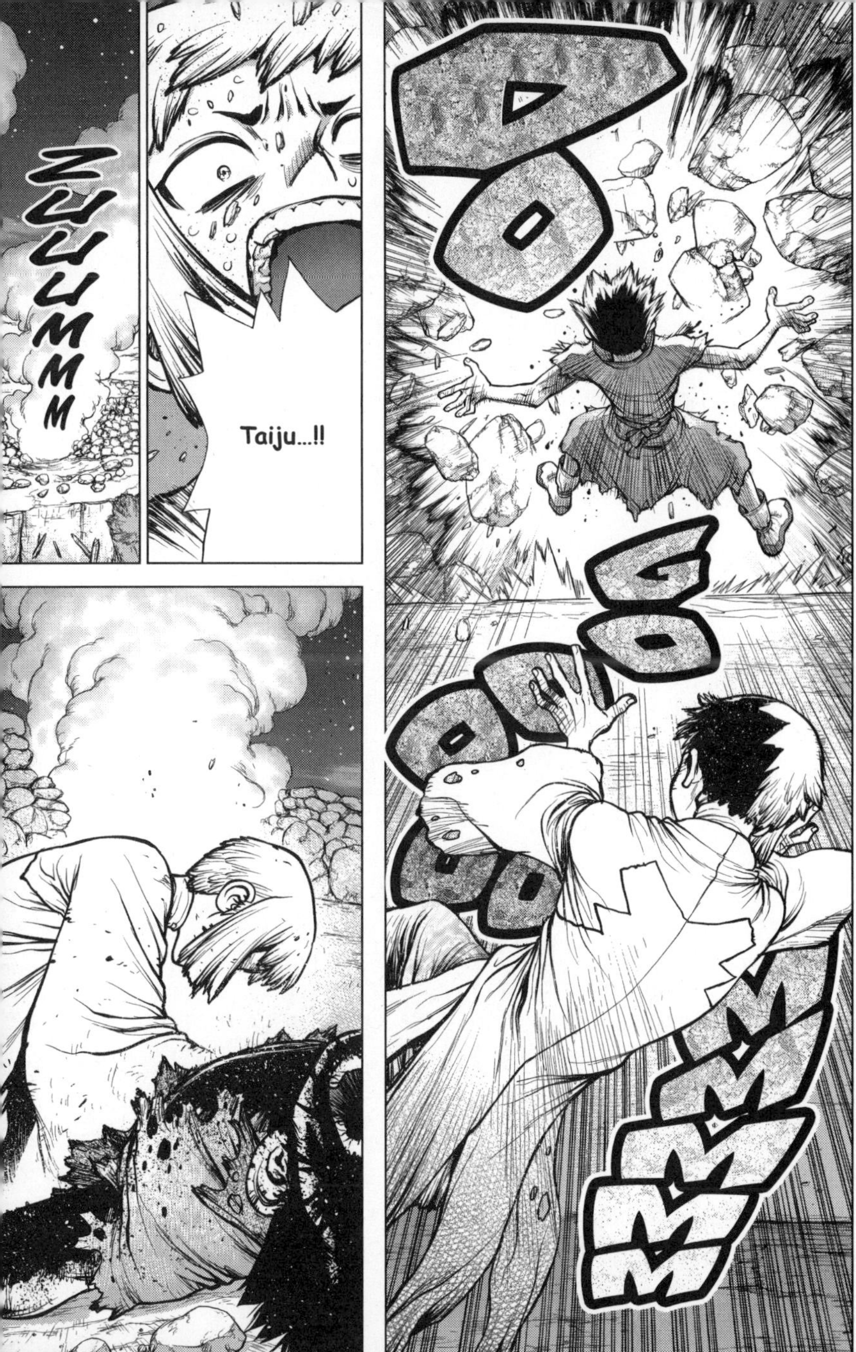
DO
GOOOOOMMMMM
Taiju...!!
ZUUUMMM

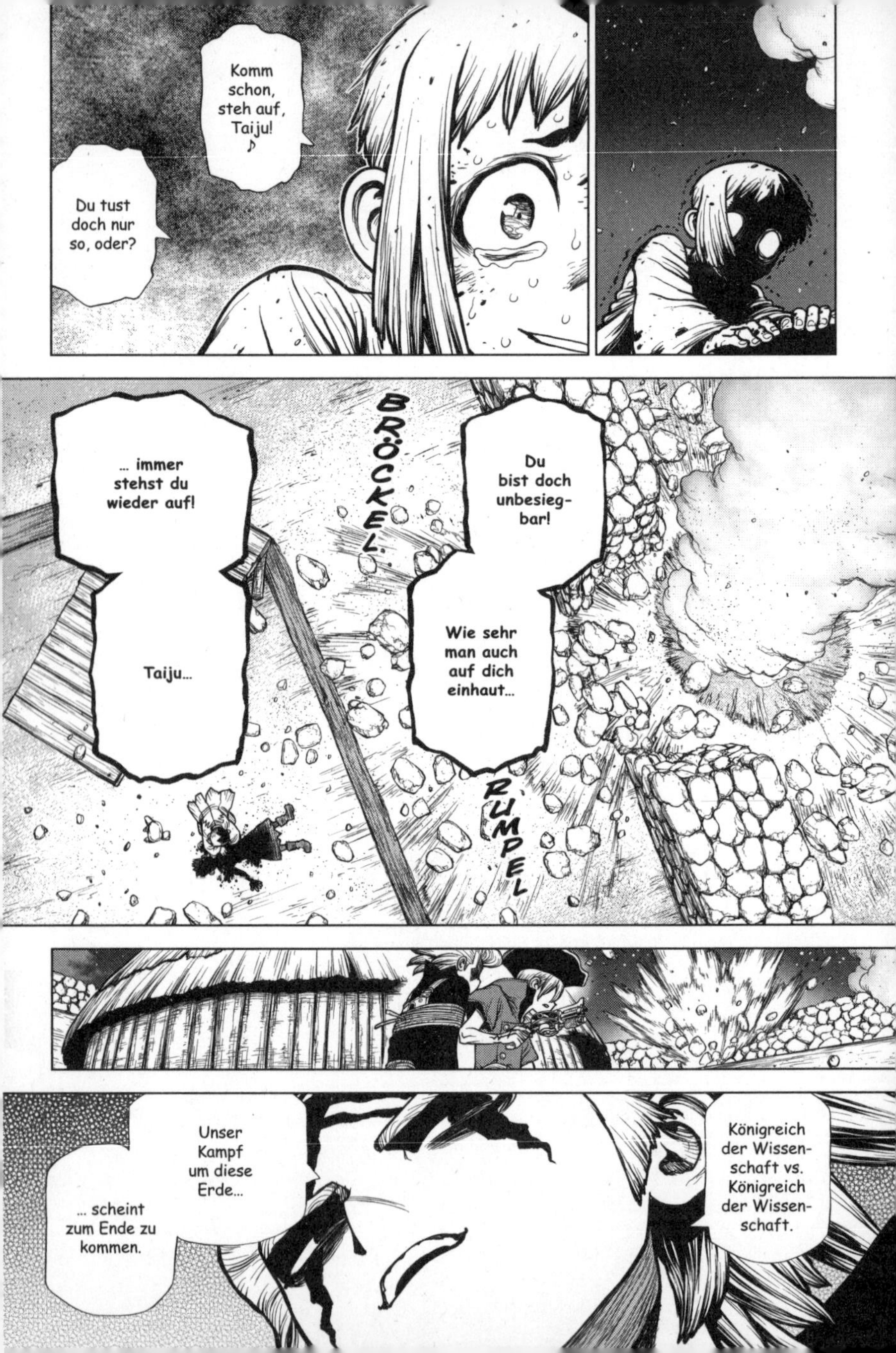
Komm schon, steh auf, Taiju! ♪
Du tust doch nur so, oder?
Du bist doch unbesiegbar!
Wie sehr man auch auf dich einhaut...
... immer stehst du wieder auf!
Taiju...
BRÖCKEL
RUMPEL
Königreich der Wissenschaft vs. Königreich der Wissenschaft.
Unser Kampf um diese Erde...
... scheint zum Ende zu kommen.

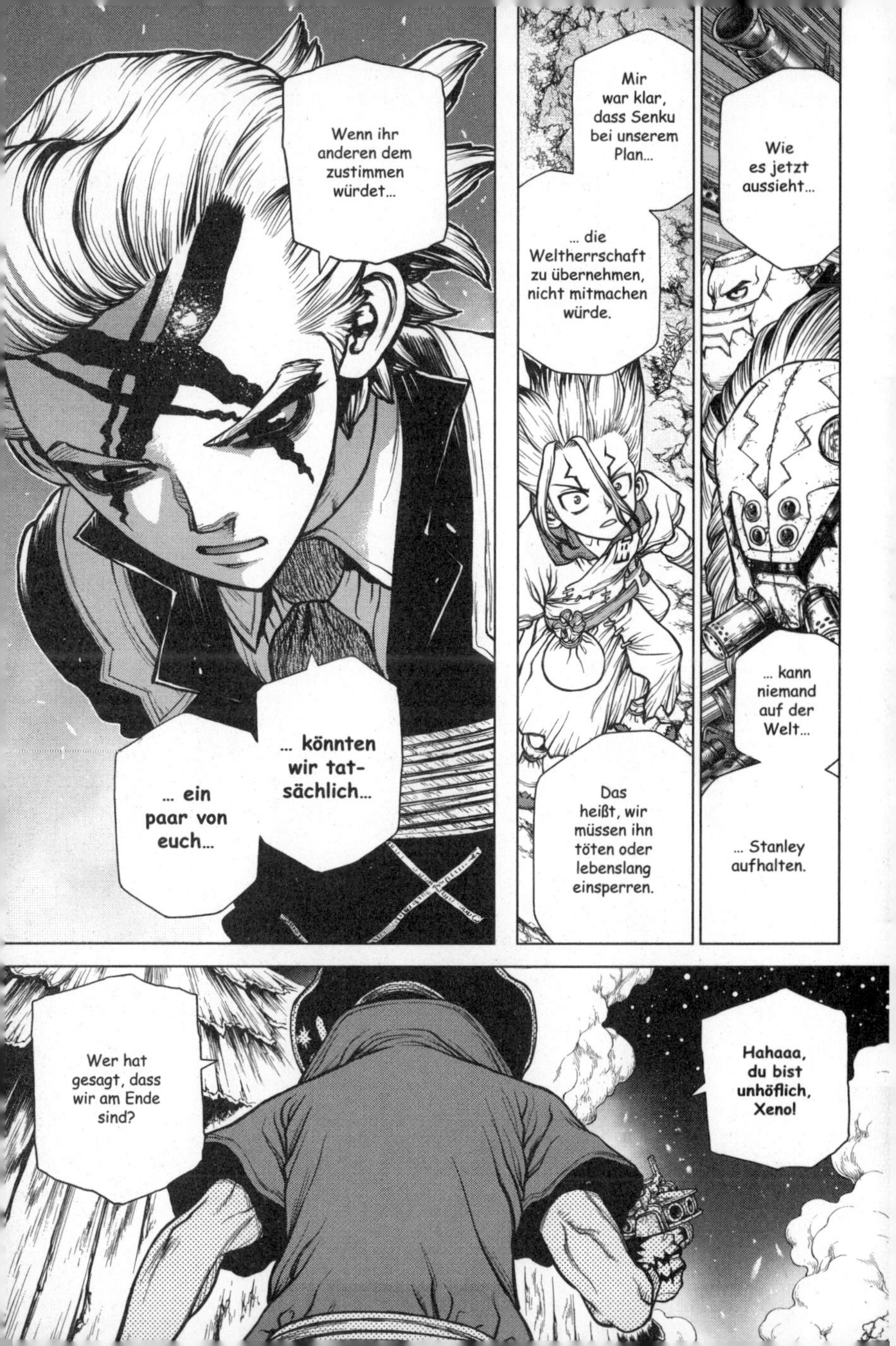
Wie es jetzt aussieht...
... kann niemand auf der Welt...
... Stanley aufhalten.
Mir war klar, dass Senku bei unserem Plan...
... die Weltherrschaft zu übernehmen, nicht mitmachen würde.
Das heißt, wir müssen ihn töten oder lebenslang einsperren.
Wenn ihr anderen dem zustimmen würdet...
... könnten wir tatsächlich...
... ein paar von euch...
Hahaaa, du bist unhöflich, Xeno!
Wer hat gesagt, dass wir am Ende sind?

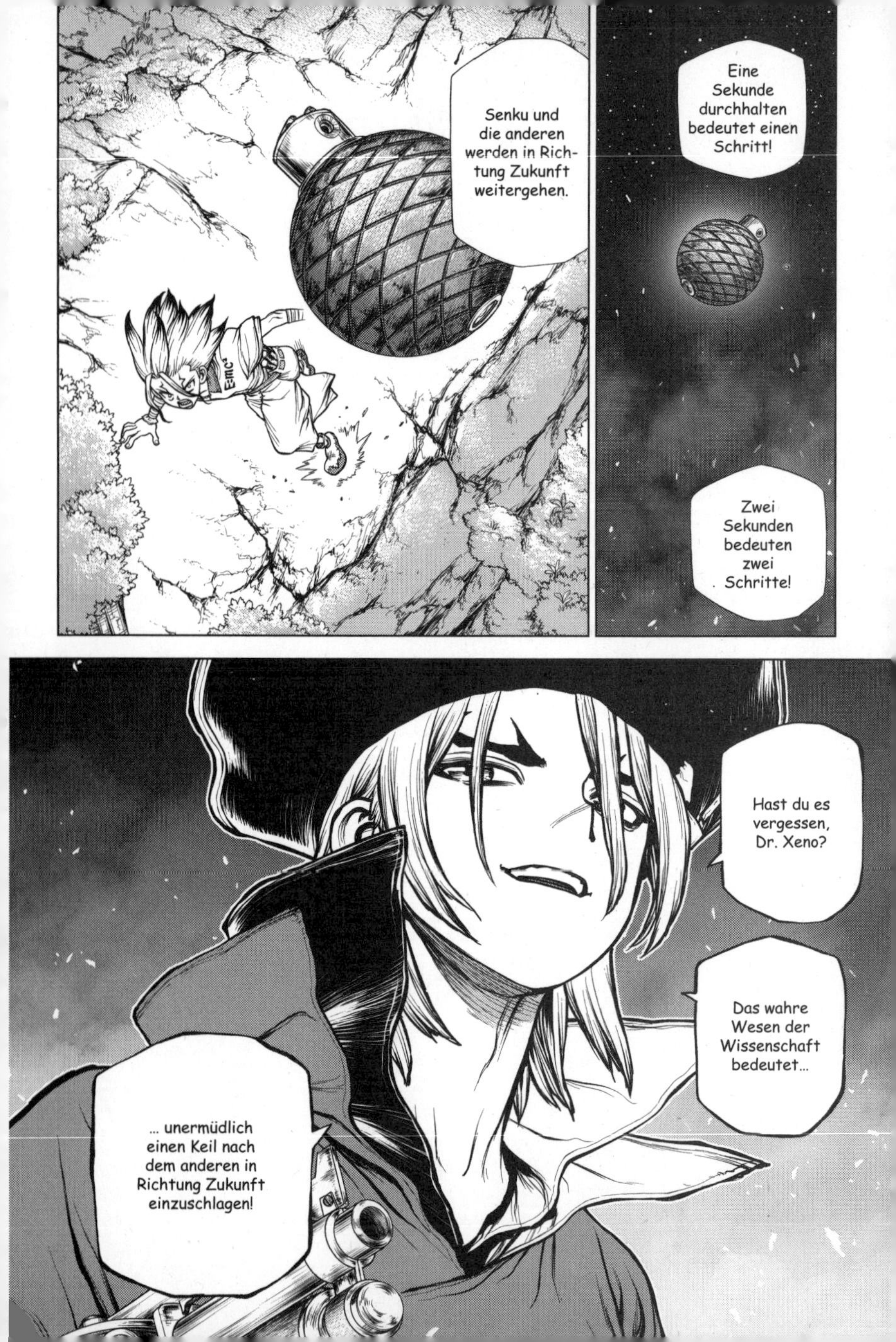
Eine Sekunde durchhalten bedeutet einen Schritt!
Senku und die anderen werden in Richtung Zukunft weitergehen.
Zwei Sekunden bedeuten zwei Schritte!
Hast du es vergessen, Dr. Xeno?
Das wahre Wesen der Wissenschaft bedeutet...
... unermüdlich einen Keil nach dem anderen in Richtung Zukunft einzuschlagen!

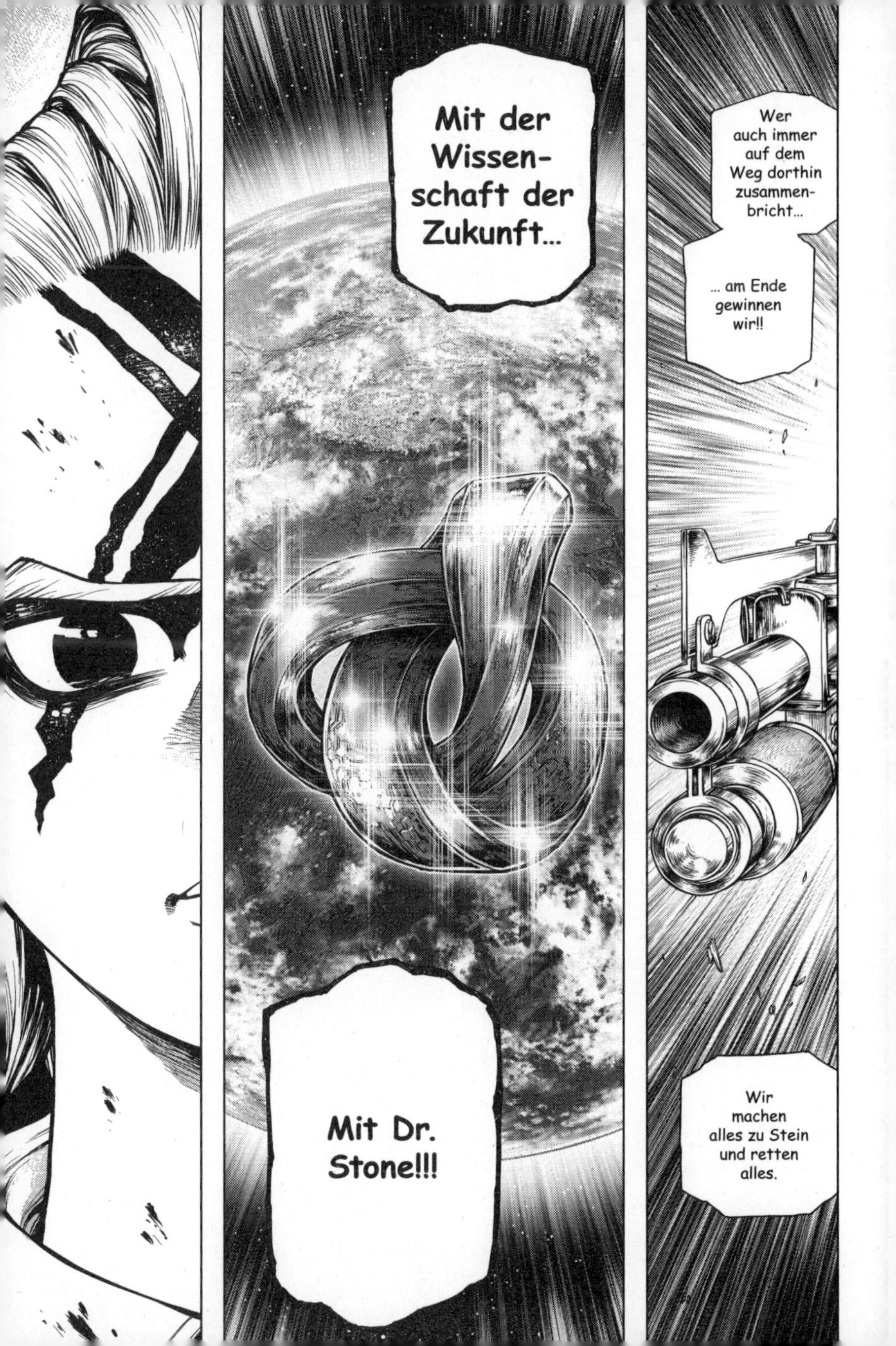
Wer auch immer auf dem Weg dorthin zusammen-bricht...
... am Ende gewinnen wir!!
Wir machen alles zu Stein und retten alles.
Mit der Wissen-schaft der Zukunft...
Mit Dr. Stone!!!

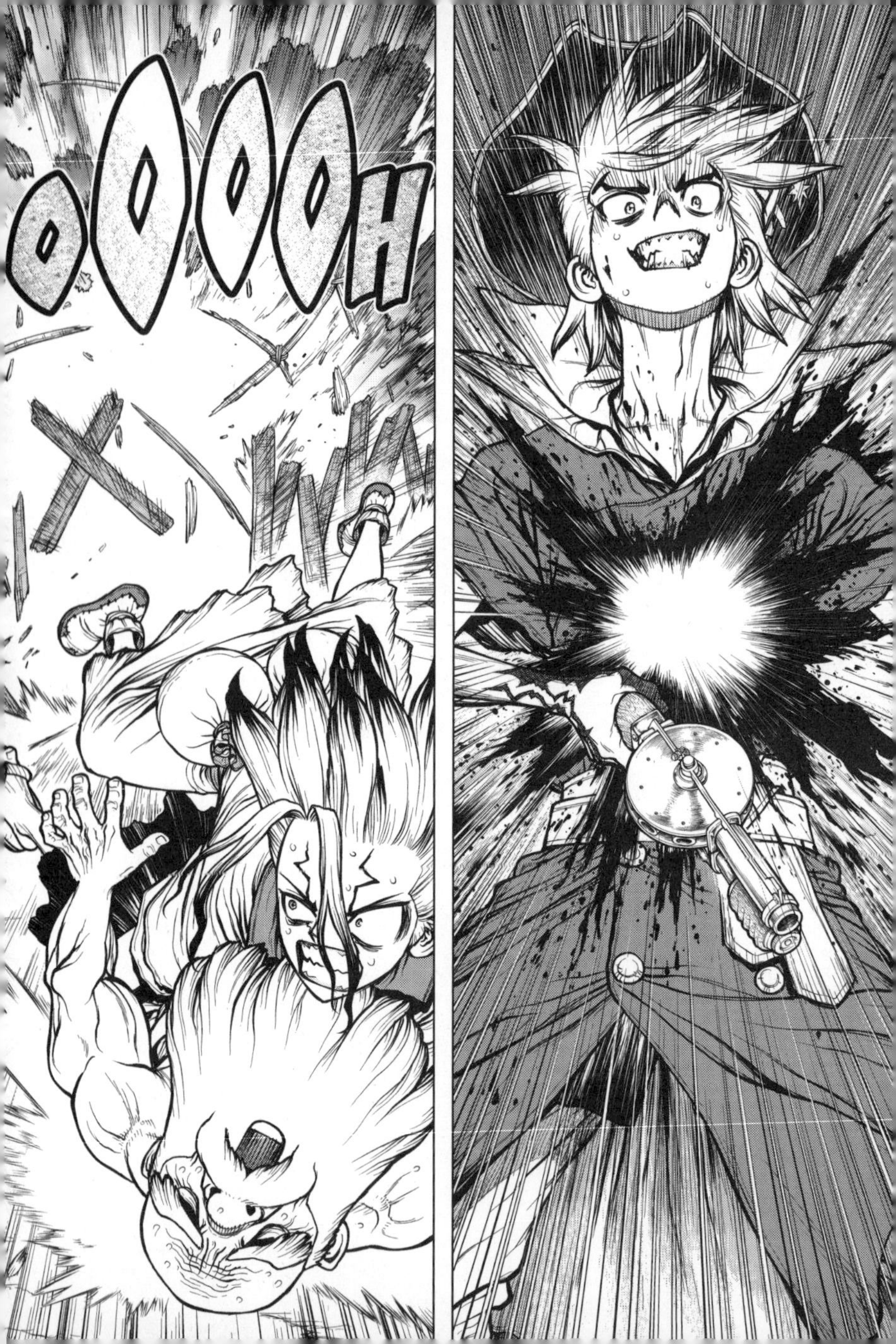
OOOOH

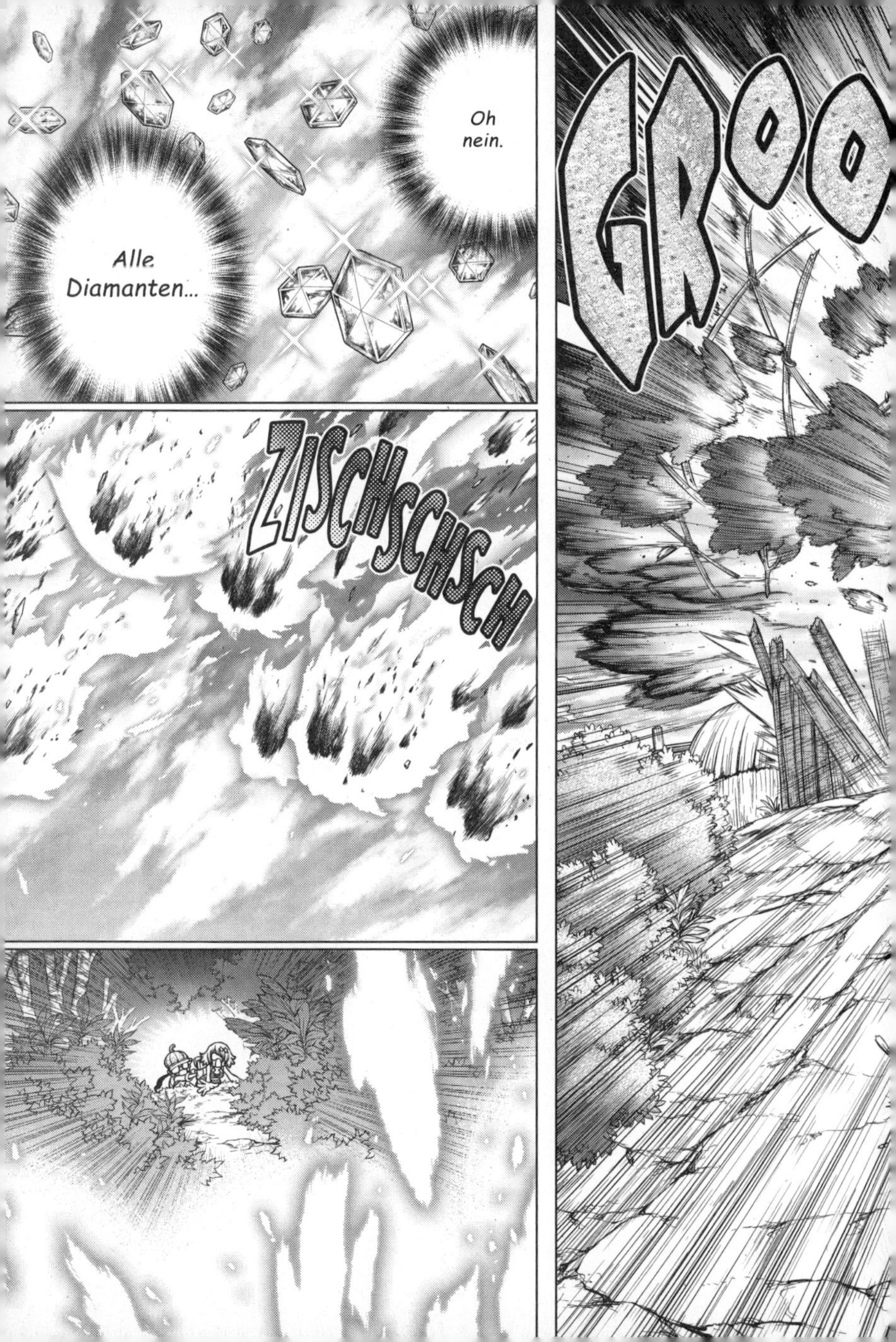
GROO
Oh nein.
Alle Diamanten...
ZISCHSCHSCH

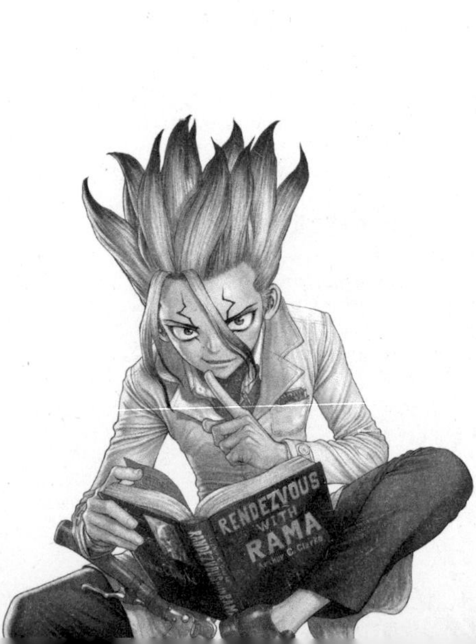
RENDEZVOUS
WITH
RAMA

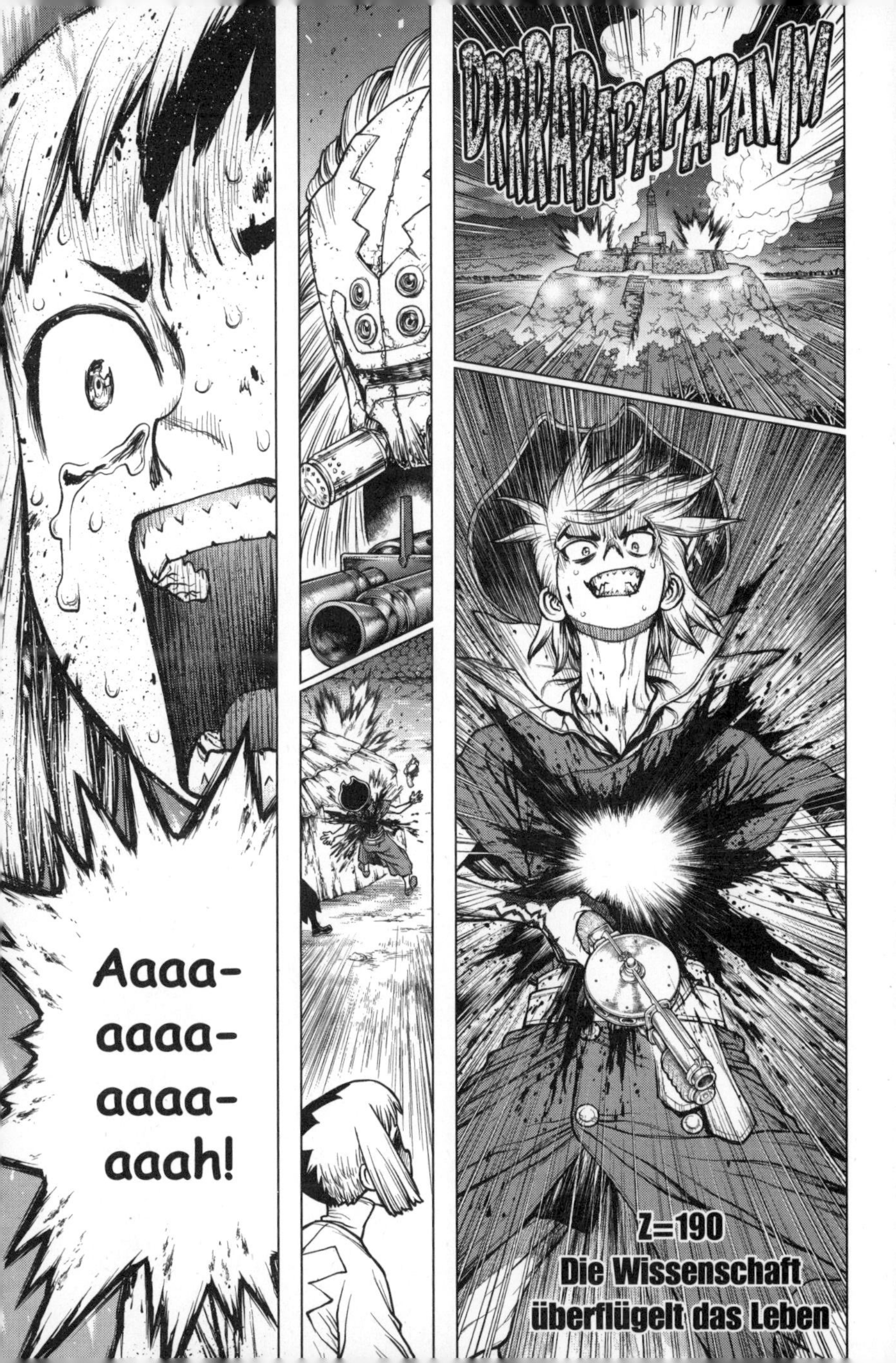
DRRRADAPAPAPAPAMM
Aaaa-
aaaa-
aaaa-
aaah!
Z=190
Die Wissenschaft
überflügelt das Leben

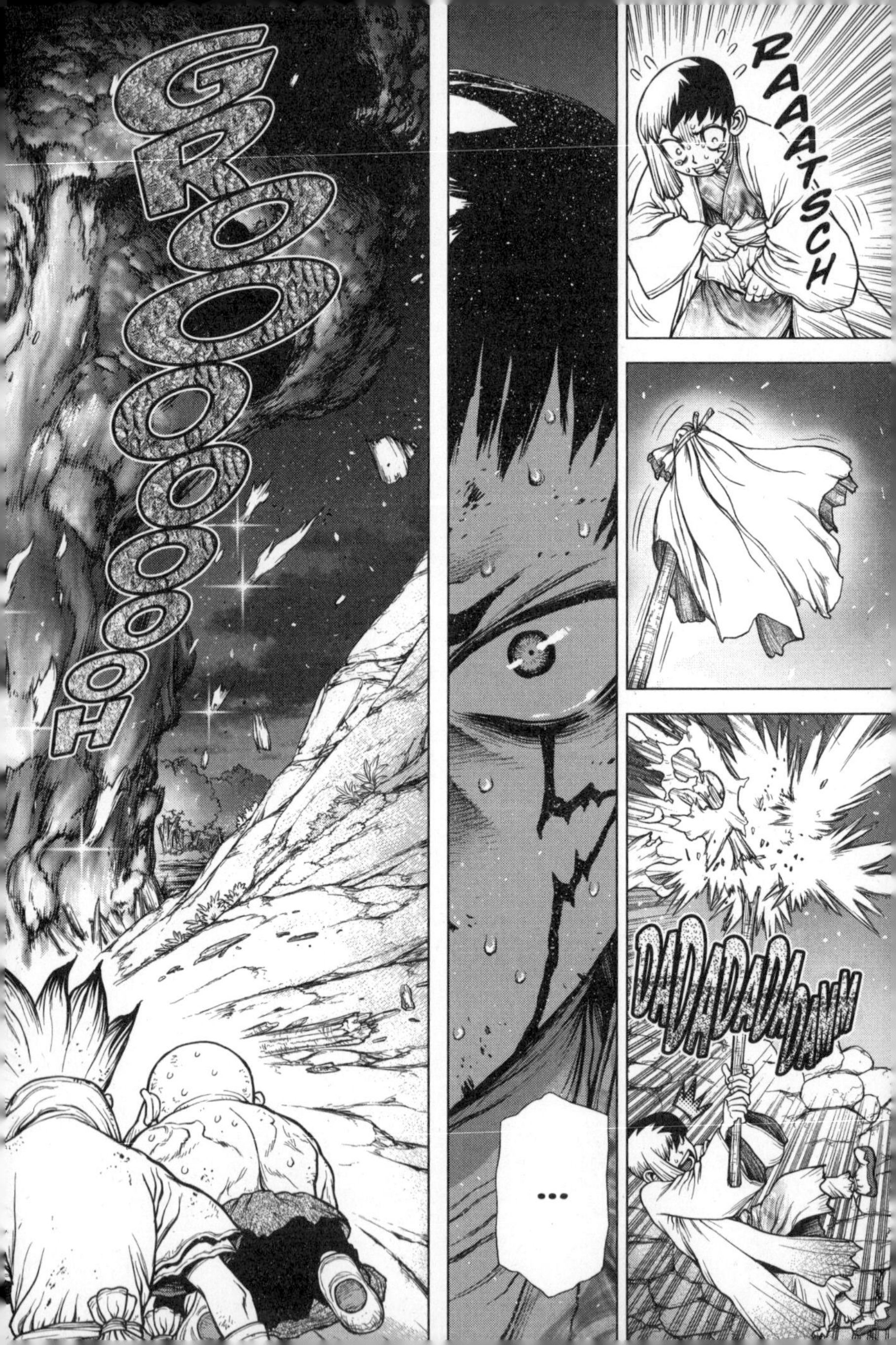
RAAATSCH
DADADADADAMM
...
GROOOOOOOH

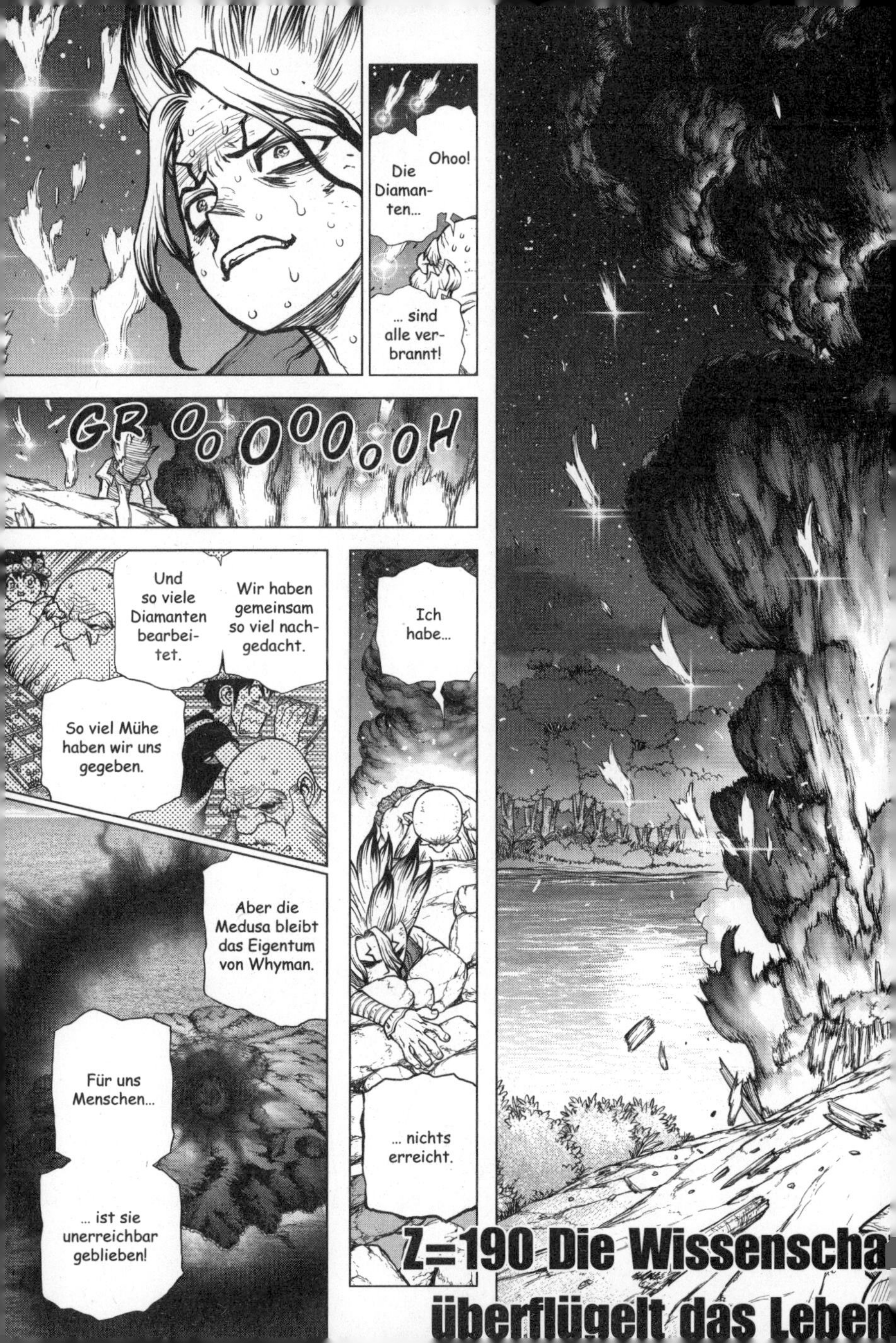
Z=190 Die Wissenscha
überflügelt das Leben
Ohoo!
Die Diamanten...
... sind alle verbrannt!
GROOOOOOOH
Ich habe...
... nichts erreicht.
Wir haben gemeinsam so viel nachgedacht.
Und so viele Diamanten bearbeitet.
So viel Mühe haben wir uns gegeben.
Aber die Medusa bleibt das Eigentum von Whyman.
Für uns Menschen...
... ist sie unerreichbar geblieben!

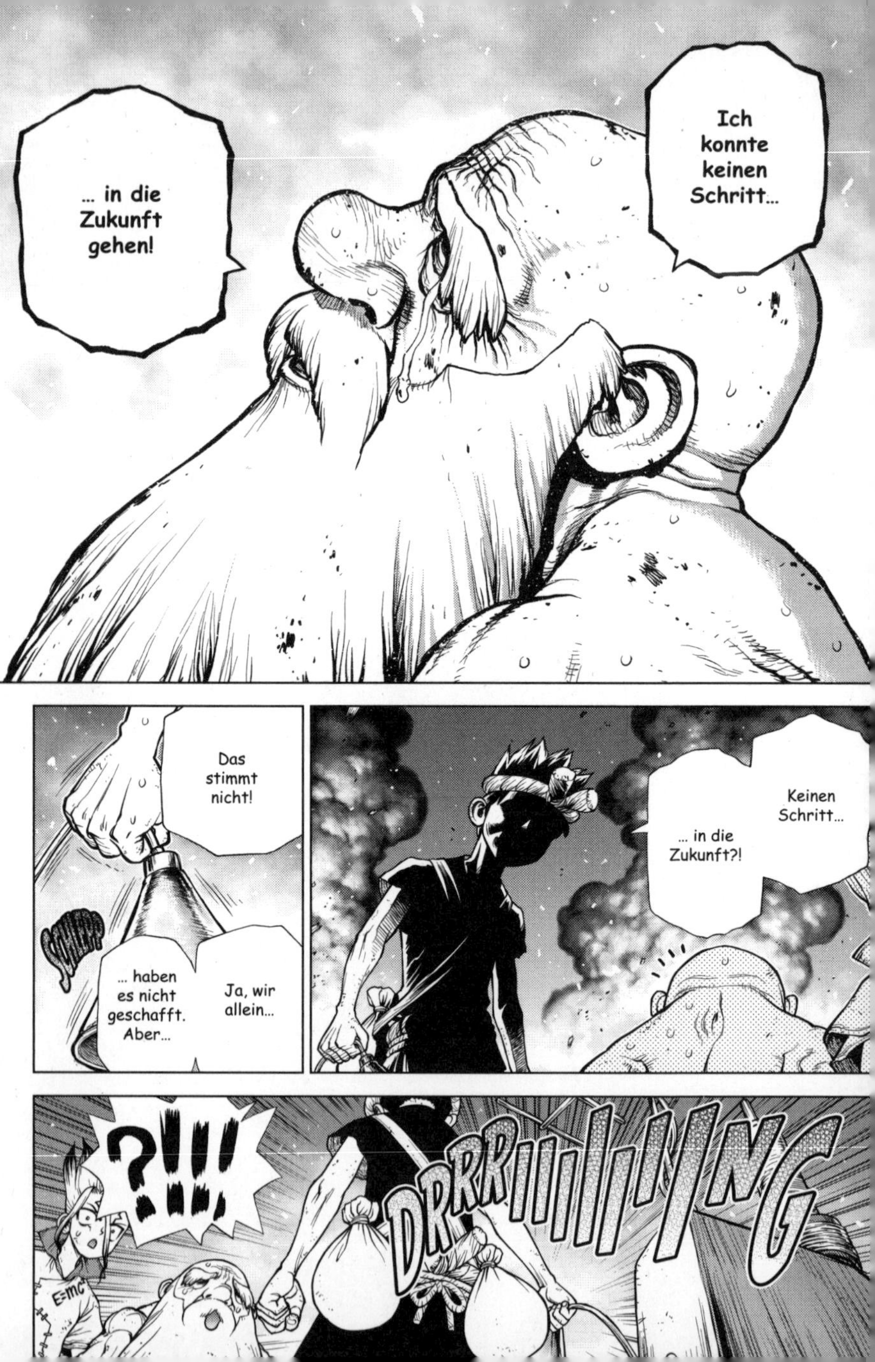
Ich konnte keinen Schritt...
... in die Zukunft gehen!
Keinen Schritt...
... in die Zukunft?!
Das stimmt nicht!
Ja, wir allein...
... haben es nicht geschafft. Aber...
?!!!
E=MC²

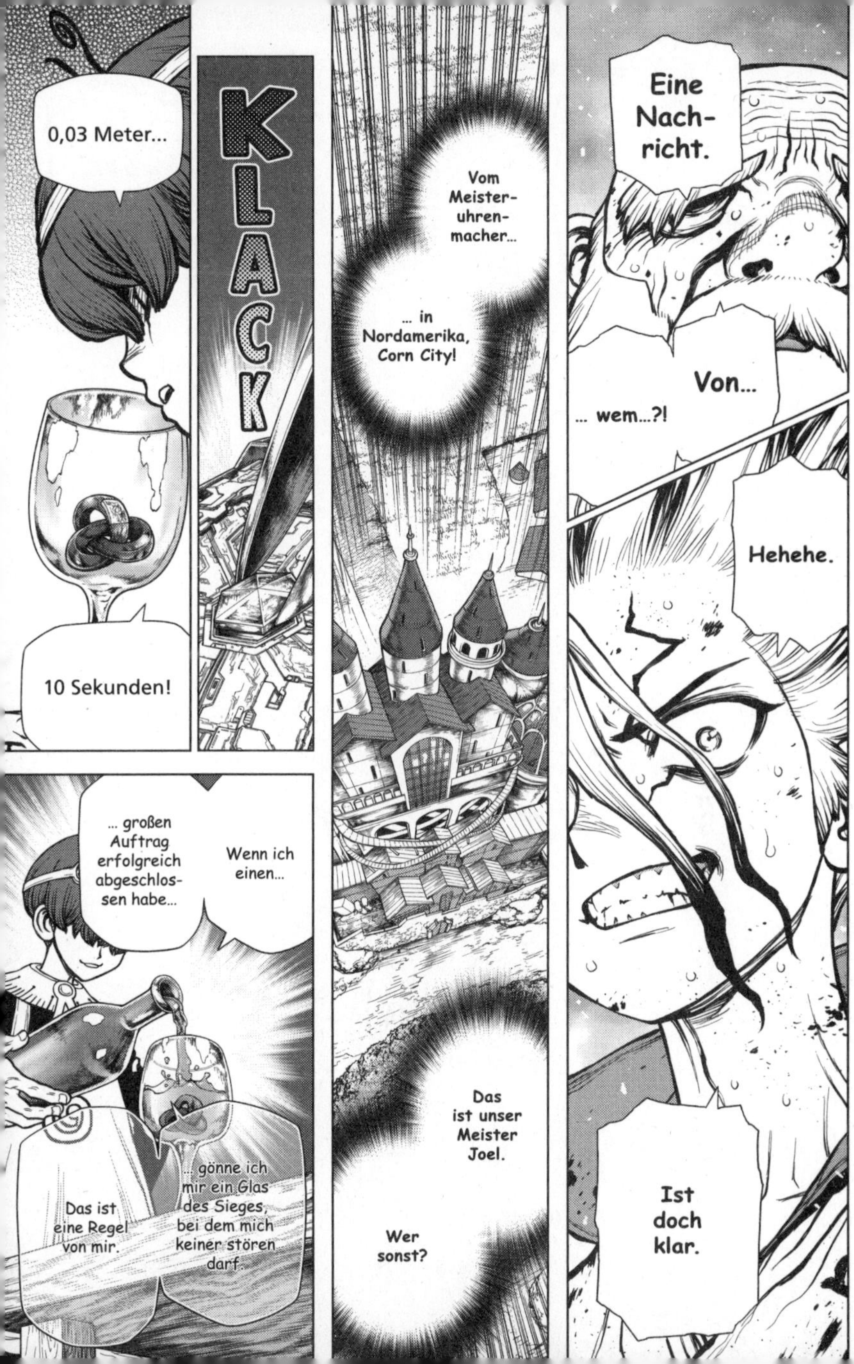

Eine Nachricht.
Von...
... wem...?!
Hehehe.
Ist doch klar.
Vom Meisteruhrenmacher...
... in Nordamerika, Corn City!
Das ist unser Meister Joel.
Wer sonst?
KLACK
0,03 Meter...
10 Sekunden!
Wenn ich einen...
... großen Auftrag erfolgreich abgeschlossen habe...
... gönne ich mir ein Glas des Sieges, bei dem mich keiner stören darf.
Das ist eine Regel von mir.

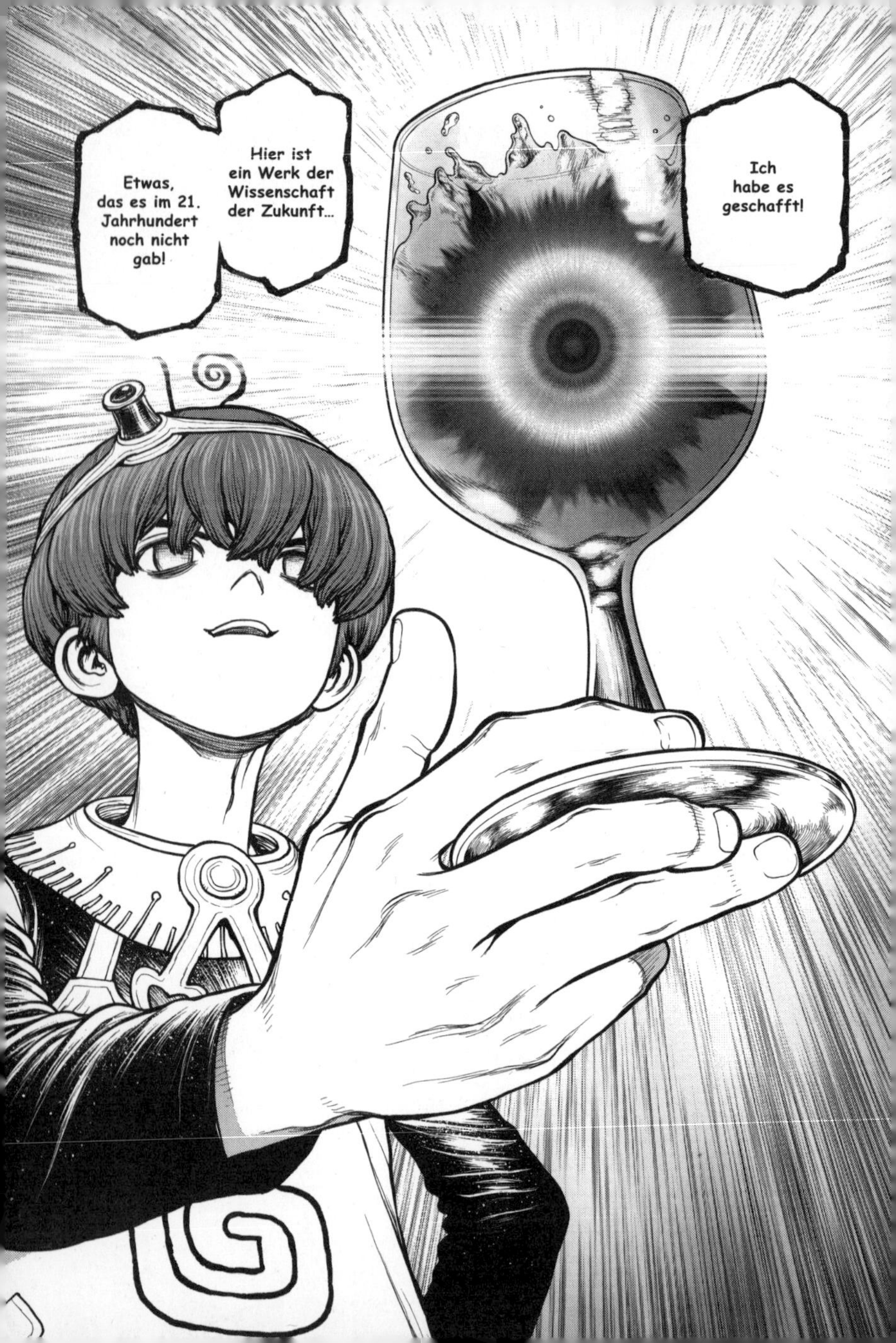
Ich habe es geschafft!
Hier ist ein Werk der Wissenschaft der Zukunft…
Etwas, das es im 21. Jahrhundert noch nicht gab!

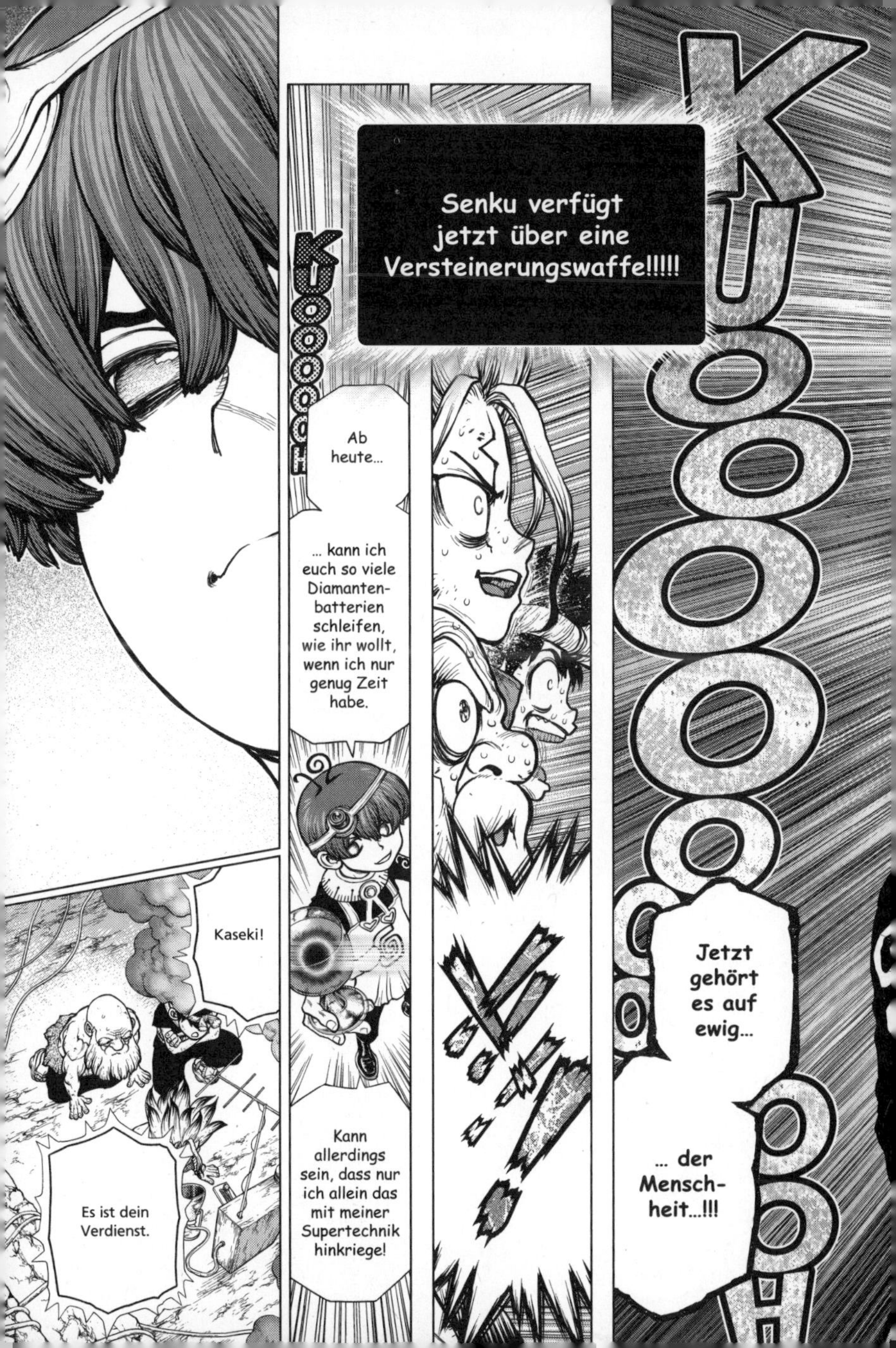
KUOOOOOOOOOOO!!
Senku verfügt jetzt über eine Versteinerungswaffe!!!!!
Jetzt gehört es auf ewig...
... der Menschheit...!!!
KUOOOOOOH
Ab heute...
... kann ich euch so viele Diamanten-batterien schleifen, wie ihr wollt, wenn ich nur genug Zeit habe.
Kann allerdings sein, dass nur ich allein das mit meiner Supertechnik hinkriege!
Kaseki!
Es ist dein Verdienst.

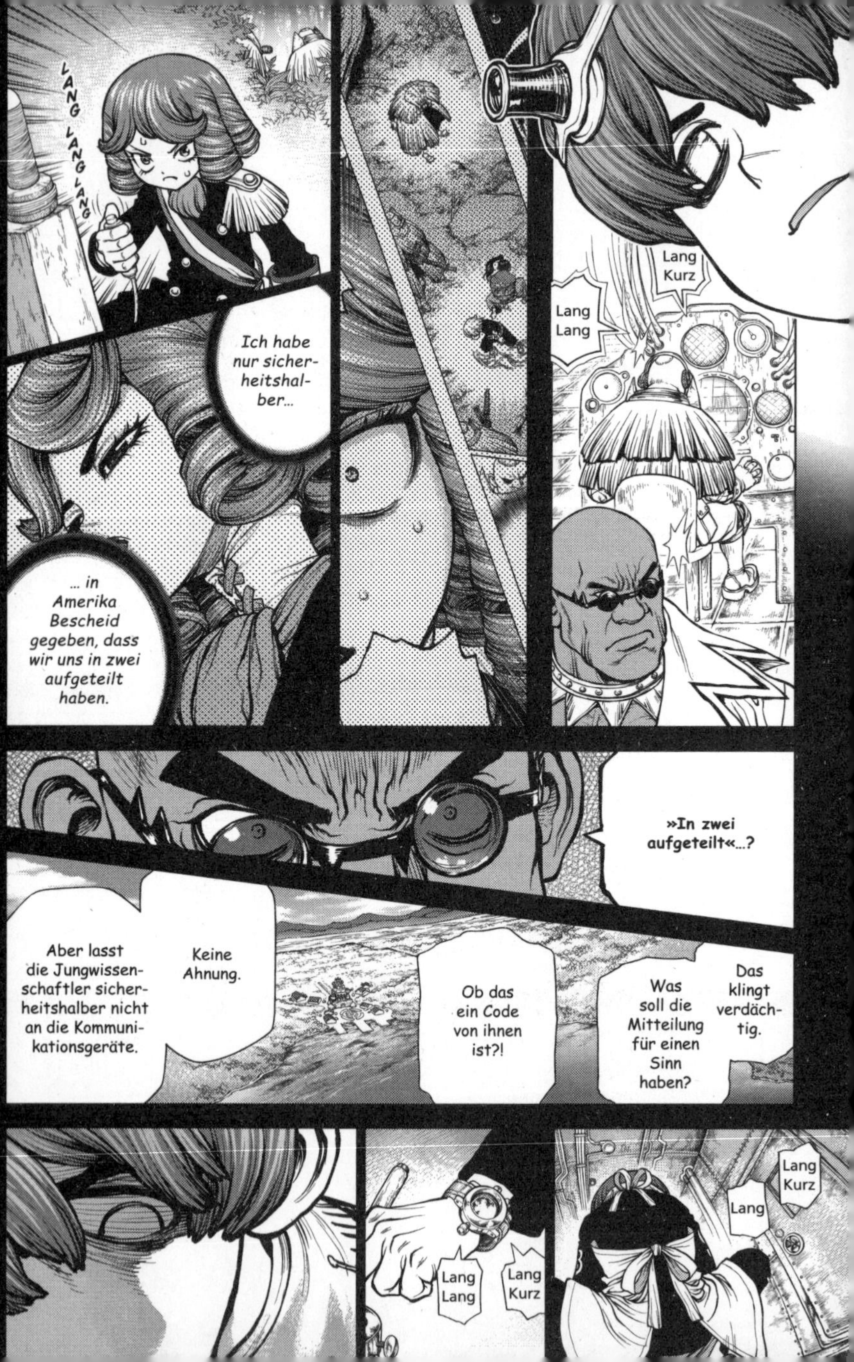
Lang Kurz
Lang Lang
LANG LANG LANG LANG
Ich habe nur sicherheitshalber...
... in Amerika Bescheid gegeben, dass wir uns in zwei aufgeteilt haben.
»In zwei aufgeteilt«...?
Das klingt verdächtig.
Was soll die Mitteilung für einen Sinn haben?
Ob das ein Code von ihnen ist?!
Keine Ahnung.
Aber lasst die Jungwissenschaftler sicherheitshalber nicht an die Kommunikationsgeräte.
Lang Kurz
Lang
Lang Kurz
Lang Lang

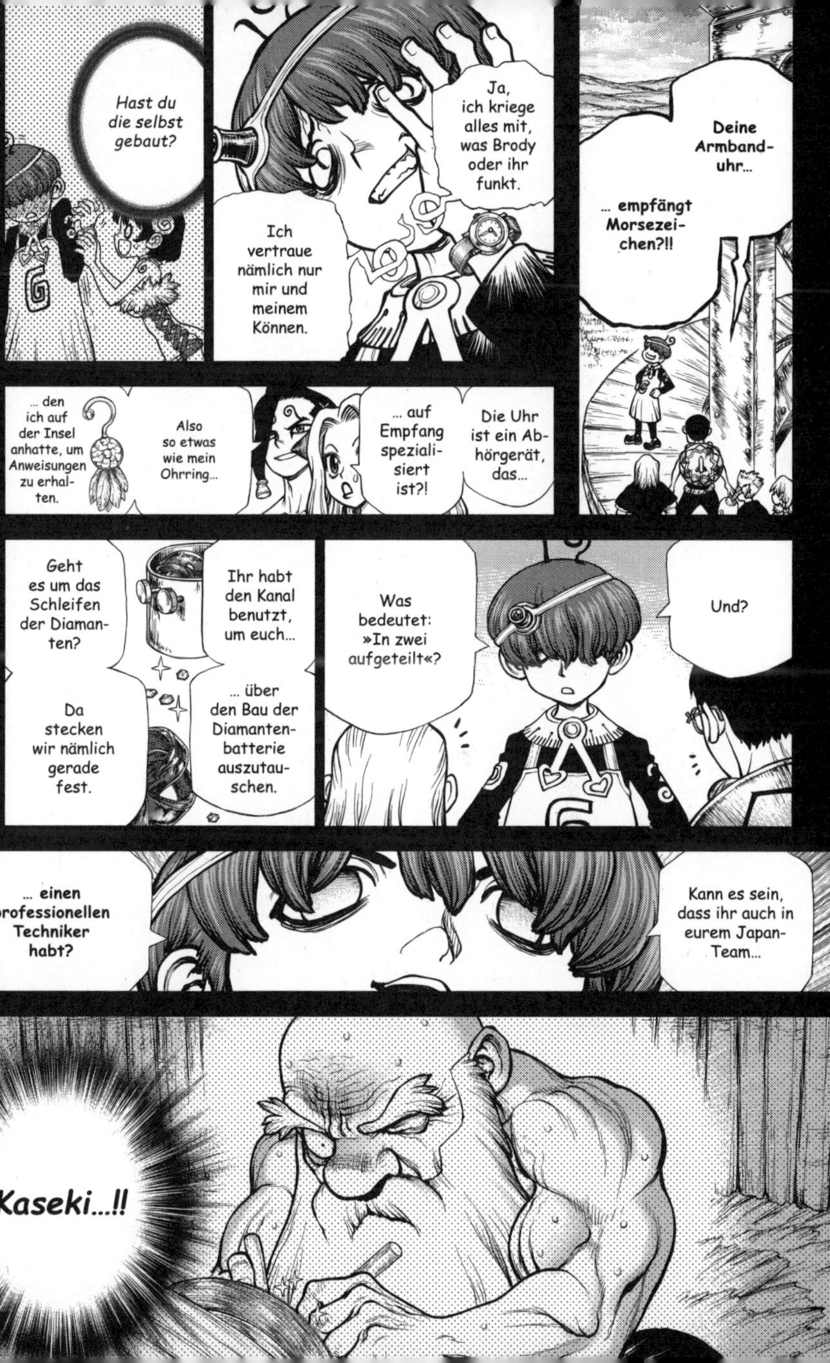

Deine Armbanduhr...
... empfängt Morsezeichen?!!
Ja, ich kriege alles mit, was Brody oder ihr funkt.
Ich vertraue nämlich nur mir und meinem Können.
Hast du die selbst gebaut?
Die Uhr ist ein Abhörgerät, das...
... auf Empfang spezialisiert ist?!
Also so etwas wie mein Ohrring...
... den ich auf der Insel anhatte, um Anweisungen zu erhalten.
Und?
Was bedeutet: »In zwei aufgeteilt«?
Ihr habt den Kanal benutzt, um euch...
... über den Bau der Diamantenbatterie auszutauschen.
Geht es um das Schleifen der Diamanten?
Da stecken wir nämlich gerade fest.
Kann es sein, dass ihr auch in eurem Japan-Team...
... einen professionellen Techniker habt?
Kaseki...!!

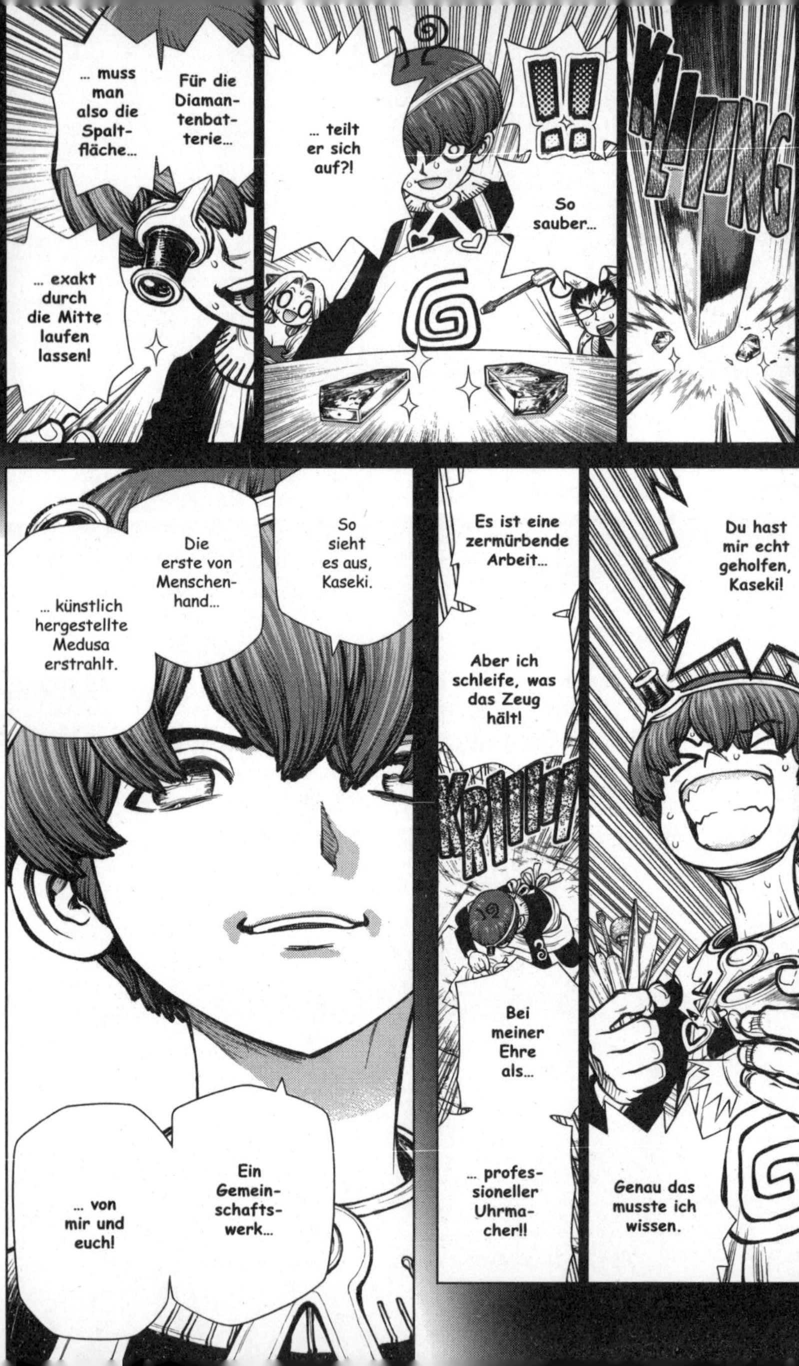
!!
So sauber...
... teilt er sich auf?!
Für die Diamantenbatterie...
... muss man also die Spaltfläche...
... exakt durch die Mitte laufen lassen!
Du hast mir echt geholfen, Kaseki!
Genau das musste ich wissen.
Es ist eine zermürbende Arbeit...
Aber ich schleife, was das Zeug hält!
Bei meiner Ehre als...
... professioneller Uhrmacher!!
So sieht es aus, Kaseki.
Die erste von Menschenhand...
... künstlich hergestellte Medusa erstrahlt.
Ein Gemeinschaftswerk...
... von mir und euch!

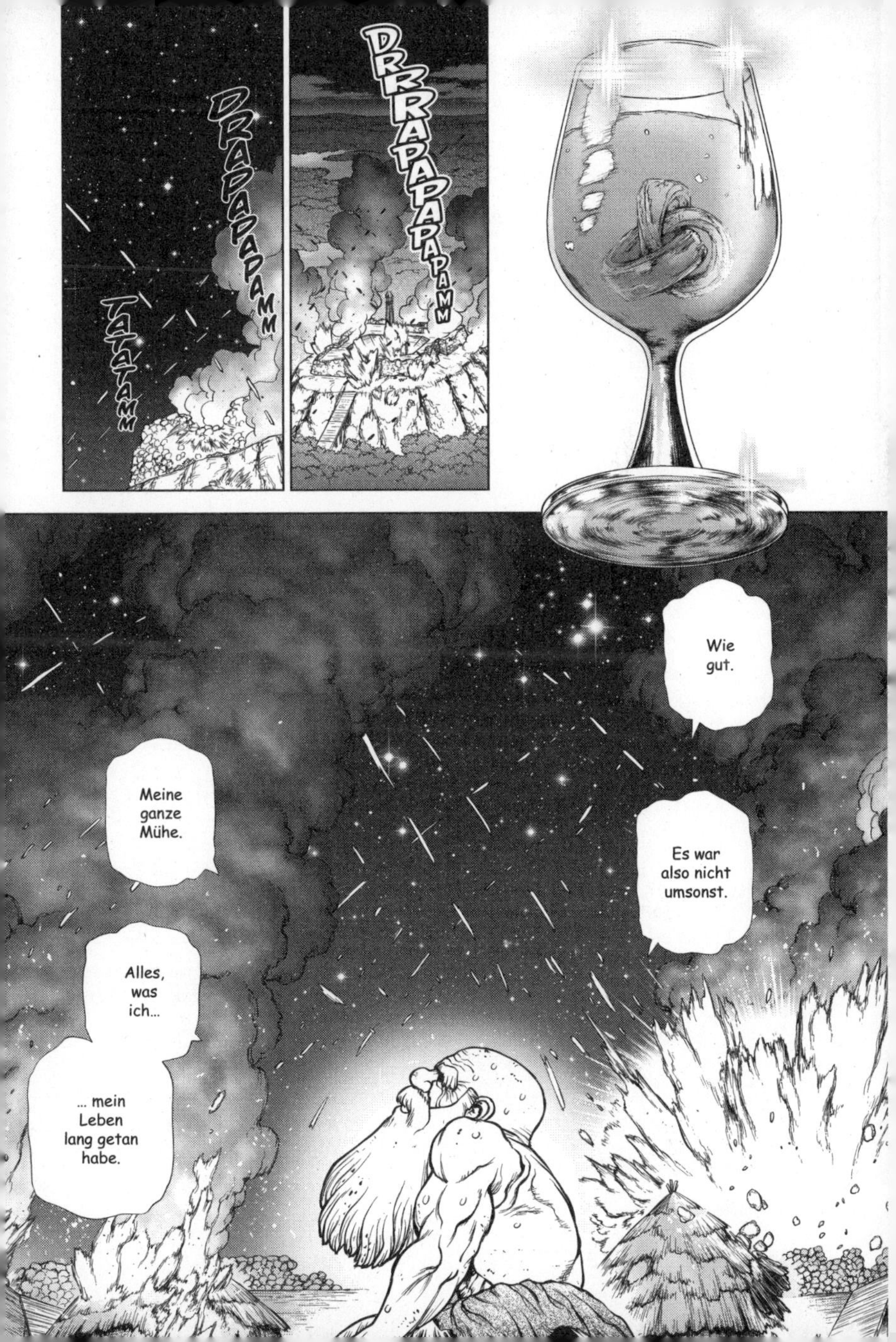
DRRRAPAPAPAPAMM
DRAPAPAPAMM
TATATAMM
Wie gut.
Es war also nicht umsonst.
Meine ganze Mühe.
Alles, was ich...
... mein Leben lang getan habe.

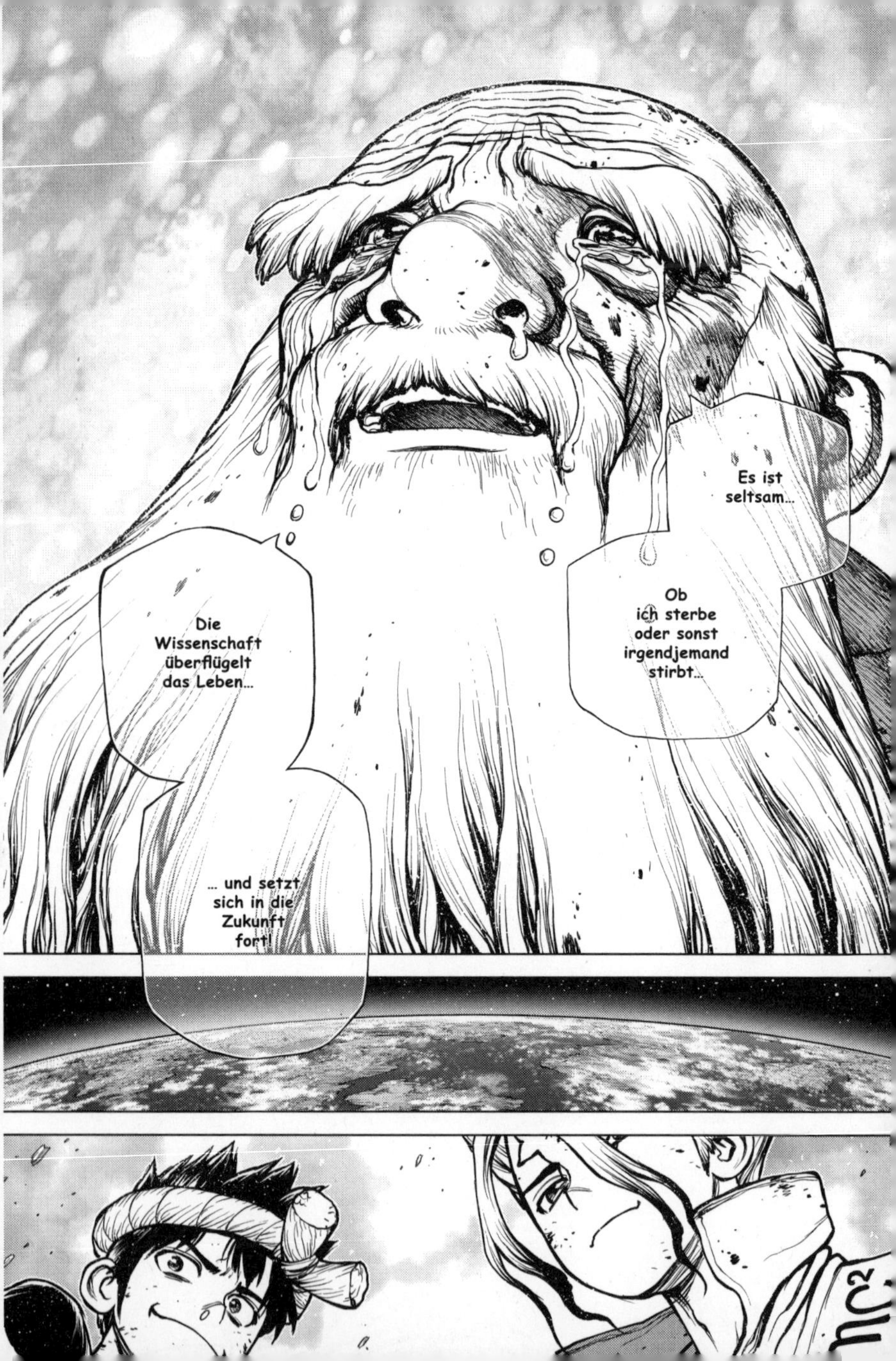
Es ist seltsam...
Ob ich sterbe oder sonst irgendjemand stirbt...
Die Wissenschaft überflügelt das Leben...
... und setzt sich in die Zukunft fort!

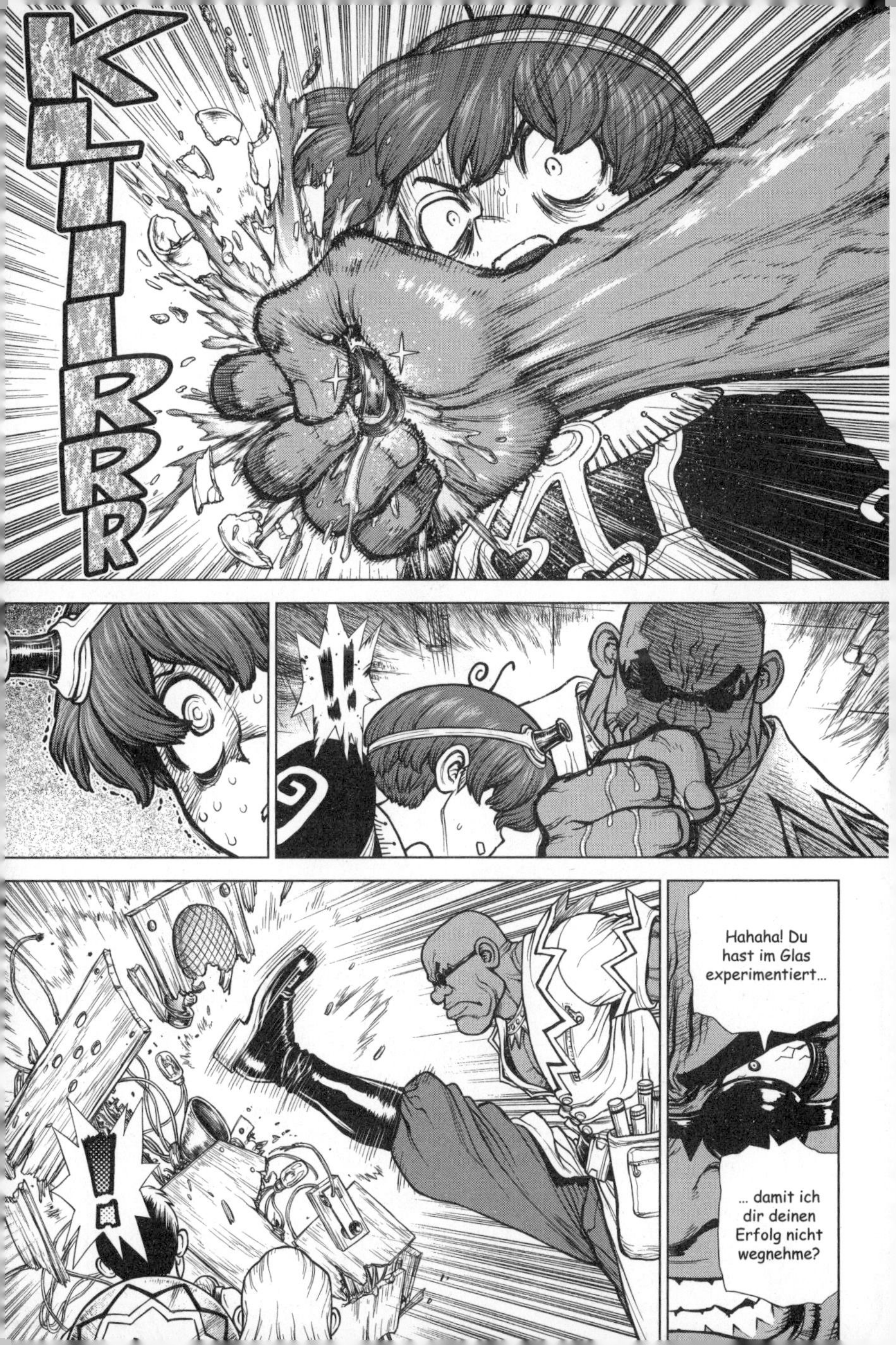
KLIIRRR
Hahaha! Du hast im Glas experimentiert...
... damit ich dir deinen Erfolg nicht wegnehme?

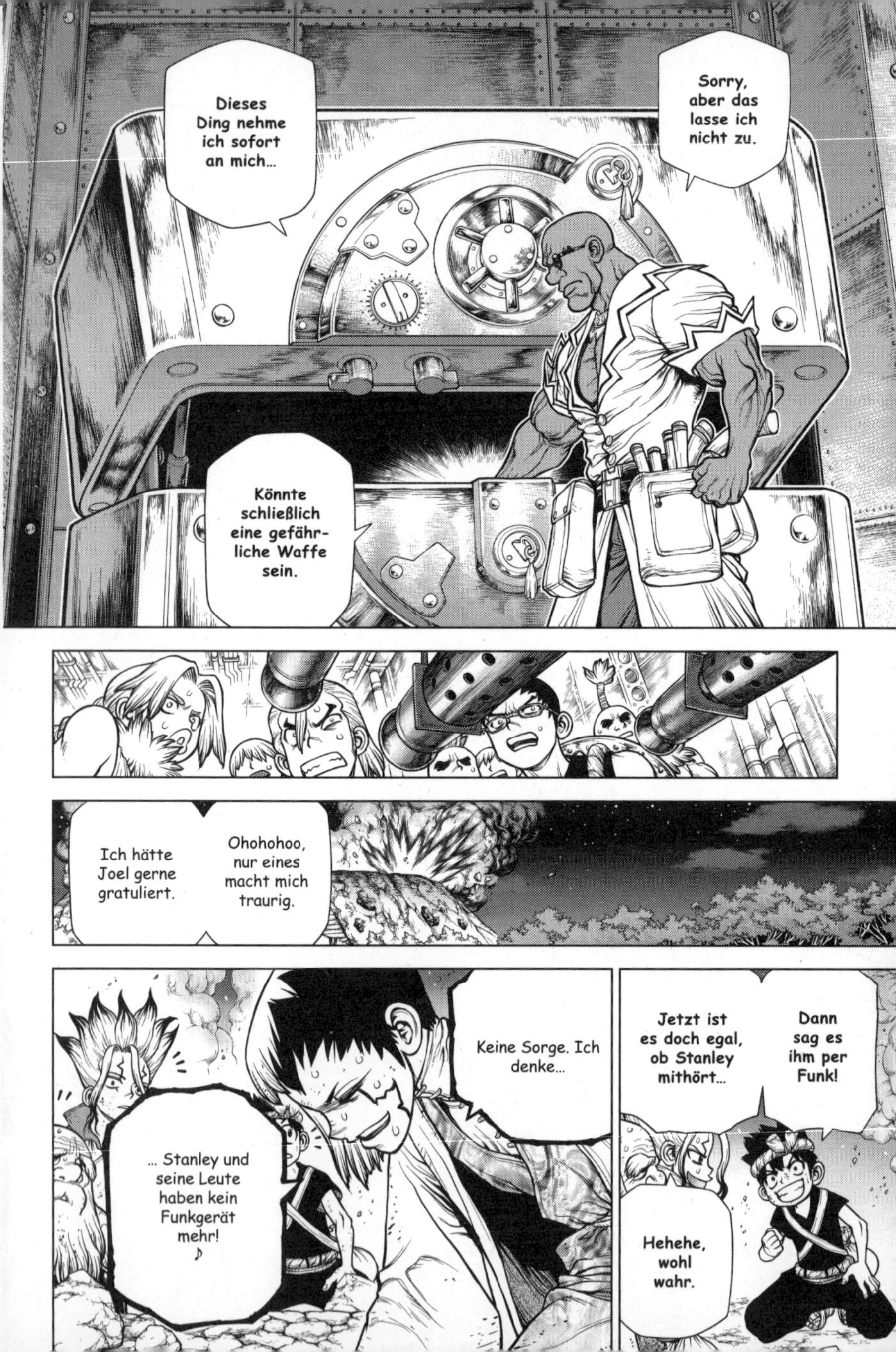

Sorry, aber das lasse ich nicht zu.
Dieses Ding nehme ich sofort an mich...
Könnte schließlich eine gefährliche Waffe sein.
Ohohohoo, nur eines macht mich traurig.
Ich hätte Joel gerne gratuliert.
Dann sag es ihm per Funk!
Jetzt ist es doch egal, ob Stanley mithört...
Hehehe, wohl wahr.
Keine Sorge. Ich denke...
... Stanley und seine Leute haben kein Funkgerät mehr! ♪

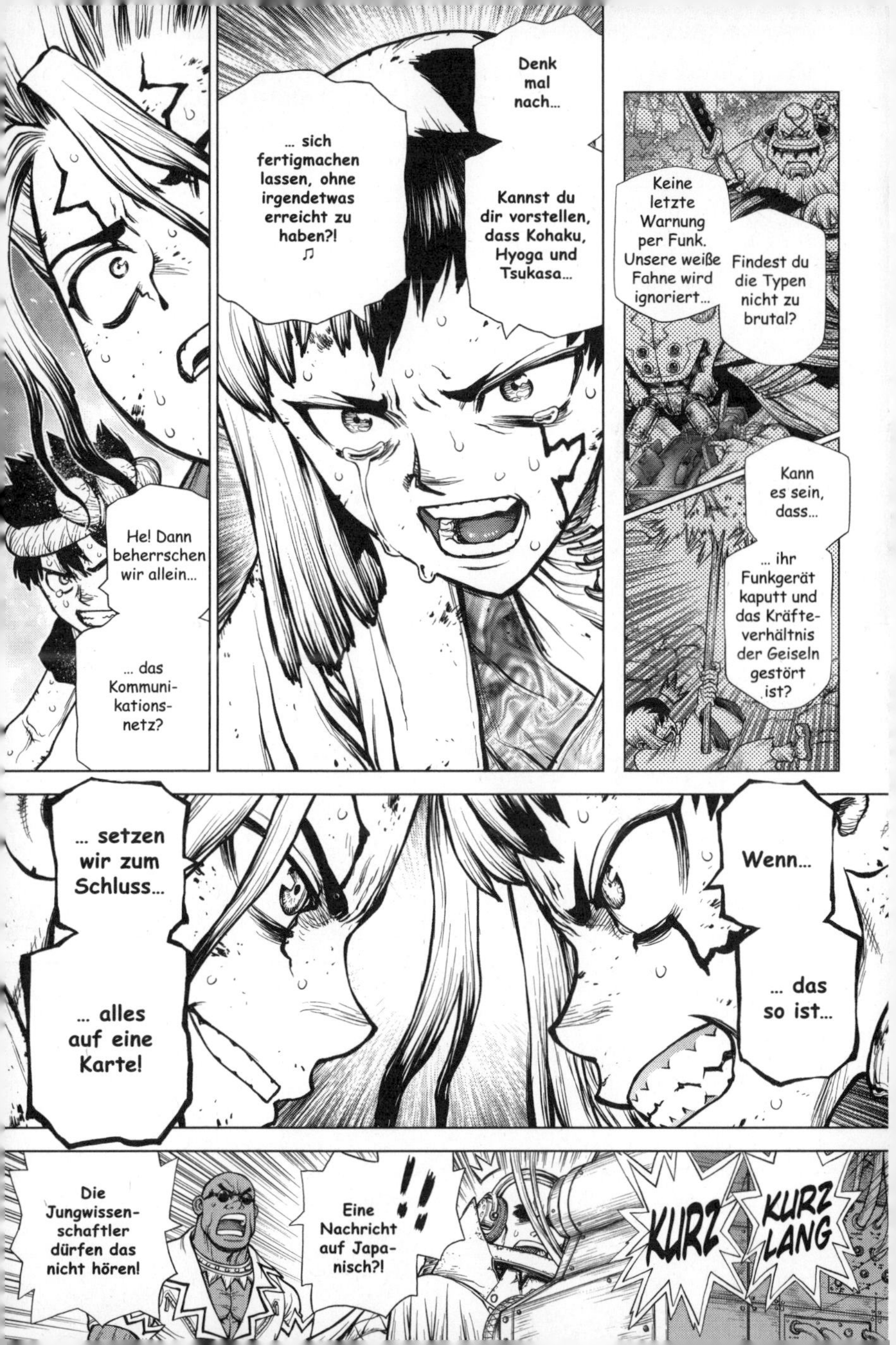

Keine letzte Warnung per Funk. Unsere weiße Fahne wird ignoriert...
Findest du die Typen nicht zu brutal?
Kann es sein, dass...
... ihr Funkgerät kaputt und das Kräfteverhältnis der Geiseln gestört ist?
Denk mal nach...
Kannst du dir vorstellen, dass Kohaku, Hyoga und Tsukasa...
... sich fertigmachen lassen, ohne irgendetwas erreicht zu haben?! ♫
He! Dann beherrschen wir allein...
... das Kommunikationsnetz?
Wenn...
... das so ist...
... setzen wir zum Schluss...
... alles auf eine Karte!
KURZ KURZ LANG
KURZ
!!
Eine Nachricht auf Japanisch?!
Die Jungwissenschaftler dürfen das nicht hören!

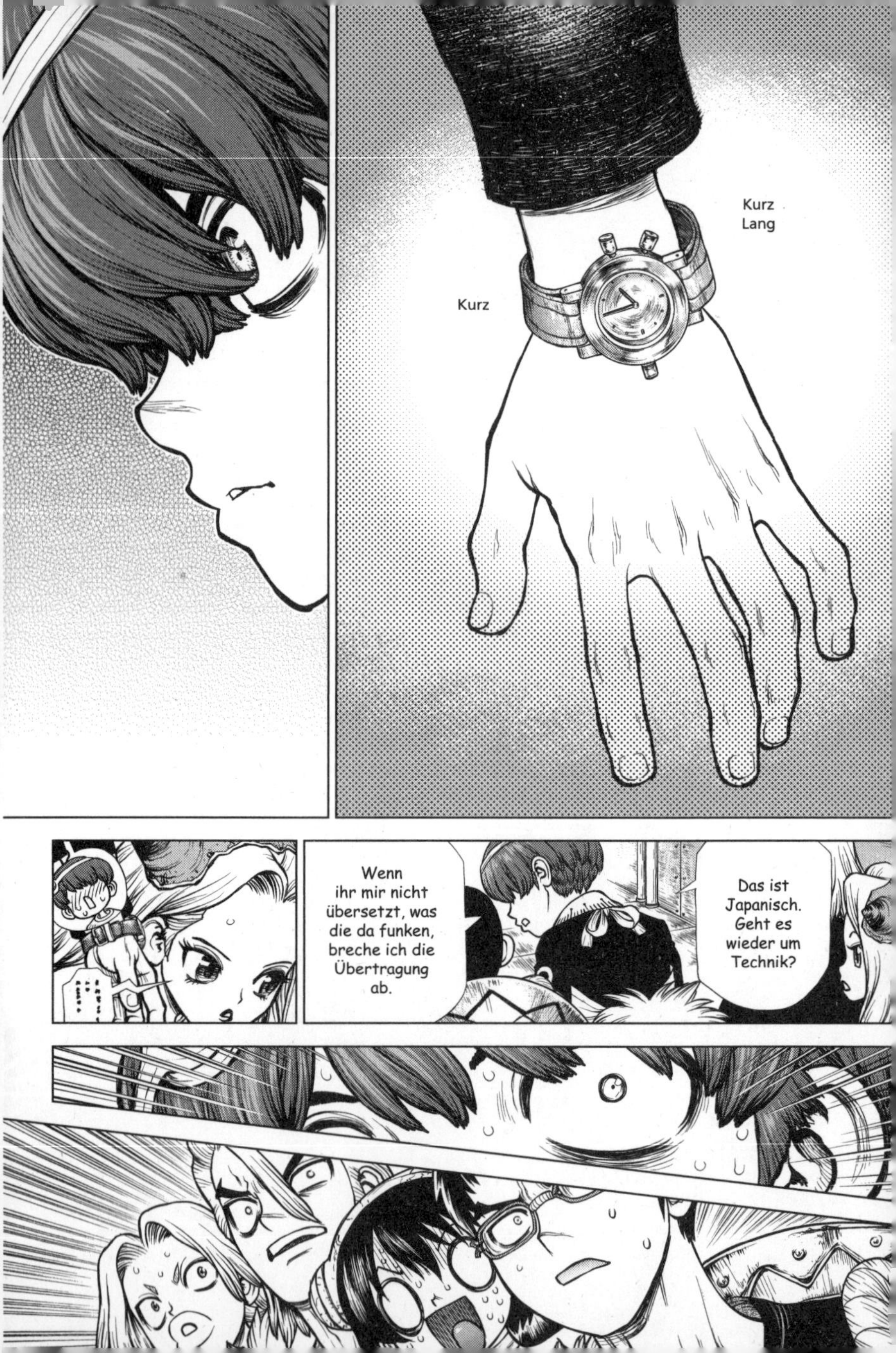
Kurz
Lang
Kurz
Das ist Japanisch. Geht es wieder um Technik?
Wenn ihr mir nicht übersetzt, was die da funken, breche ich die Übertragung ab.

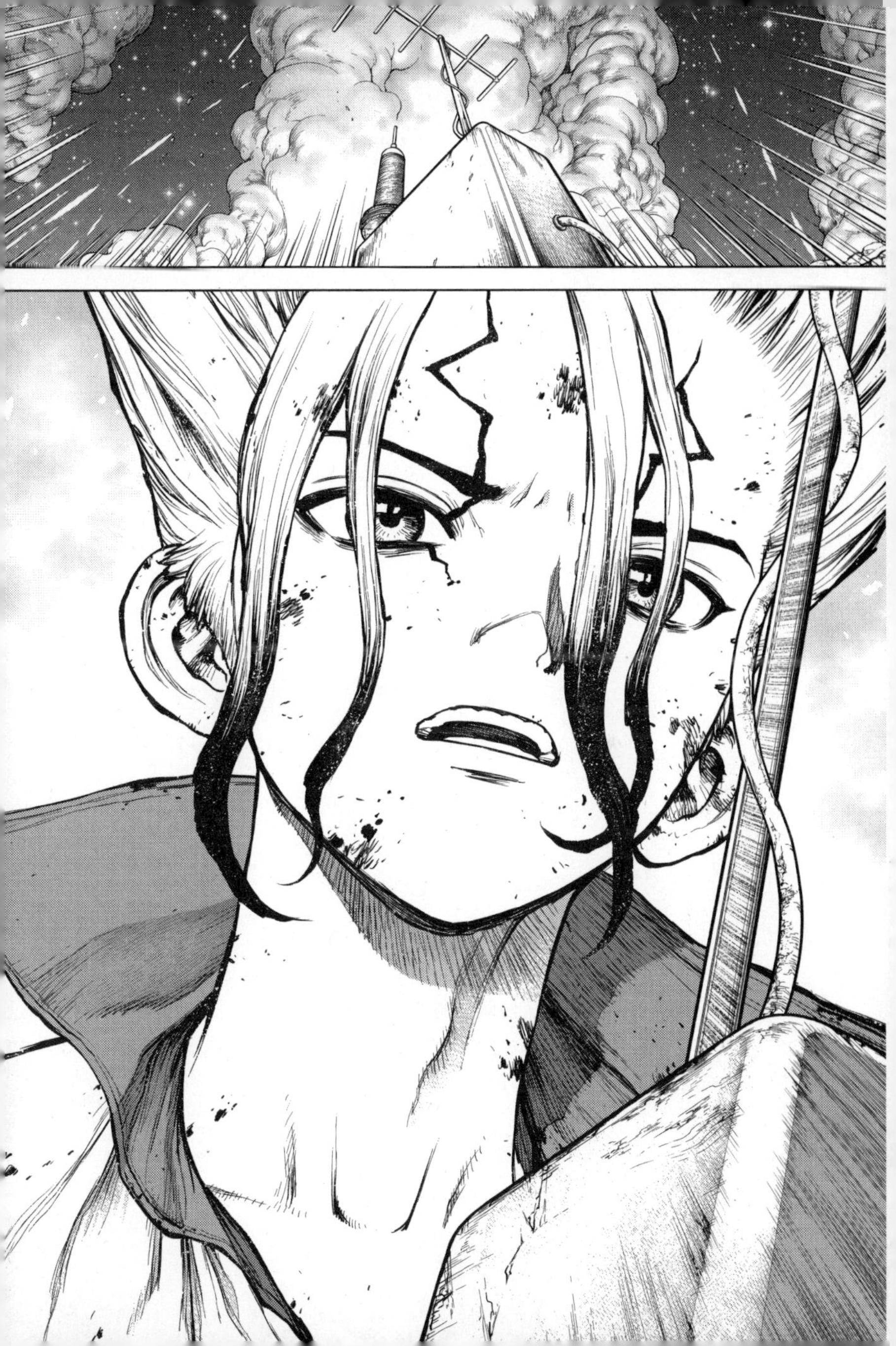

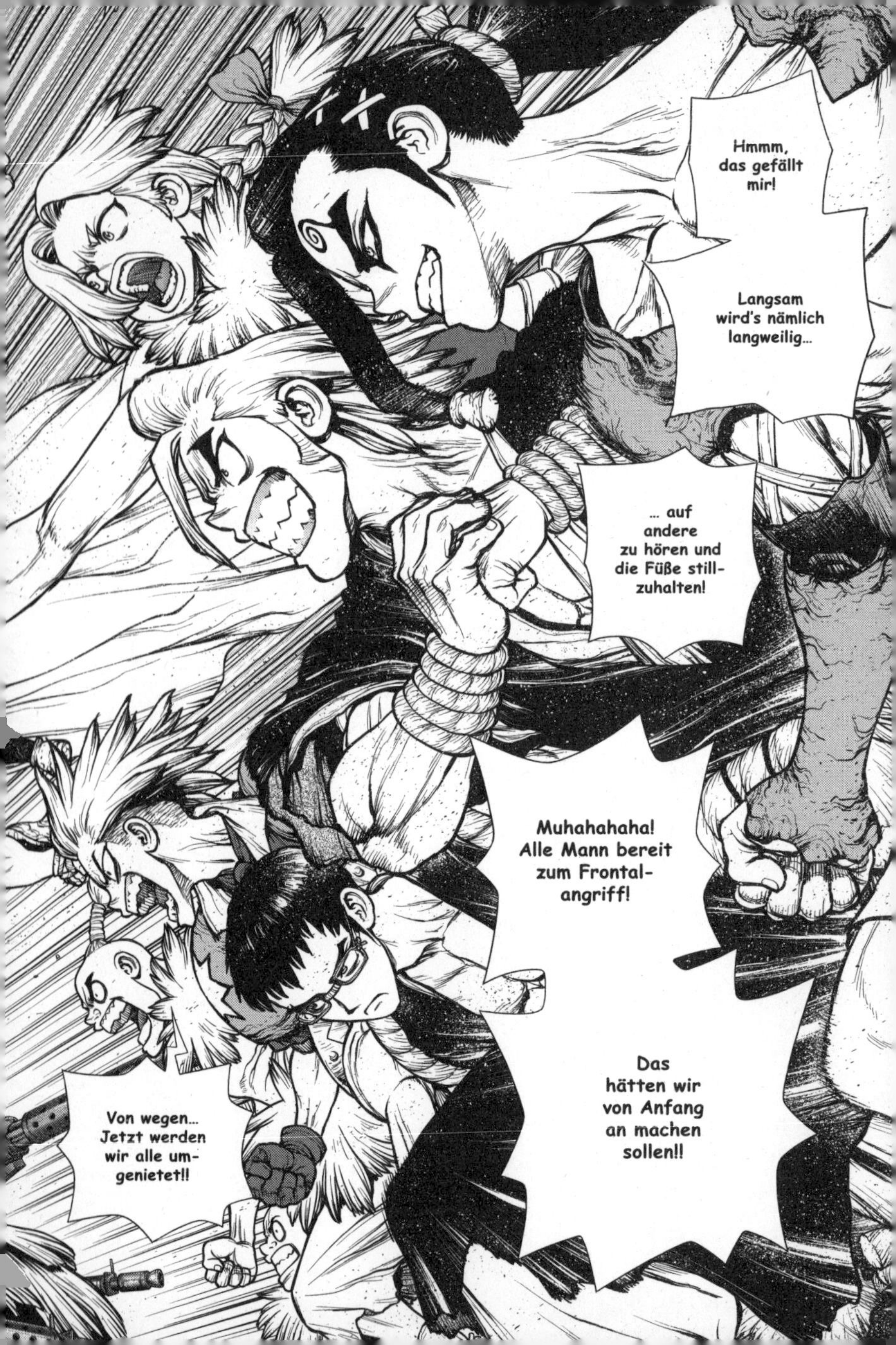
Hmmm, das gefällt mir!
Langsam wird's nämlich langweilig...
... auf andere zu hören und die Füße still-zuhalten!
Muhahahaha! Alle Mann bereit zum Frontal-angriff!
Das hätten wir von Anfang an machen sollen!!
Von wegen... Jetzt werden wir alle um-genietet!!

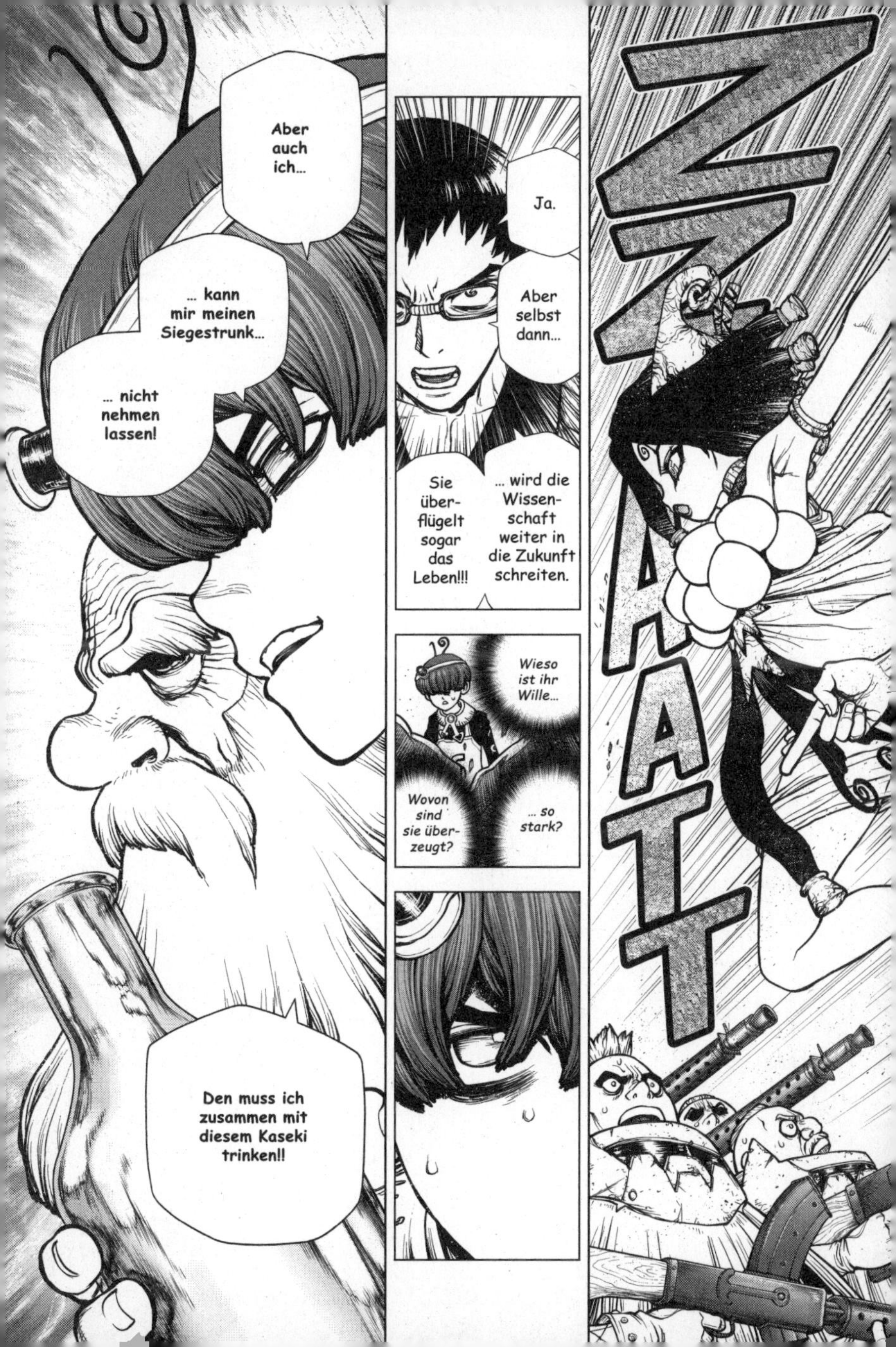
ZAAT
Ja.
Aber selbst dann...
... wird die Wissen-schaft weiter in die Zukunft schreiten.
Sie über-flügelt sogar das Leben!!!
Wieso ist ihr Wille...
... so stark?
Wovon sind sie über-zeugt?
Aber auch ich...
... kann mir meinen Siegestrunk...
... nicht nehmen lassen!
Den muss ich zusammen mit diesem Kaseki trinken!!

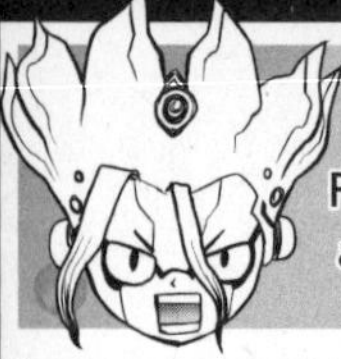

Der Robo-Senku antwortet! FAQ

SUCHE

Fragen und Antworten

Es heißt, Joel sei nicht immun gegen Mädchen, aber auf welchen Typ steht er denn?

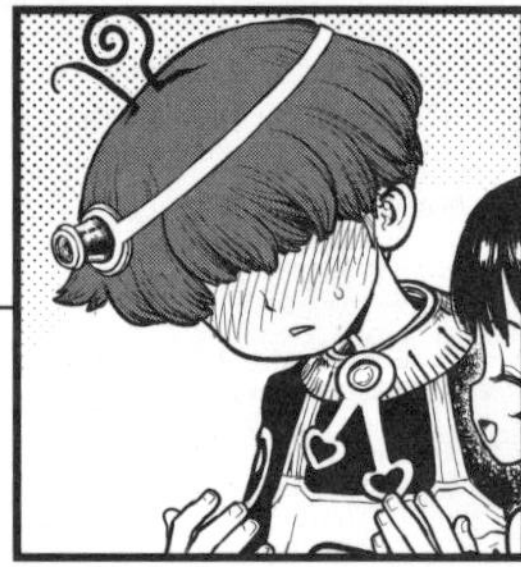

Von: Yuuri aus Kumamoto SUCHE

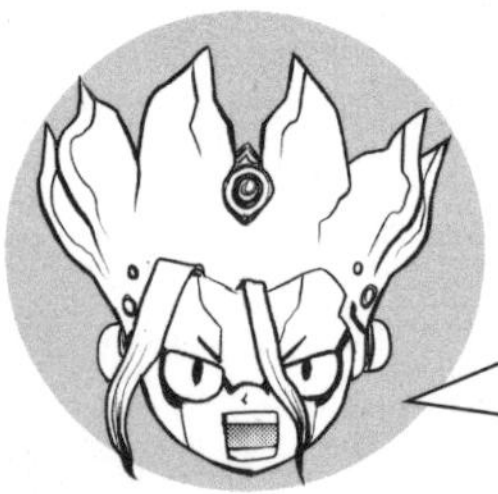

Auf alle ein bisschen!!!

Wissenschaftliche Fragen	Wie kann man aus Verschlusskappen von Plastikflaschen Brennstoff gewinnen?
Fragen zu den Figuren	Angenommen, es käme zu dem Duell Taiju vs. Tsukasa - wer würde gewinnen?
Fragen, die eigentlich keine Fragen sind	Mich würde interessieren, wie lange ich Sekunden zählen könnte, wenn ich versteinert wäre...

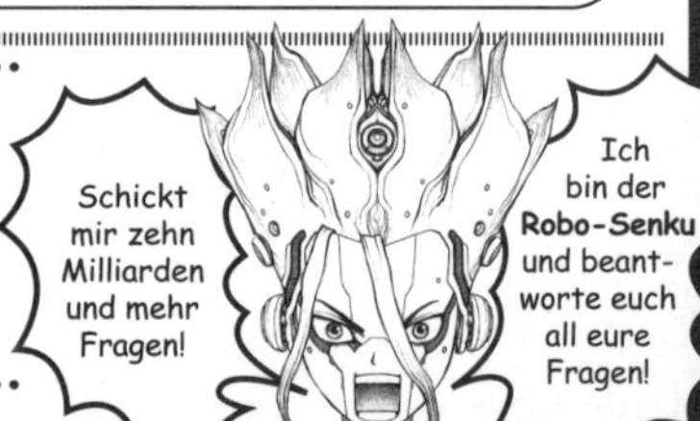

Robo-Senku beantwortet spannende und verrückte Fragen von japanischen Fans!

Das ist mehr als bloß unnützes Wissen, ihr Mistkerle!

Z=191 Der Schrei aus dem Himmel

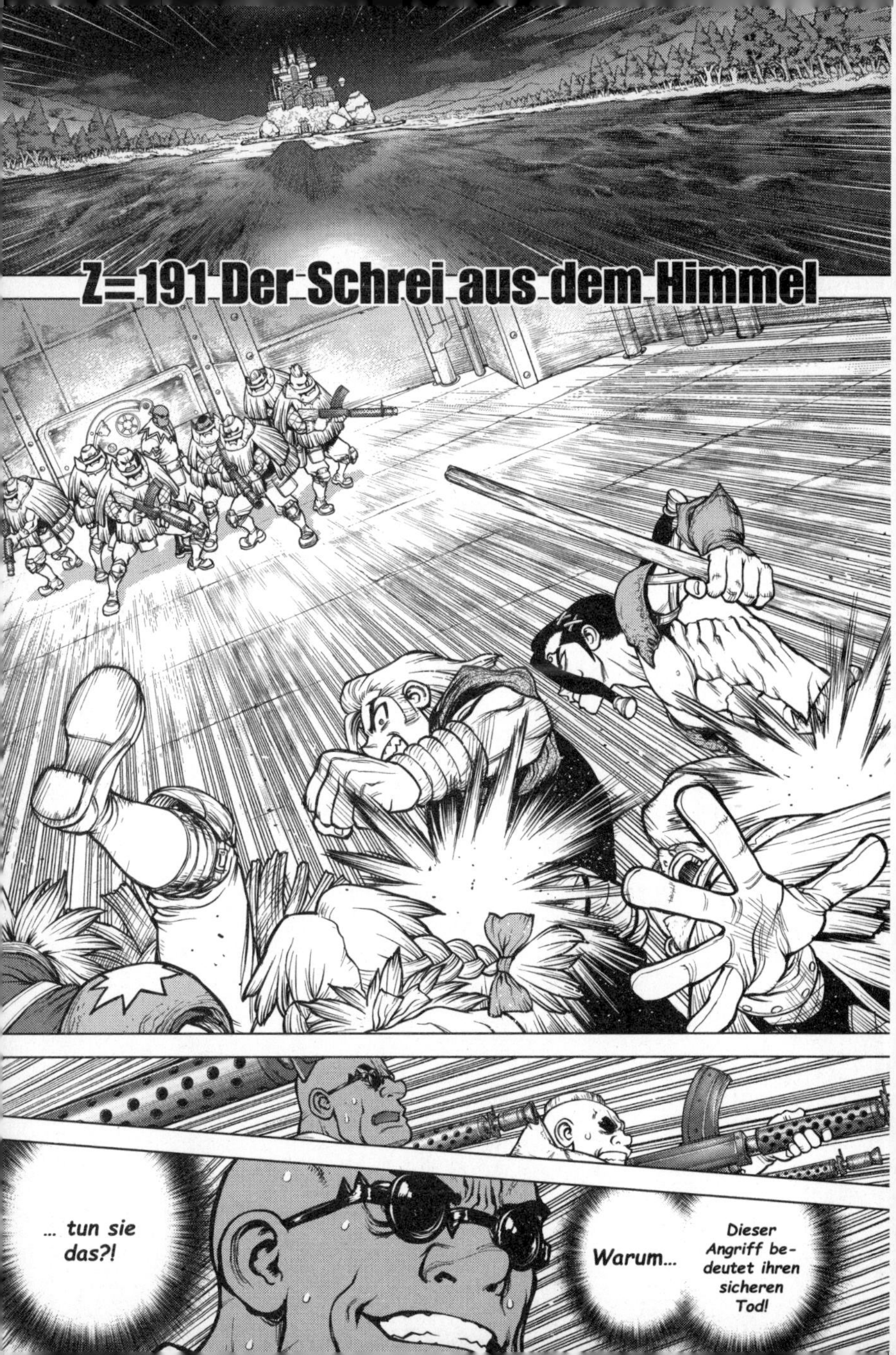

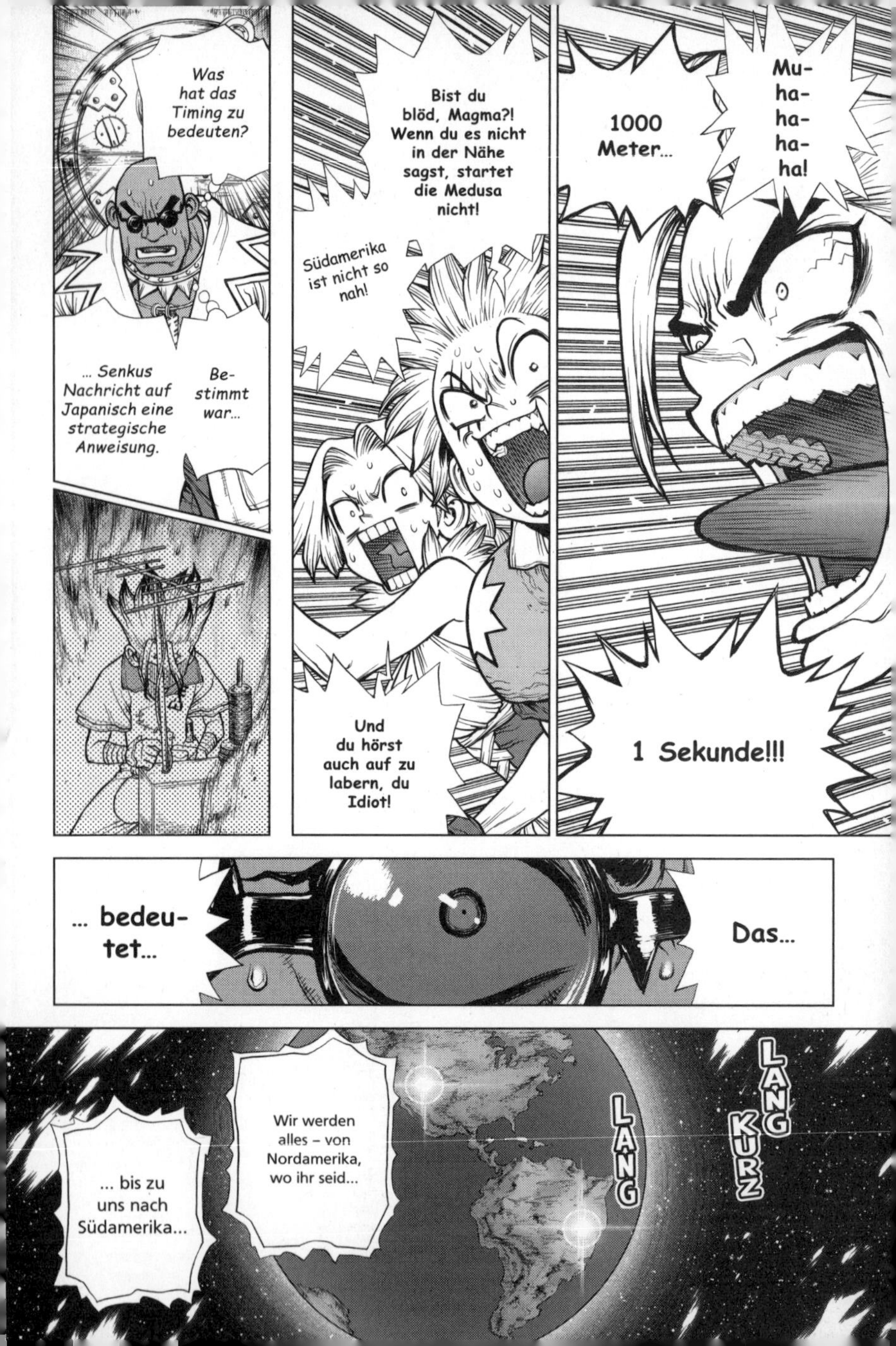
Mu-ha-ha-ha-ha!
1000 Meter...
1 Sekunde!!!
Bist du blöd, Magma?! Wenn du es nicht in der Nähe sagst, startet die Medusa nicht!
Südamerika ist nicht so nah!
Und du hörst auch auf zu labern, du Idiot!
Was hat das Timing zu bedeuten?
Be-stimmt war...
... Senkus Nachricht auf Japanisch eine strategische Anweisung.
Das...
... bedeu-tet...
LANG
KURZ
LANG
LANG
Wir werden alles – von Nordamerika, wo ihr seid...
... bis zu uns nach Südamerika...

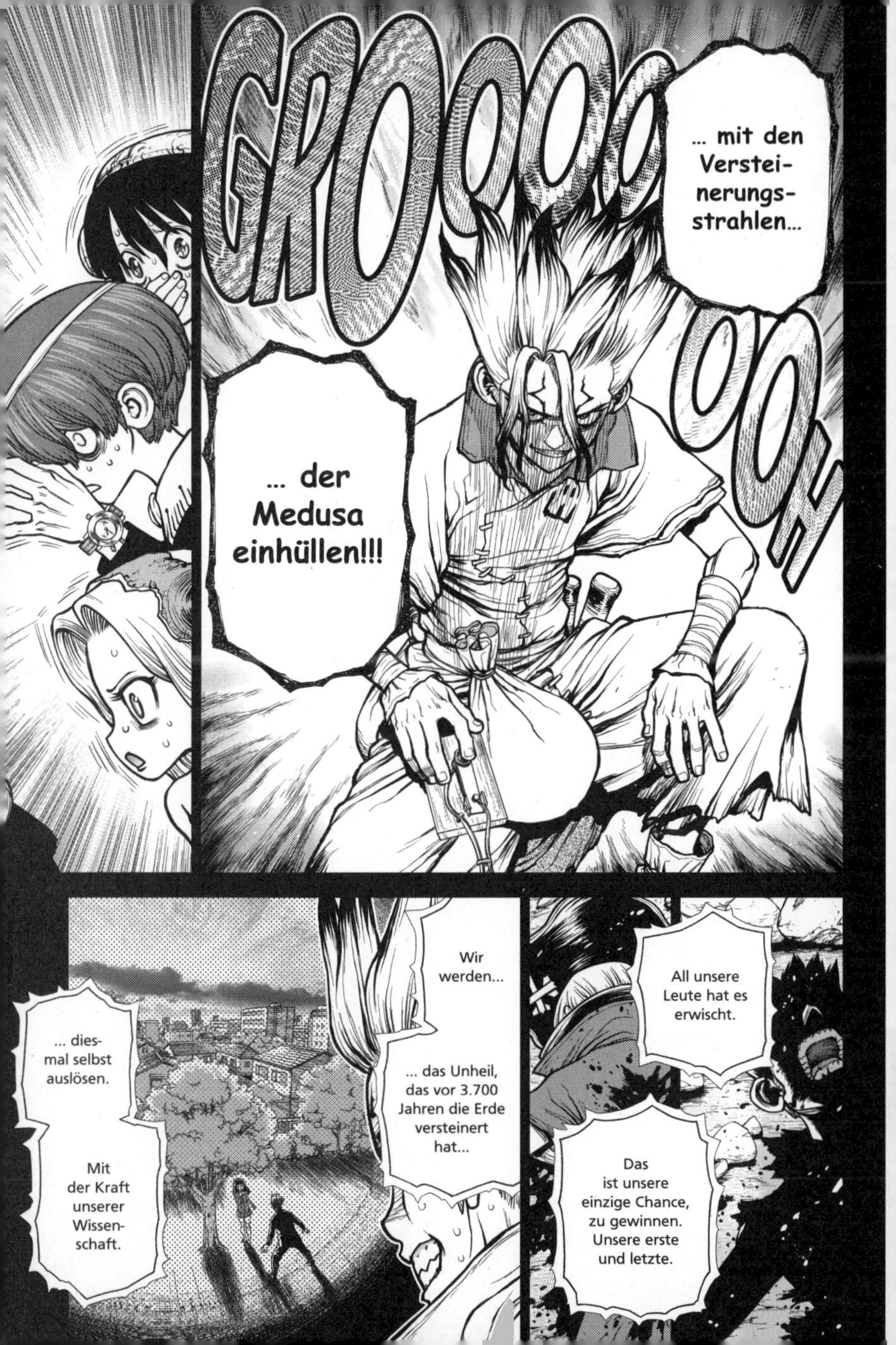

... mit den Verstei-nerungs-strahlen...
GROOOOOOOH
... der Medusa einhüllen!!!
All unsere Leute hat es erwischt.
Das ist unsere einzige Chance, zu gewinnen. Unsere erste und letzte.
Wir werden...
... das Unheil, das vor 3.700 Jahren die Erde versteinert hat...
... dies-mal selbst auslösen.
Mit der Kraft unserer Wissen-schaft.

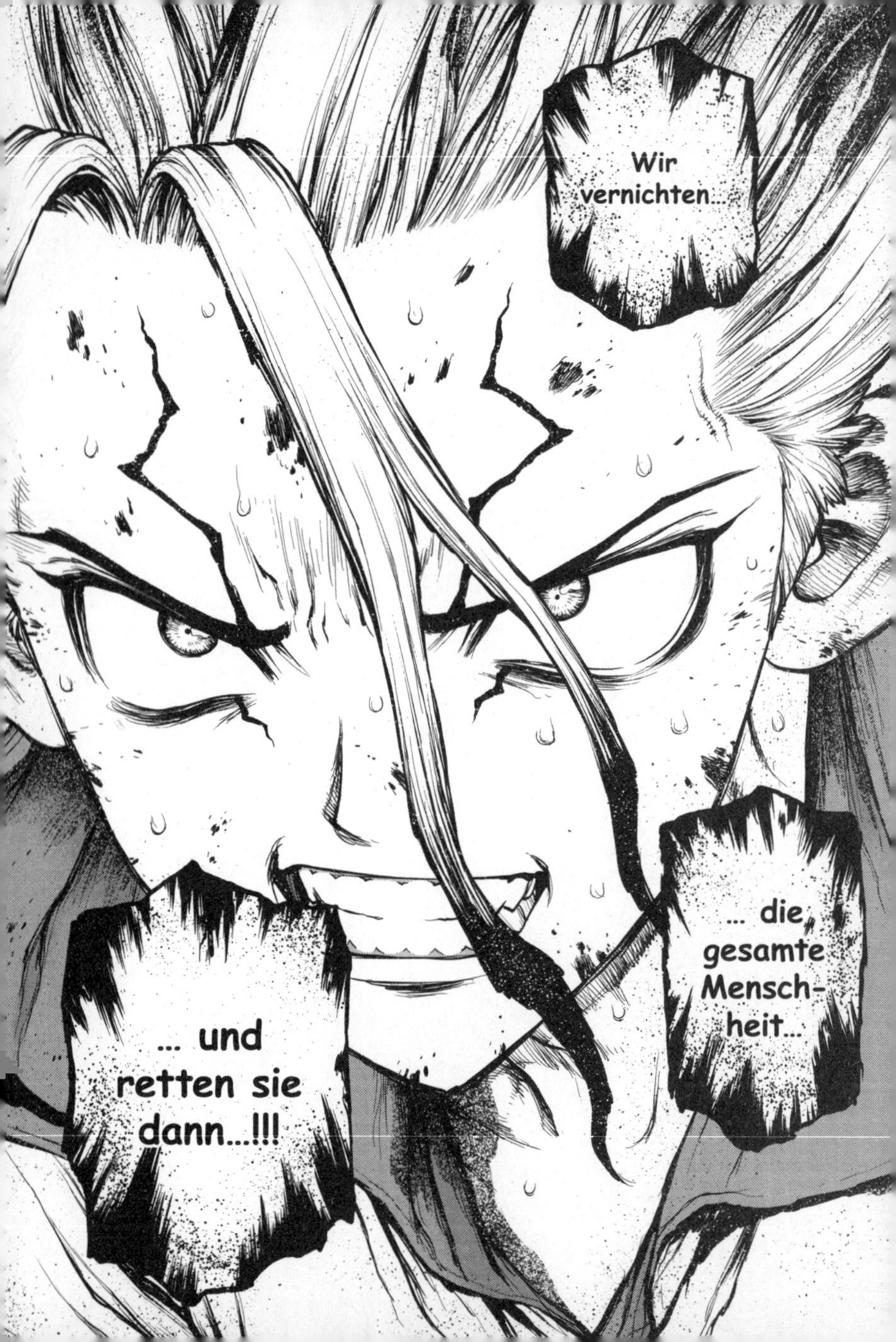
Wir vernichten...
... die gesamte Mensch-heit...
... und retten sie dann...!!!

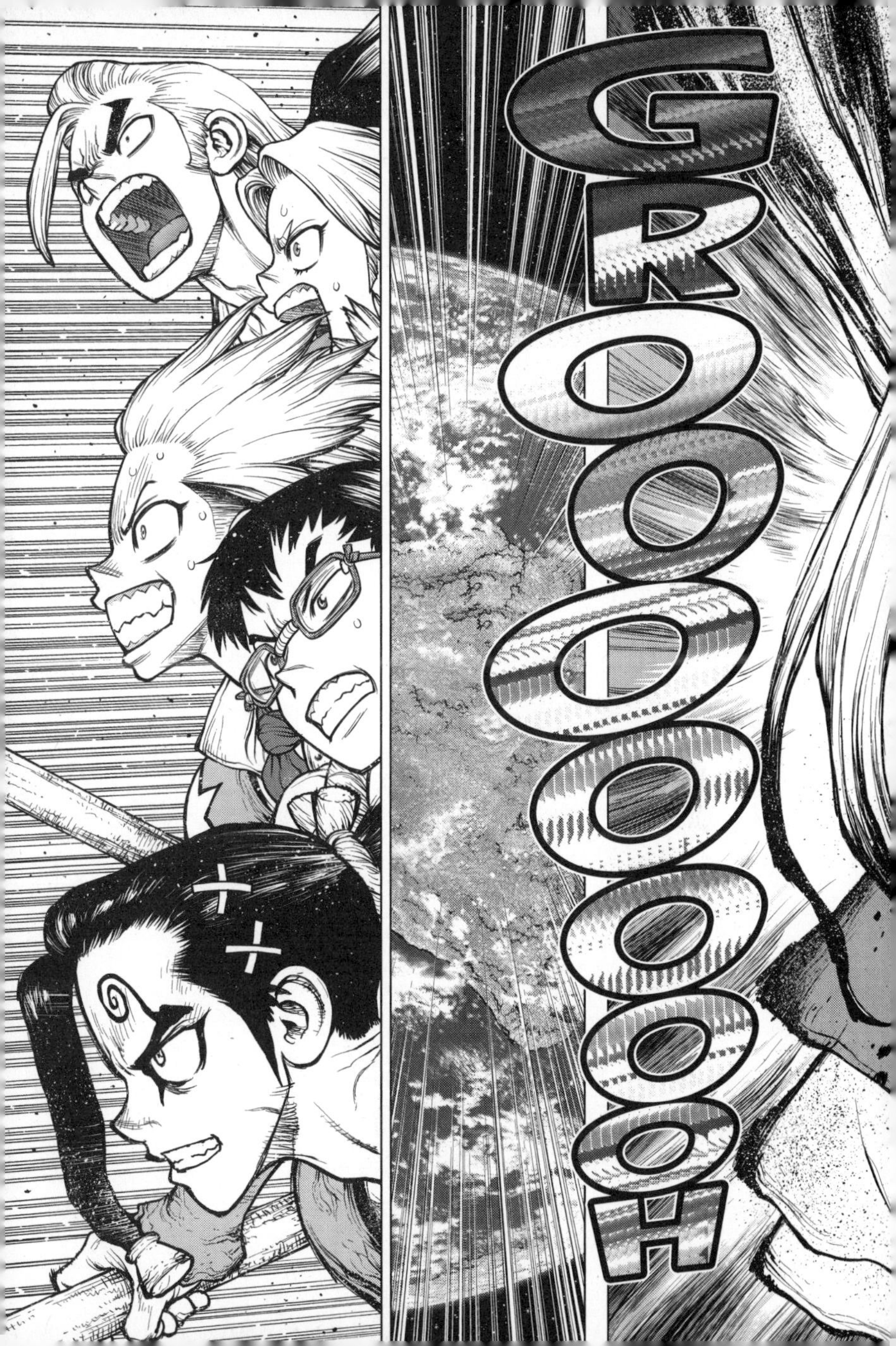
GROOOOOOOH

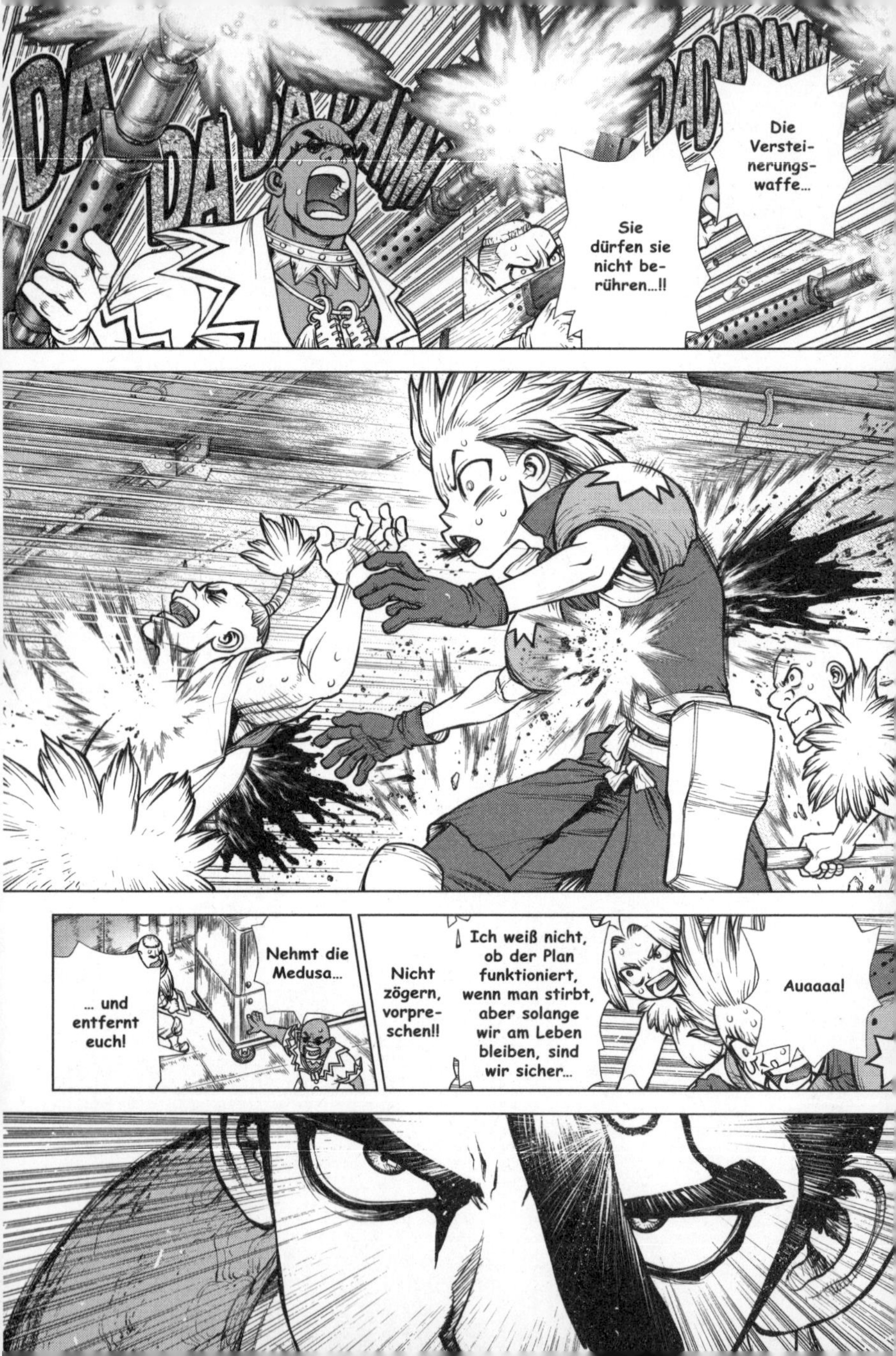
DADADAMM
Die Versteinerungswaffe...
Sie dürfen sie nicht berühren...!!
Auaaaa!
Ich weiß nicht, ob der Plan funktioniert, wenn man stirbt, aber solange wir am Leben bleiben, sind wir sicher...
Nicht zögern, vorpreschen!!
Nehmt die Medusa...
... und entfernt euch!

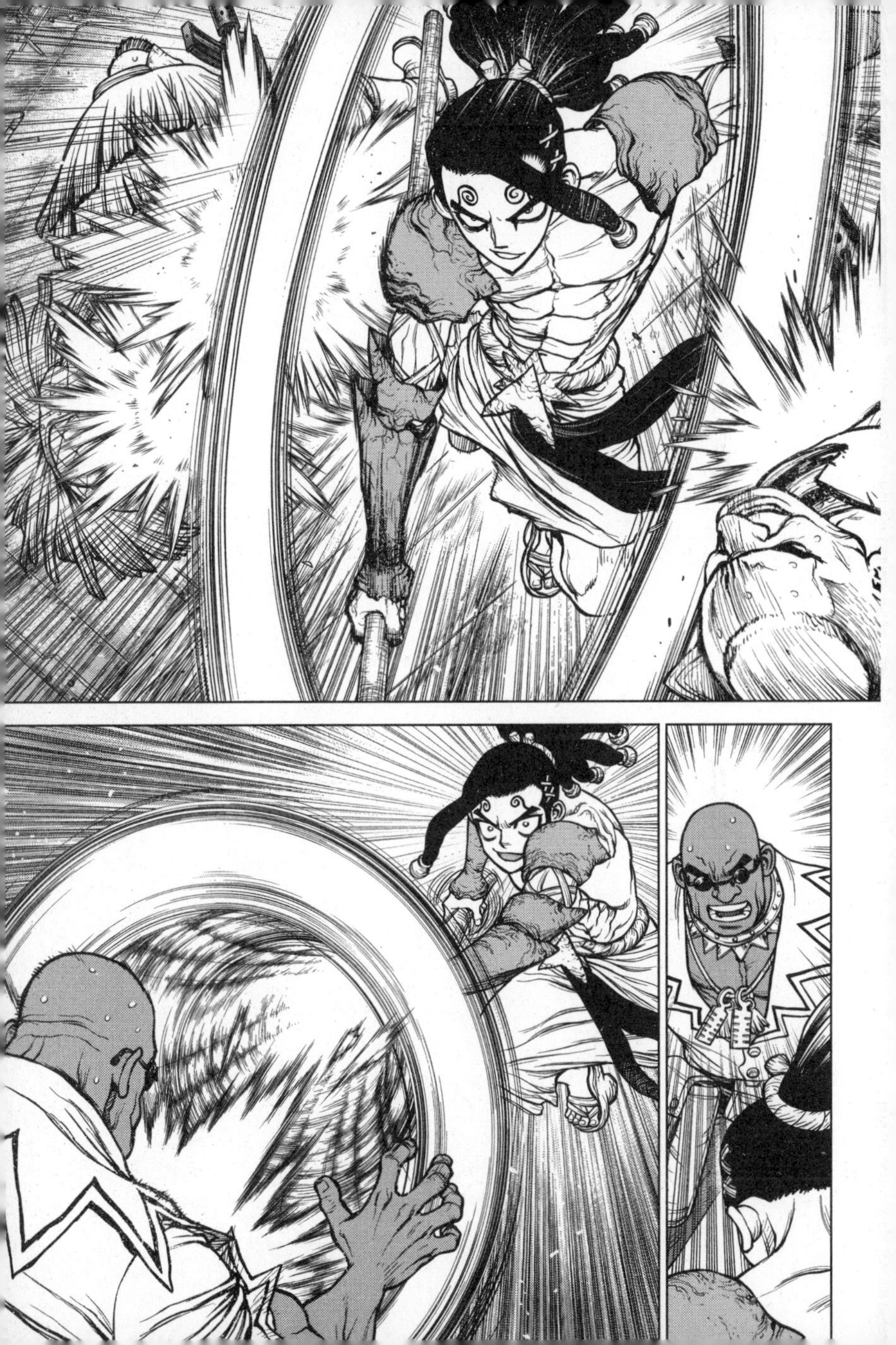

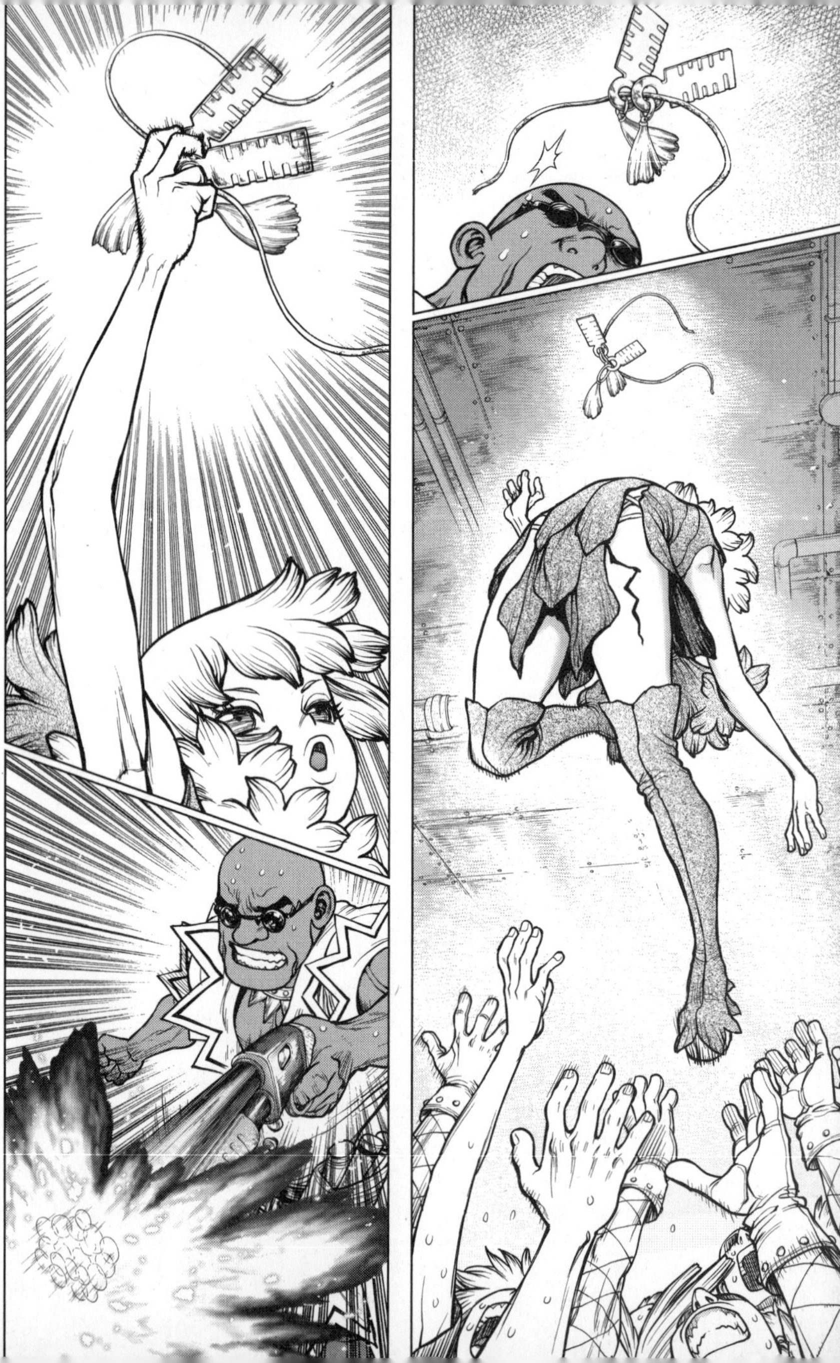

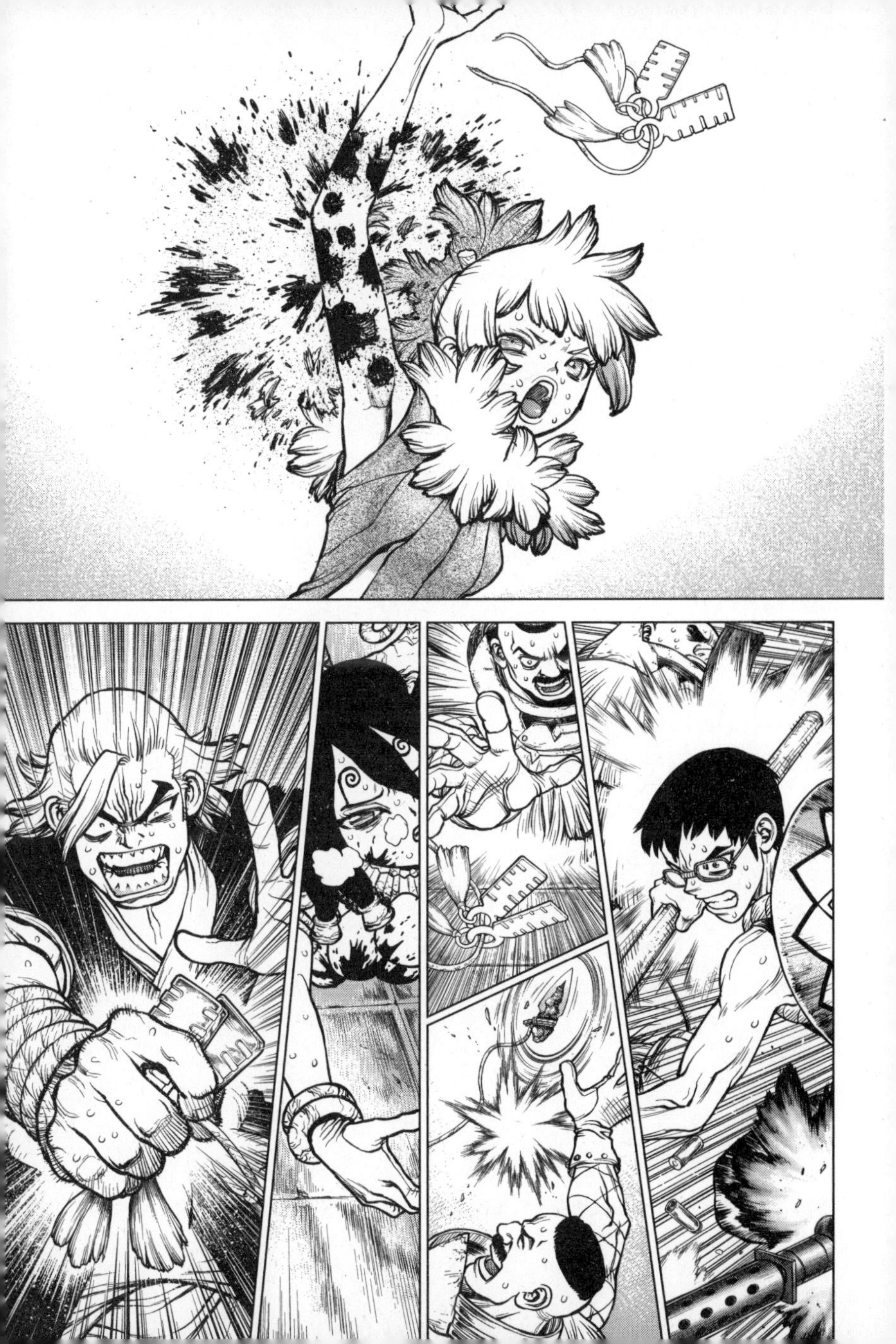

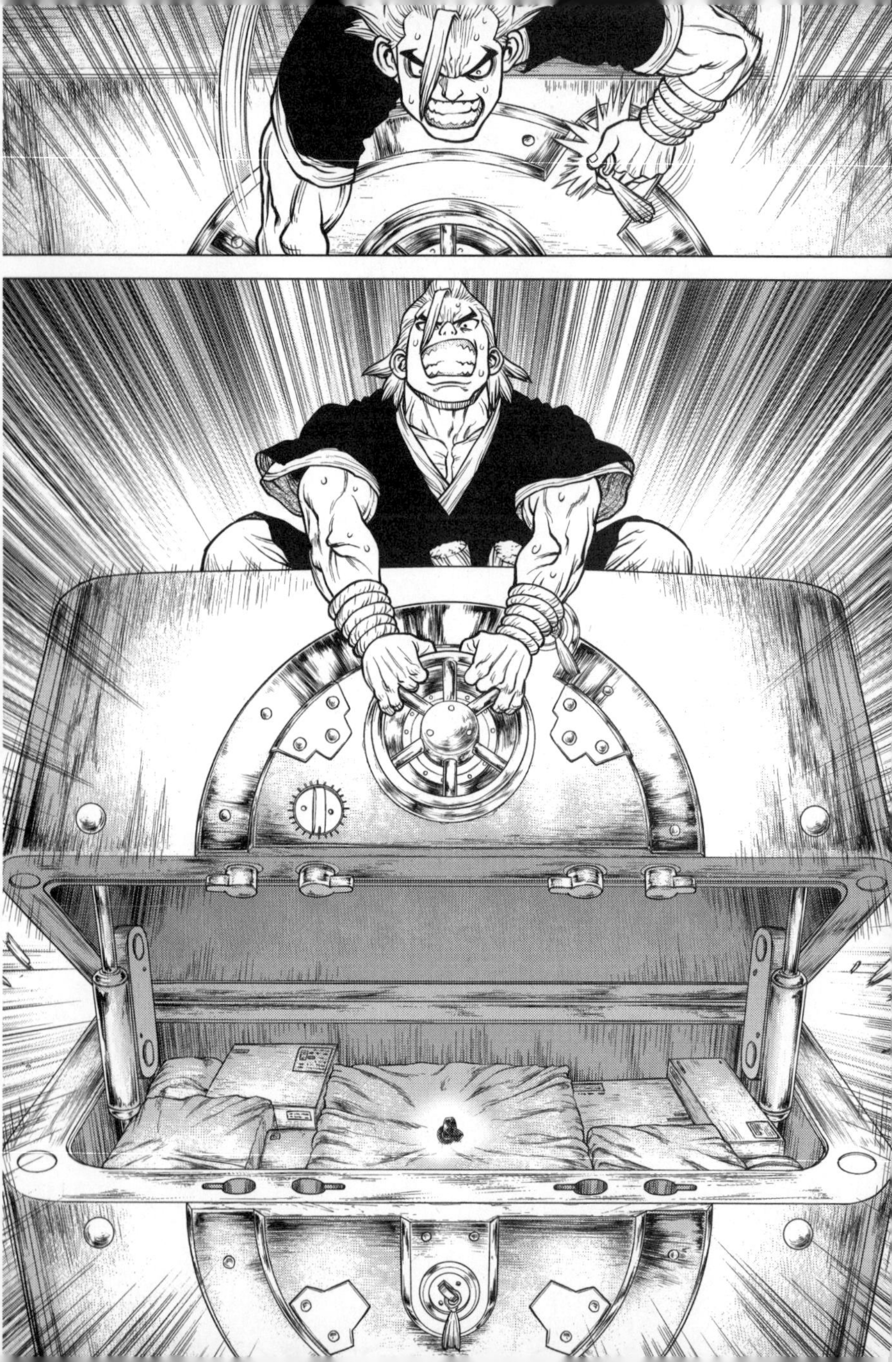

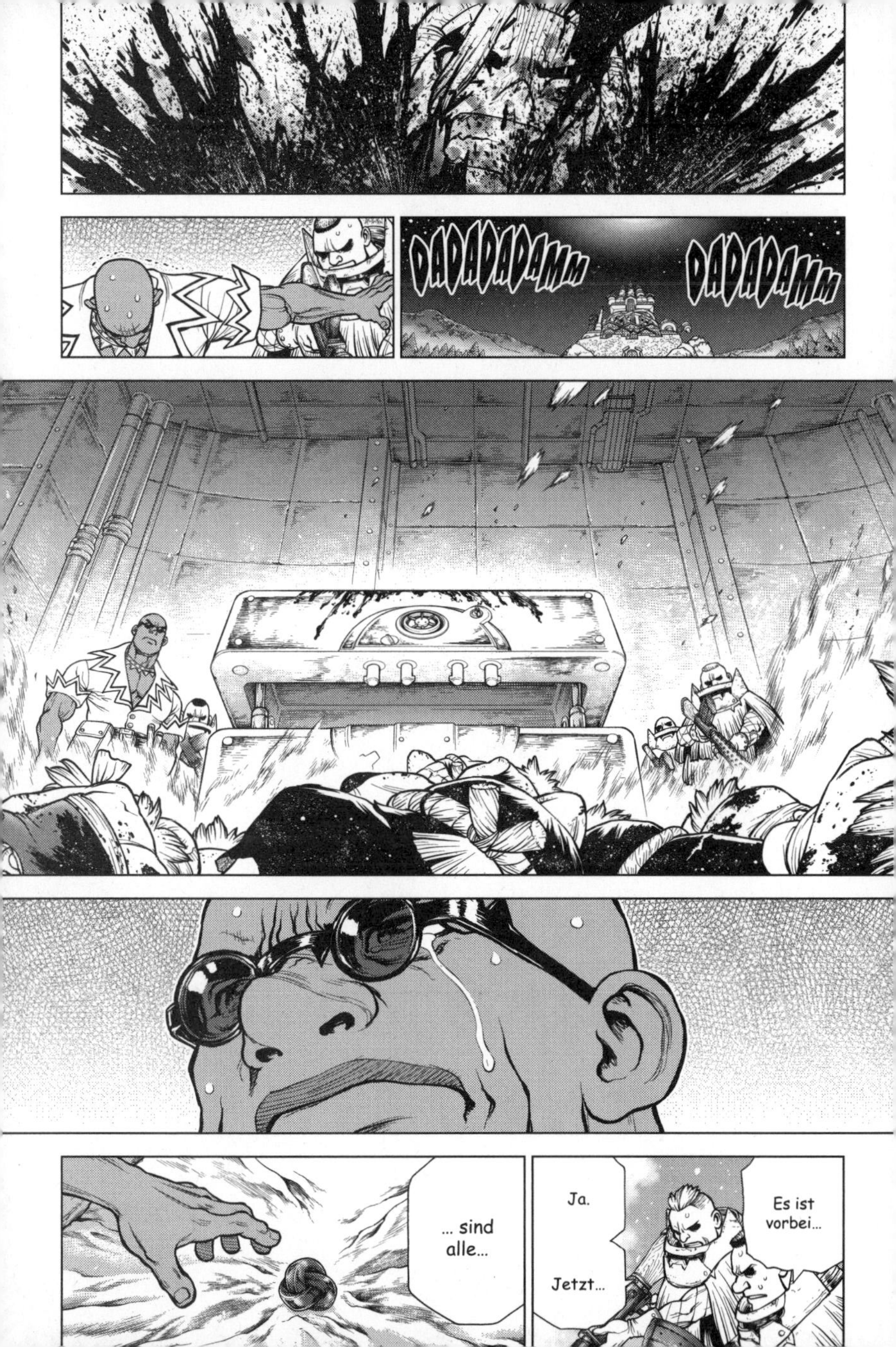

DADADADAMM
DADADAMM
Es ist vorbei...
Ja.
Jetzt...
... sind alle...

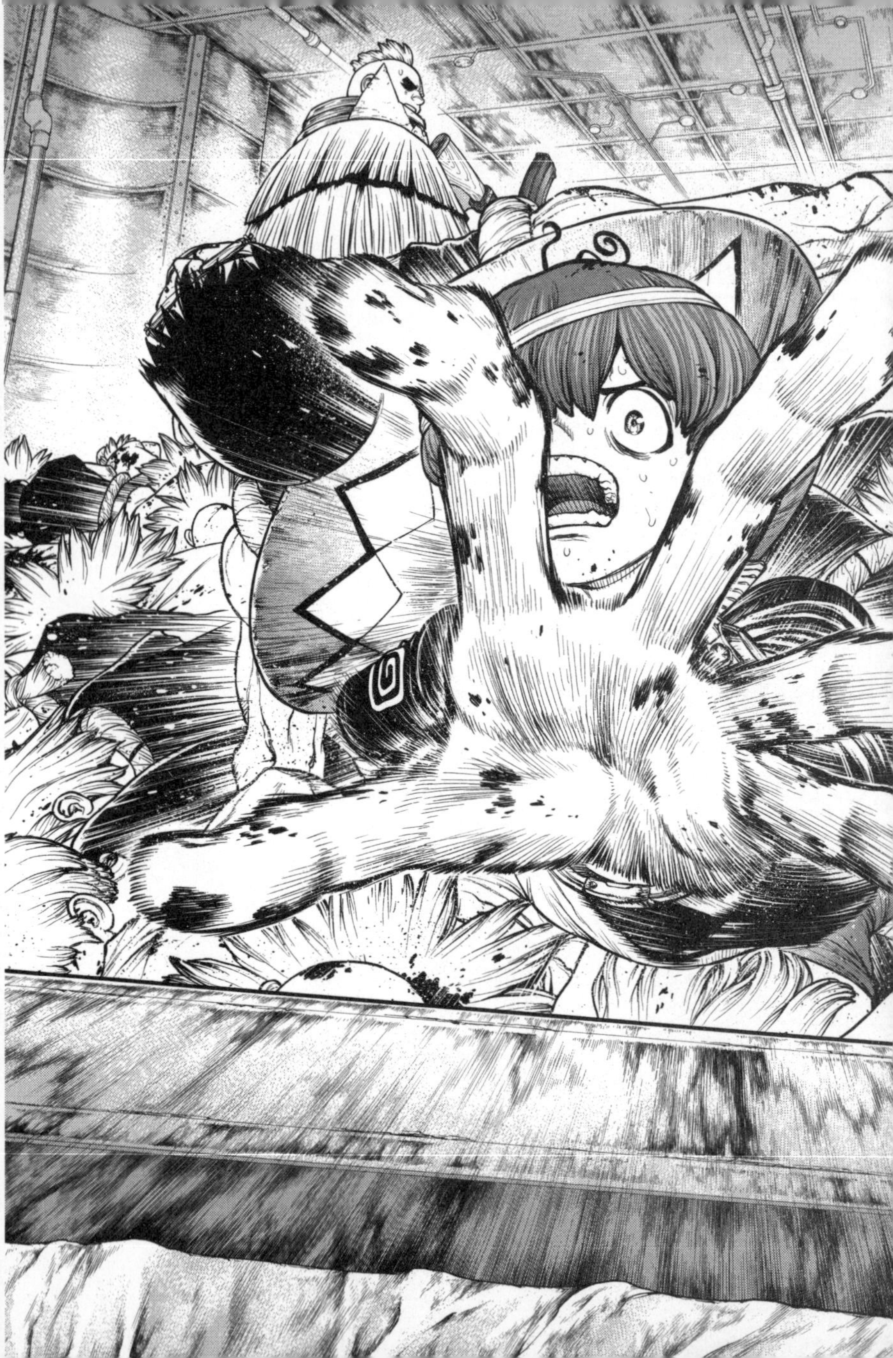

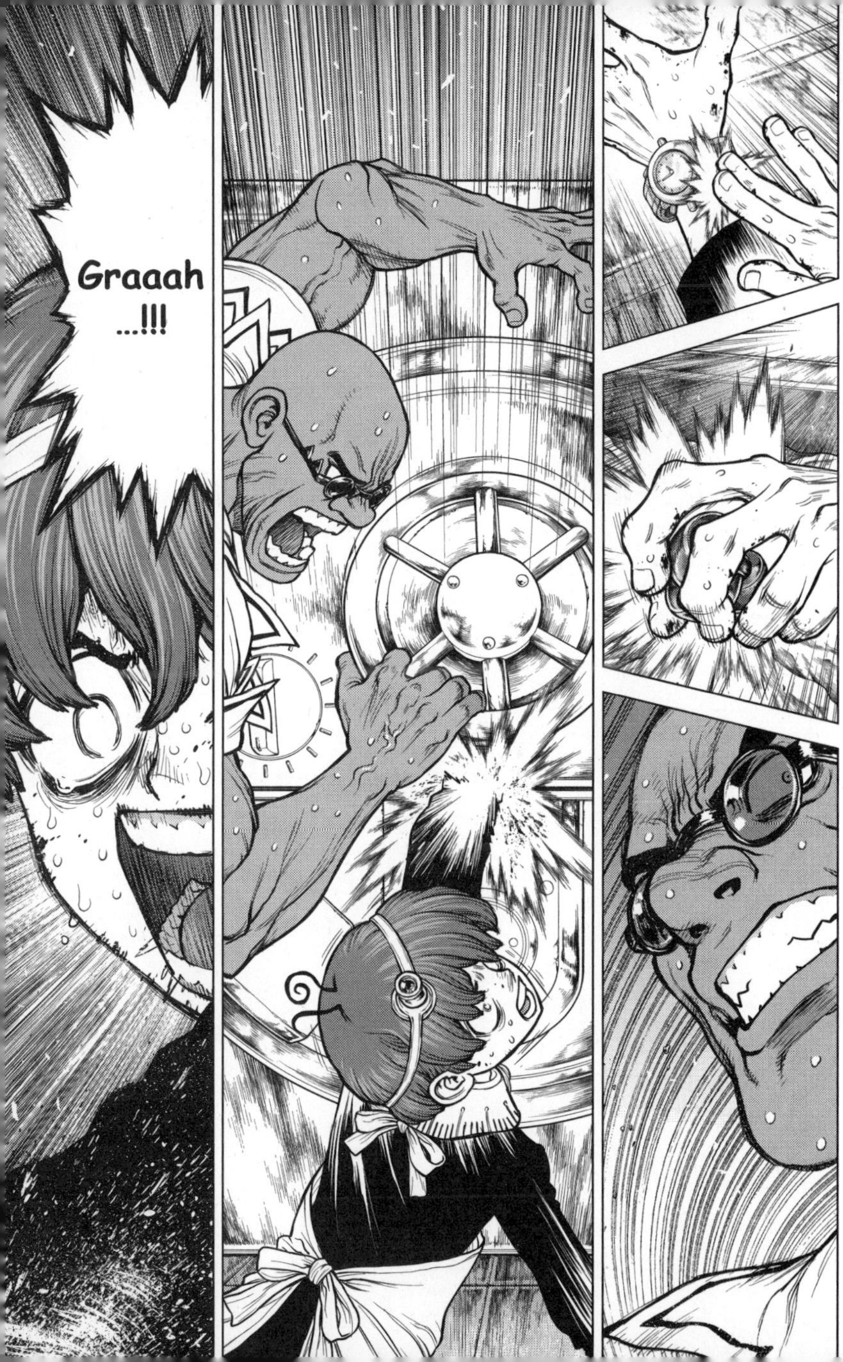
Graaah
...!!!

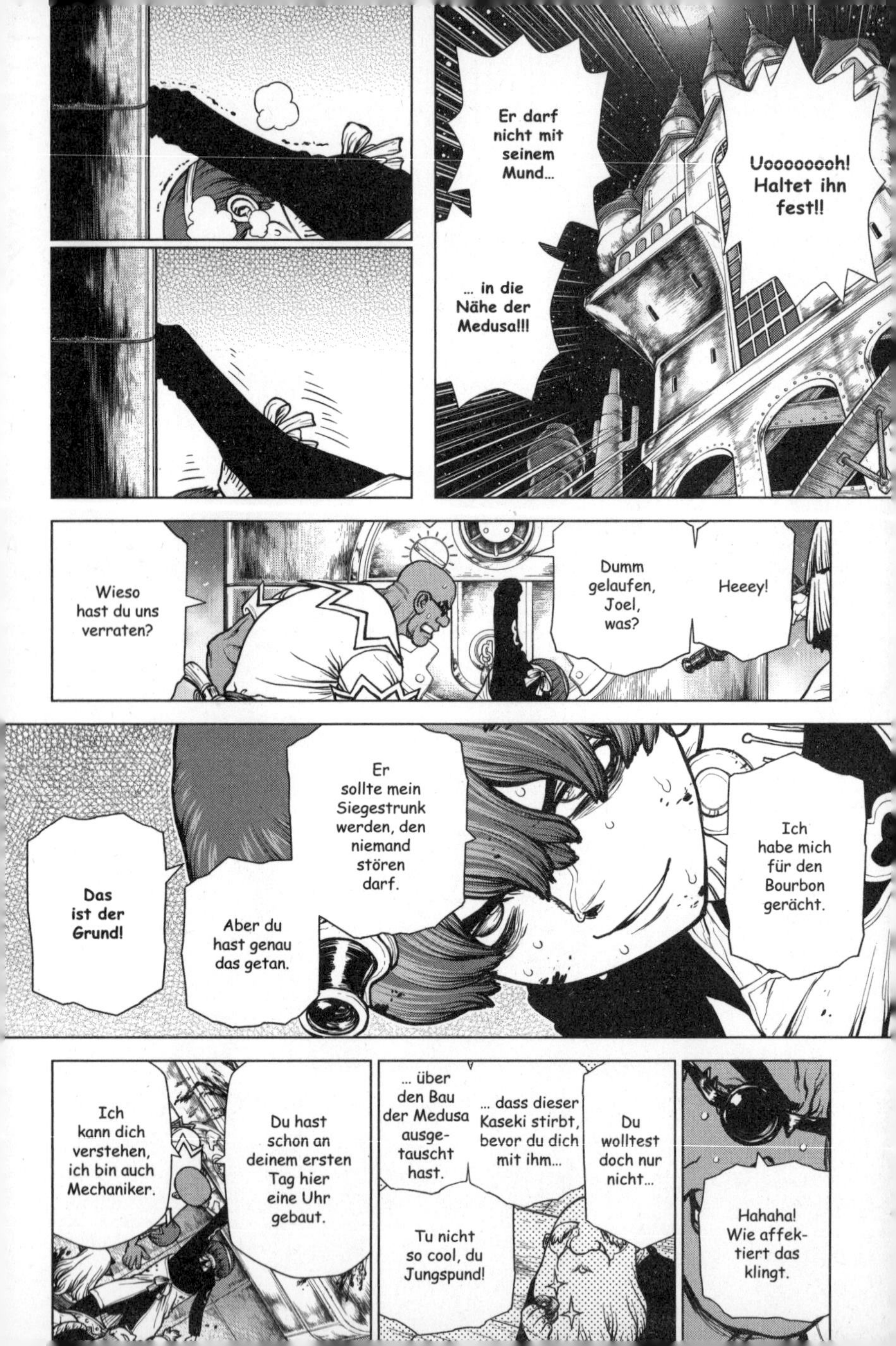
Uooooooh! Haltet ihn fest!!
Er darf nicht mit seinem Mund...
... in die Nähe der Medusa!!!
Heeey!
Dumm gelaufen, Joel, was?
Wieso hast du uns verraten?
Ich habe mich für den Bourbon gerächt.
Er sollte mein Siegestrunk werden, den niemand stören darf.
Aber du hast genau das getan.
Das ist der Grund!
Hahaha! Wie affektiert das klingt.
Du wolltest doch nur nicht...
... dass dieser Kaseki stirbt, bevor du dich mit ihm...
... über den Bau der Medusa ausgetauscht hast.
Tu nicht so cool, du Jungspund!
Du hast schon an deinem ersten Tag hier eine Uhr gebaut.
Ich kann dich verstehen, ich bin auch Mechaniker.

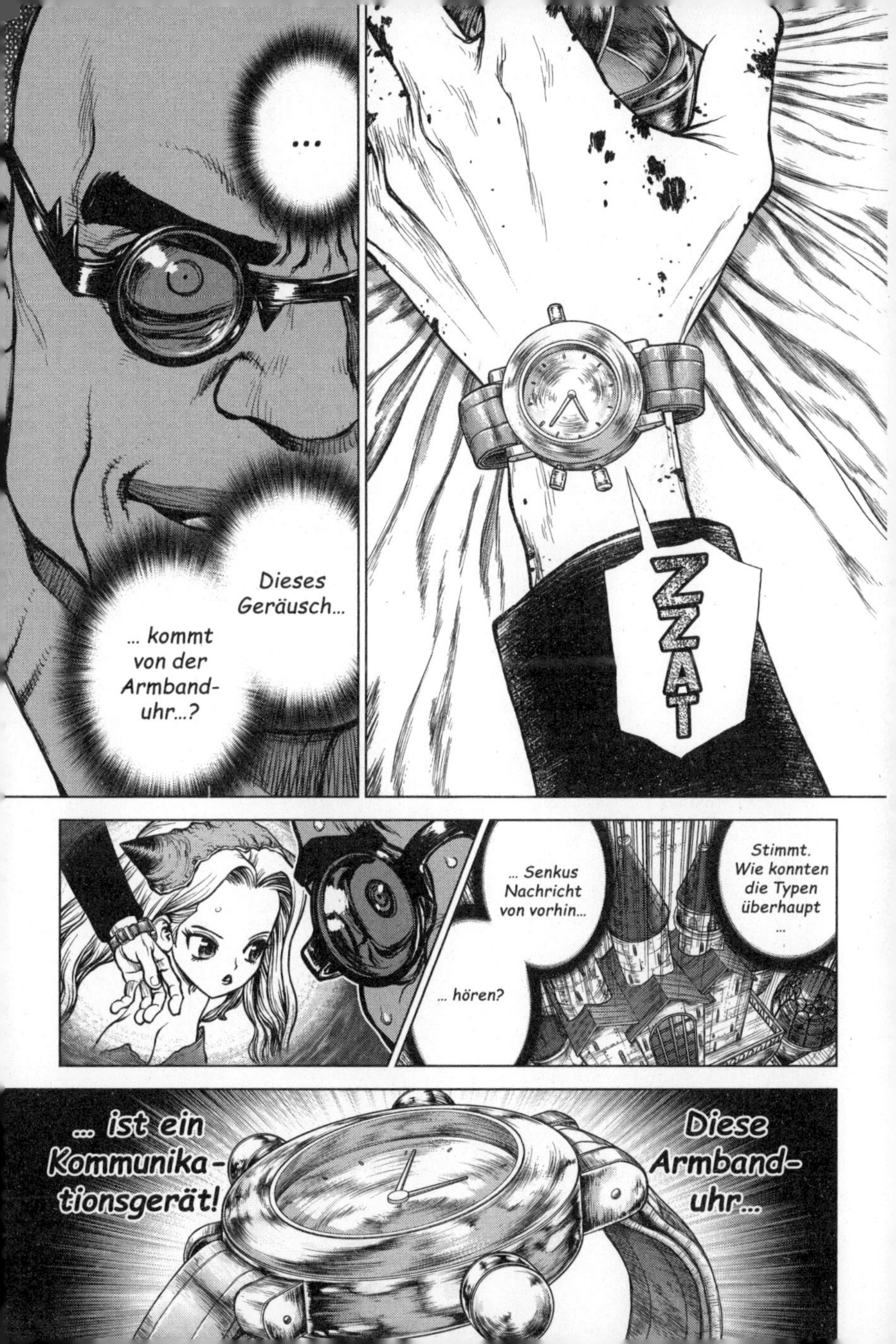
ZZAT
...
Dieses Geräusch...
... kommt von der Armband-uhr...?
Stimmt. Wie konnten die Typen überhaupt ...
... Senkus Nachricht von vorhin...
... hören?
Diese Armband-uhr...
... ist ein Kommunika-tionsgerät!

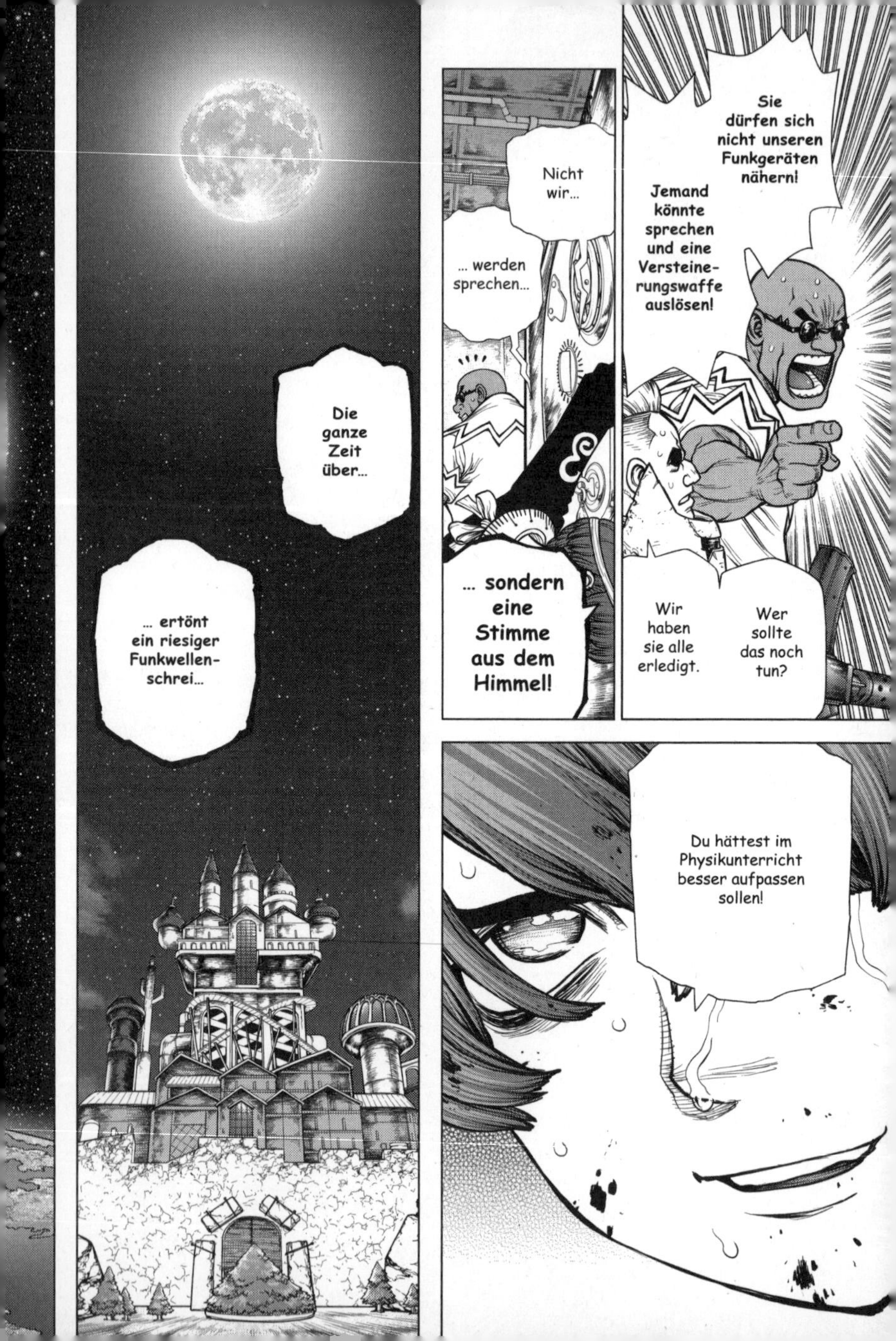

Sie dürfen sich nicht unseren Funkgeräten nähern!
Jemand könnte sprechen und eine Versteinerungswaffe auslösen!
Wer sollte das noch tun?
Wir haben sie alle erledigt.
Nicht wir...
... werden sprechen...
... sondern eine Stimme aus dem Himmel!
Du hättest im Physikunterricht besser aufpassen sollen!
Die ganze Zeit über...
... ertönt ein riesiger Funkwellenschrei...

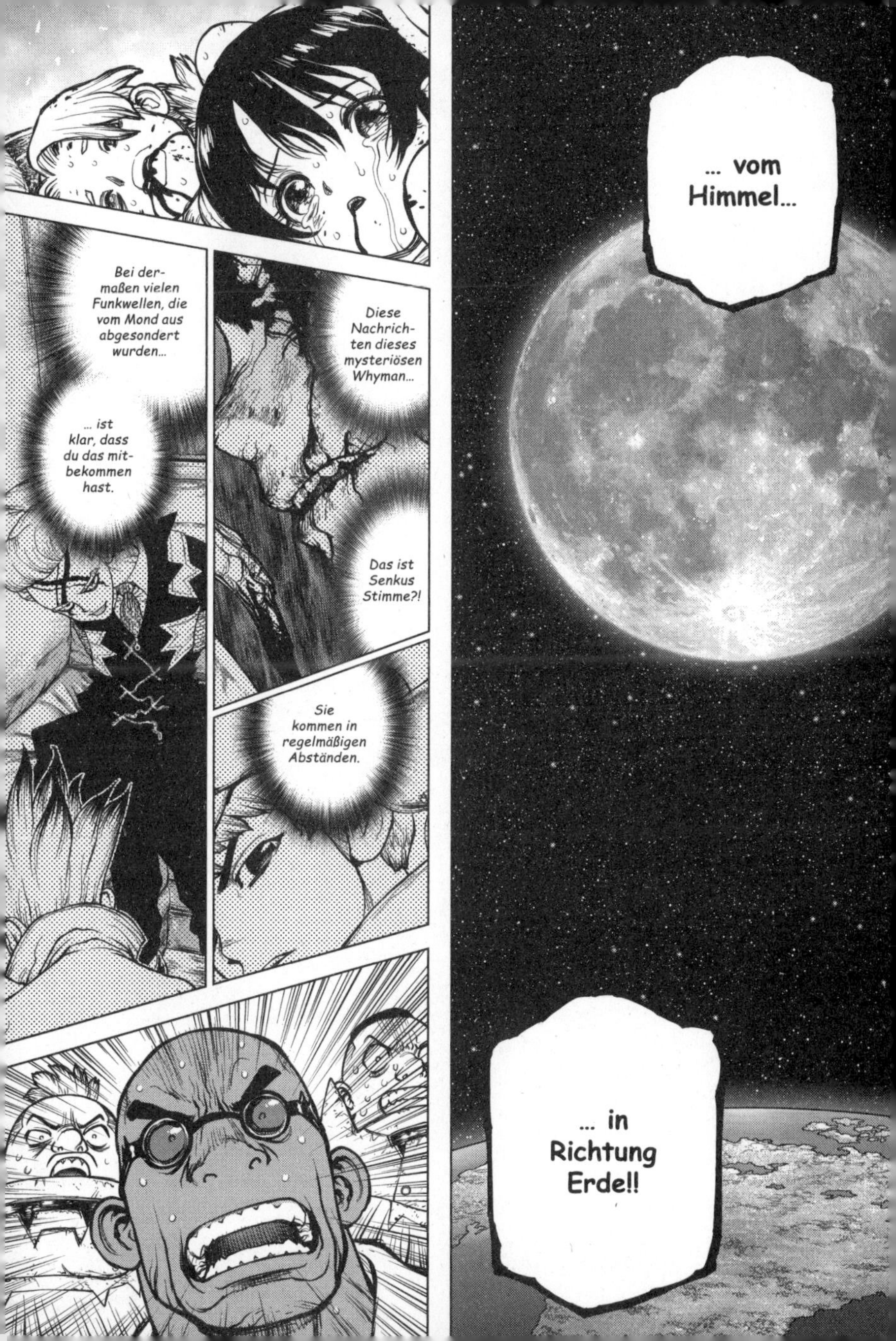
... vom Himmel...
... in Richtung Erde!!
Diese Nachrichten dieses mysteriösen Whyman...
Das ist Senkus Stimme?!
Bei dermaßen vielen Funkwellen, die vom Mond aus abgesondert wurden...
... ist klar, dass du das mitbekommen hast.
Sie kommen in regelmäßigen Abständen.

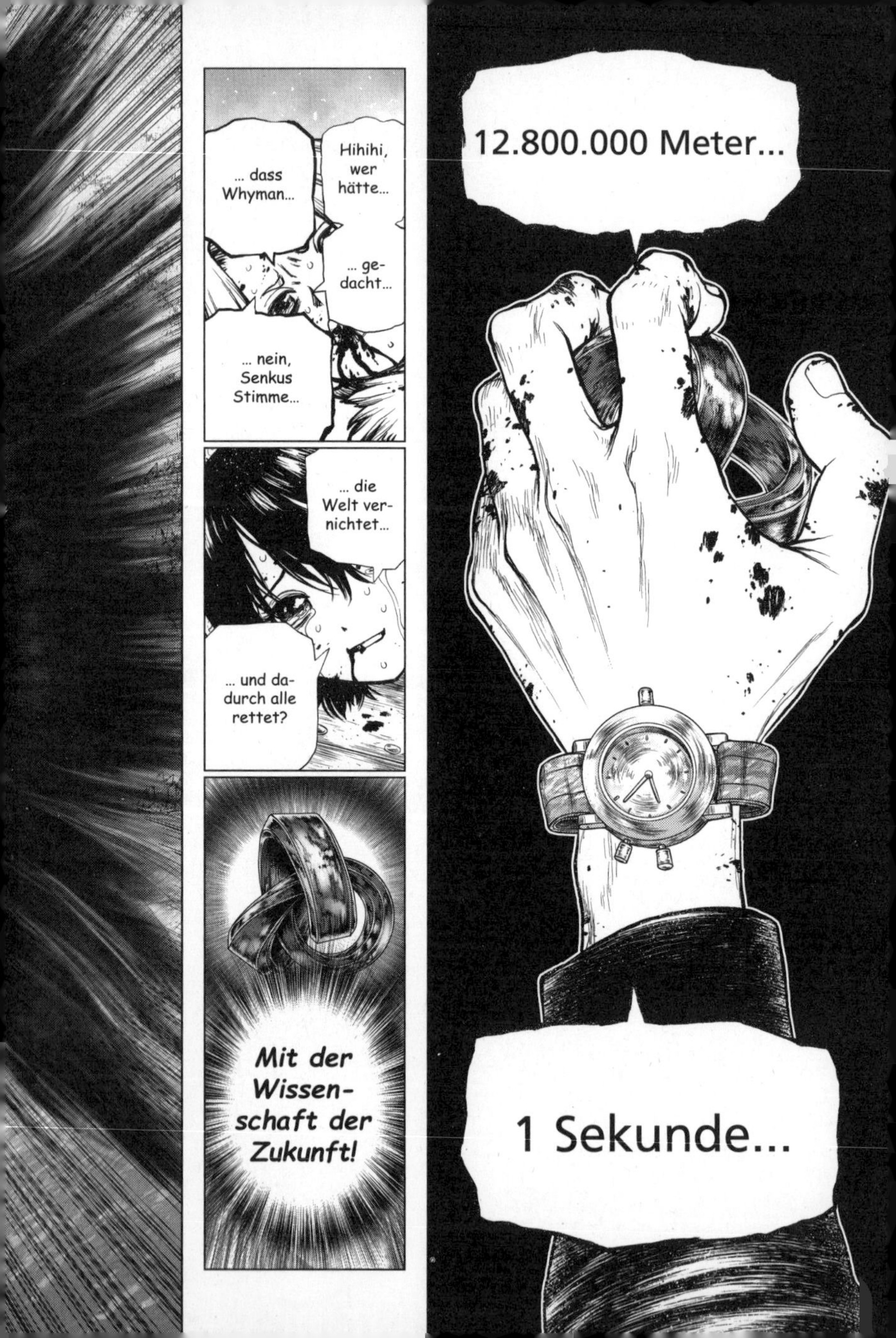
12.800.000 Meter...
1 Sekunde...
Hihihi, wer hätte...
... dass Whyman...
... ge- dacht...
... nein, Senkus Stimme...
... die Welt ver- nichtet...
... und da- durch alle rettet?
Mit der Wissen- schaft der Zukunft!

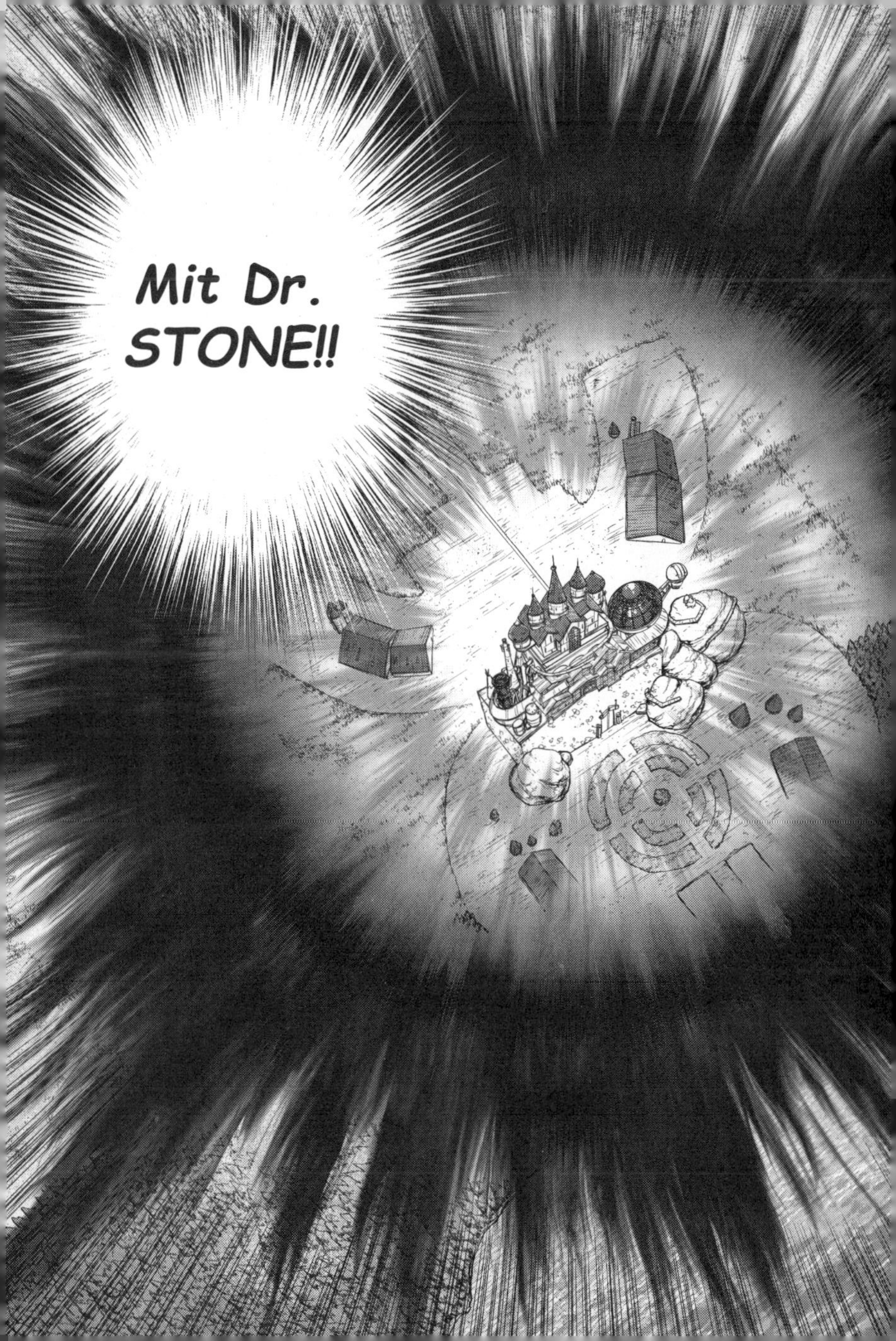
Mit Dr. STONE!!

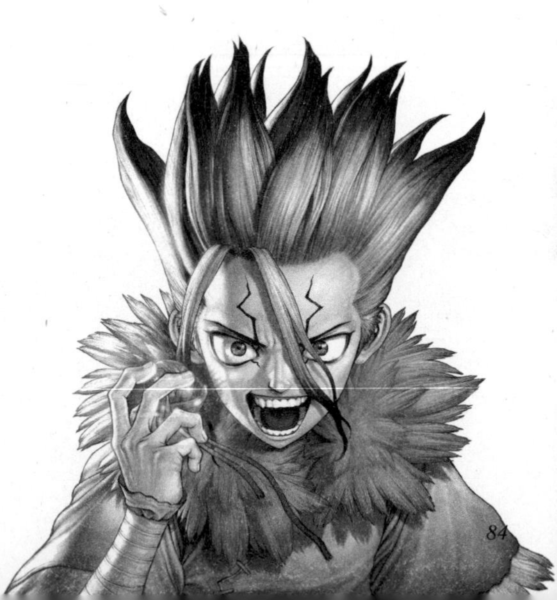

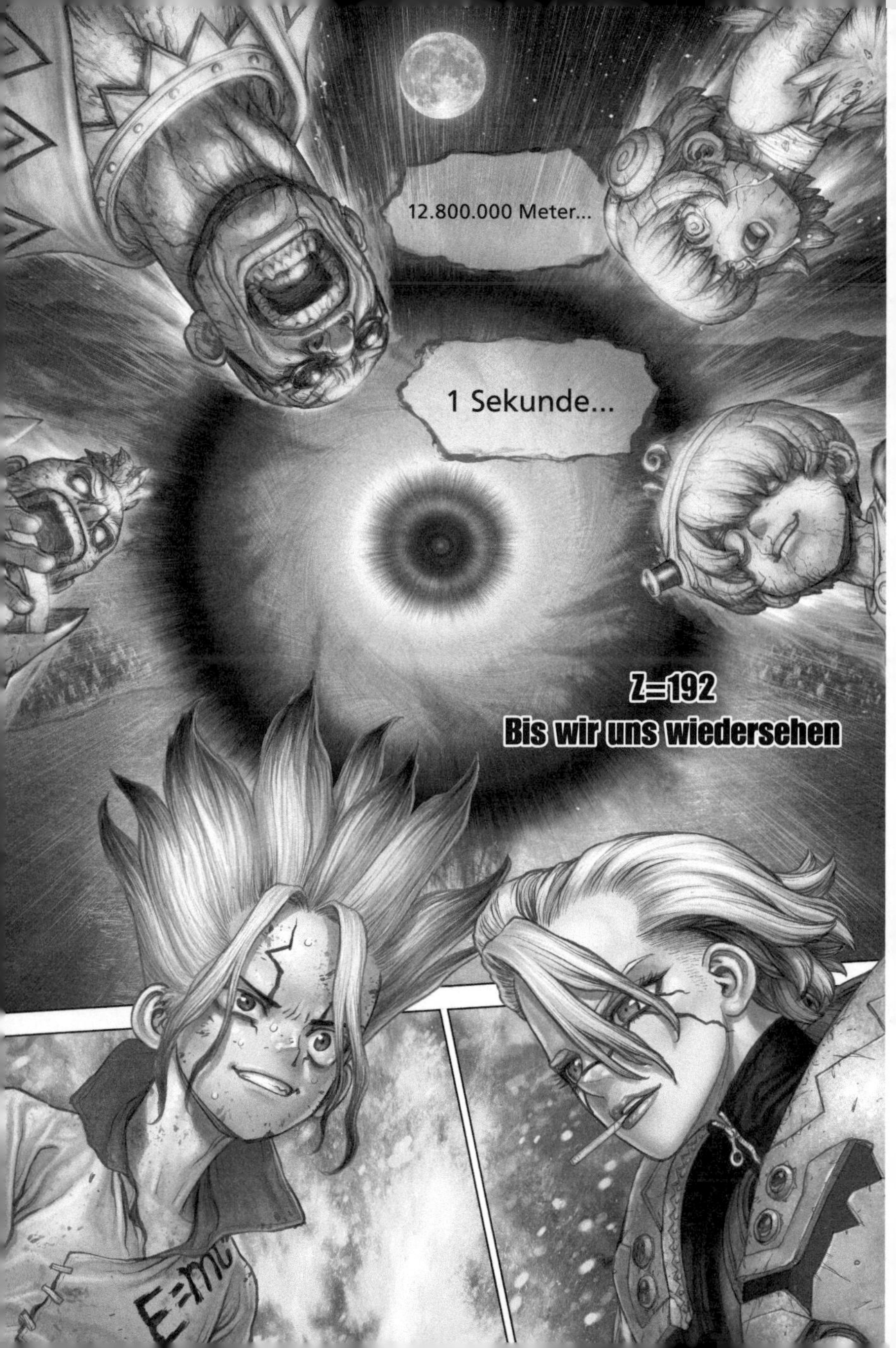
12.800.000 Meter...
1 Sekunde...
Z=192
Bis wir uns wiedersehen
E=mc

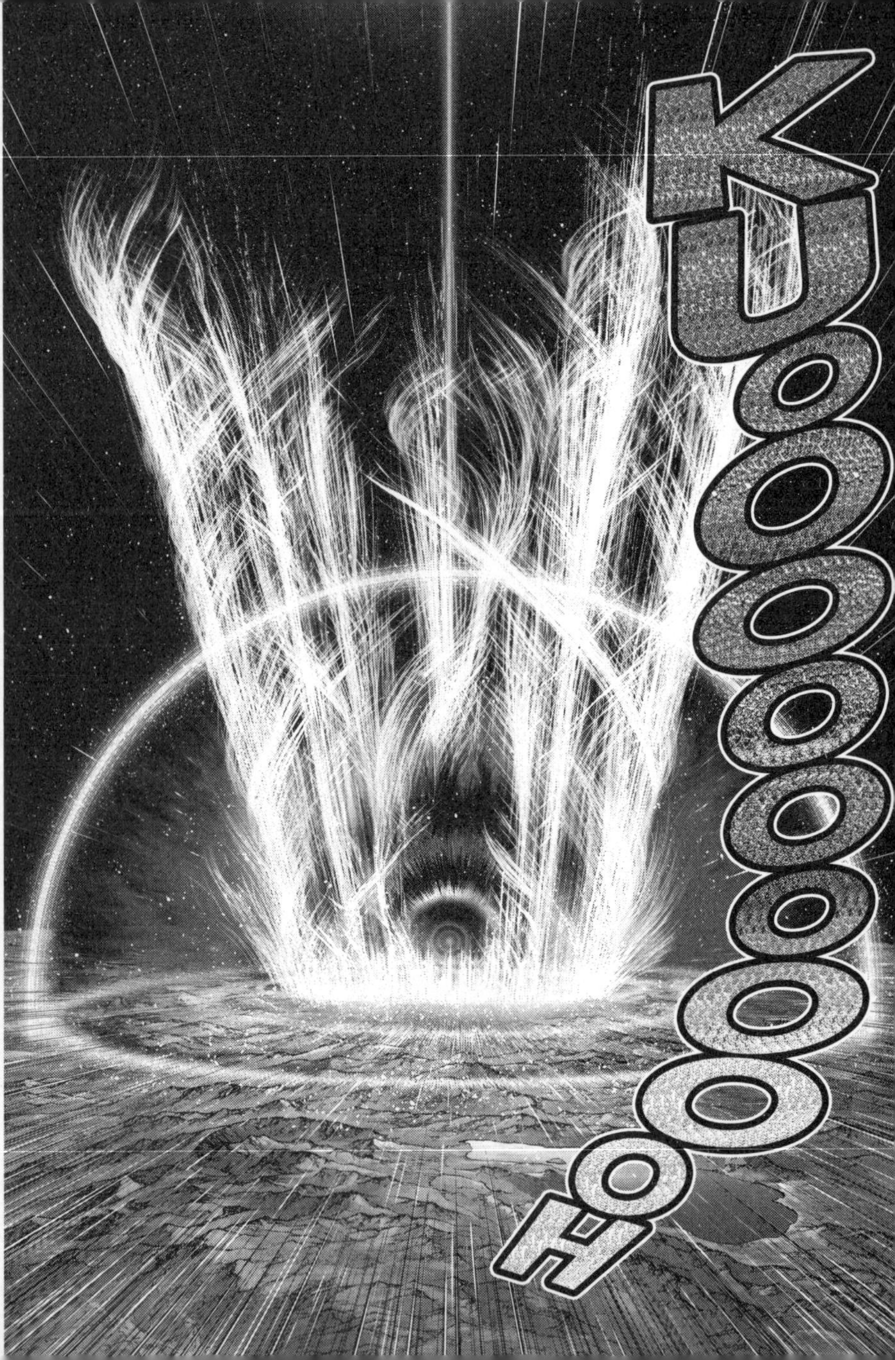
KUOOOOOOOOOH

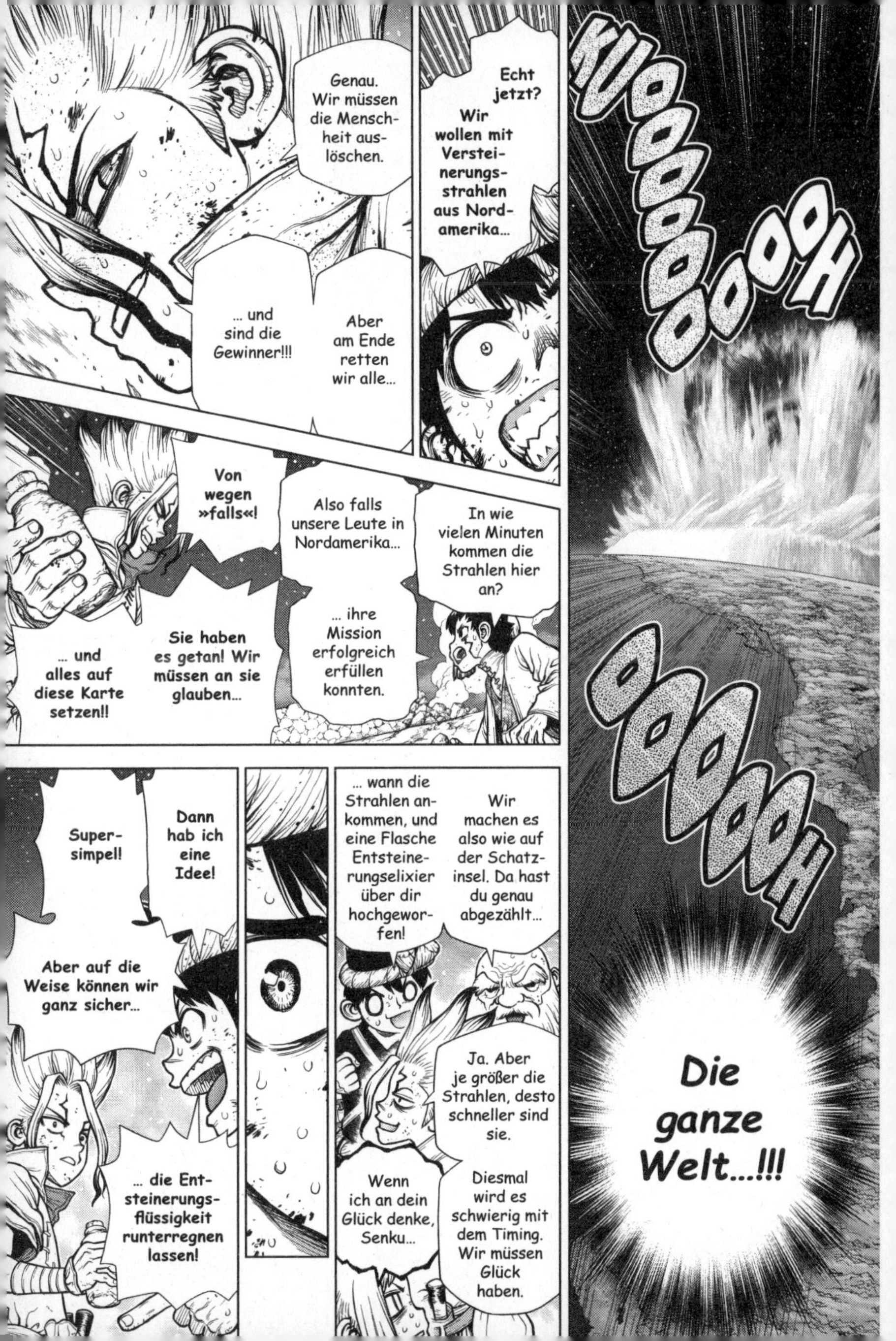
KUOOOOOOOOH
OOOOOOOH
Die ganze Welt...!!!
Echt jetzt? Wir wollen mit Versteinerungsstrahlen aus Nordamerika...
Genau. Wir müssen die Menschheit auslöschen.
Aber am Ende retten wir alle...
... und sind die Gewinner!!!
In wie vielen Minuten kommen die Strahlen hier an?
Also falls unsere Leute in Nordamerika...
... ihre Mission erfolgreich erfüllen konnten.
Von wegen »falls«!
Sie haben es getan! Wir müssen an sie glauben...
... und alles auf diese Karte setzen!!
Wir machen es also wie auf der Schatzinsel. Da hast du genau abgezählt...
... wann die Strahlen ankommen, und eine Flasche Entsteinerungselixier über dir hochgeworfen!
Ja. Aber je größer die Strahlen, desto schneller sind sie.
Diesmal wird es schwierig mit dem Timing. Wir müssen Glück haben.
Wenn ich an dein Glück denke, Senku...
Dann hab ich eine Idee!
Super-simpel!
Aber auf die Weise können wir ganz sicher...
... die Entsteinerungsflüssigkeit runterregnen lassen!

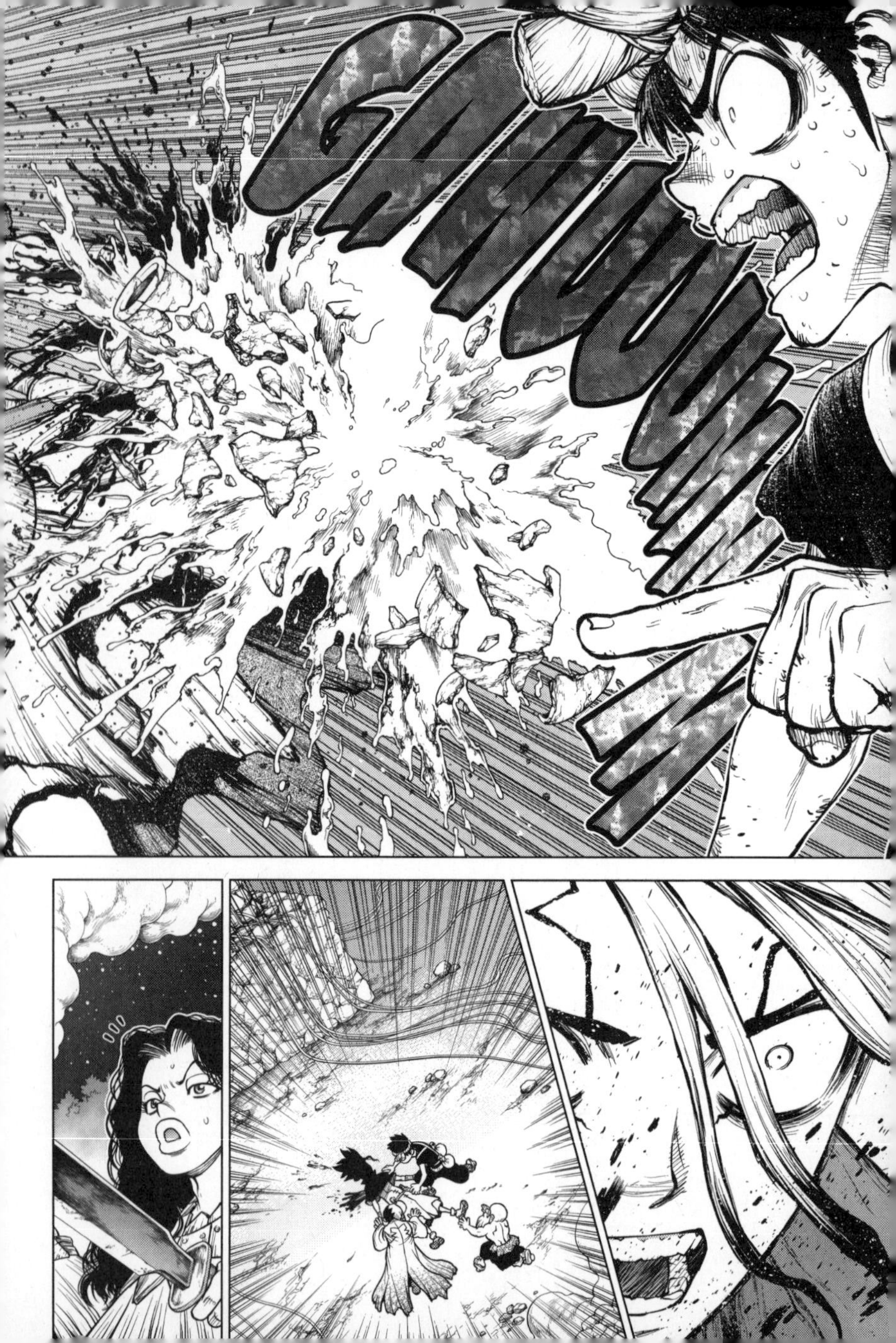

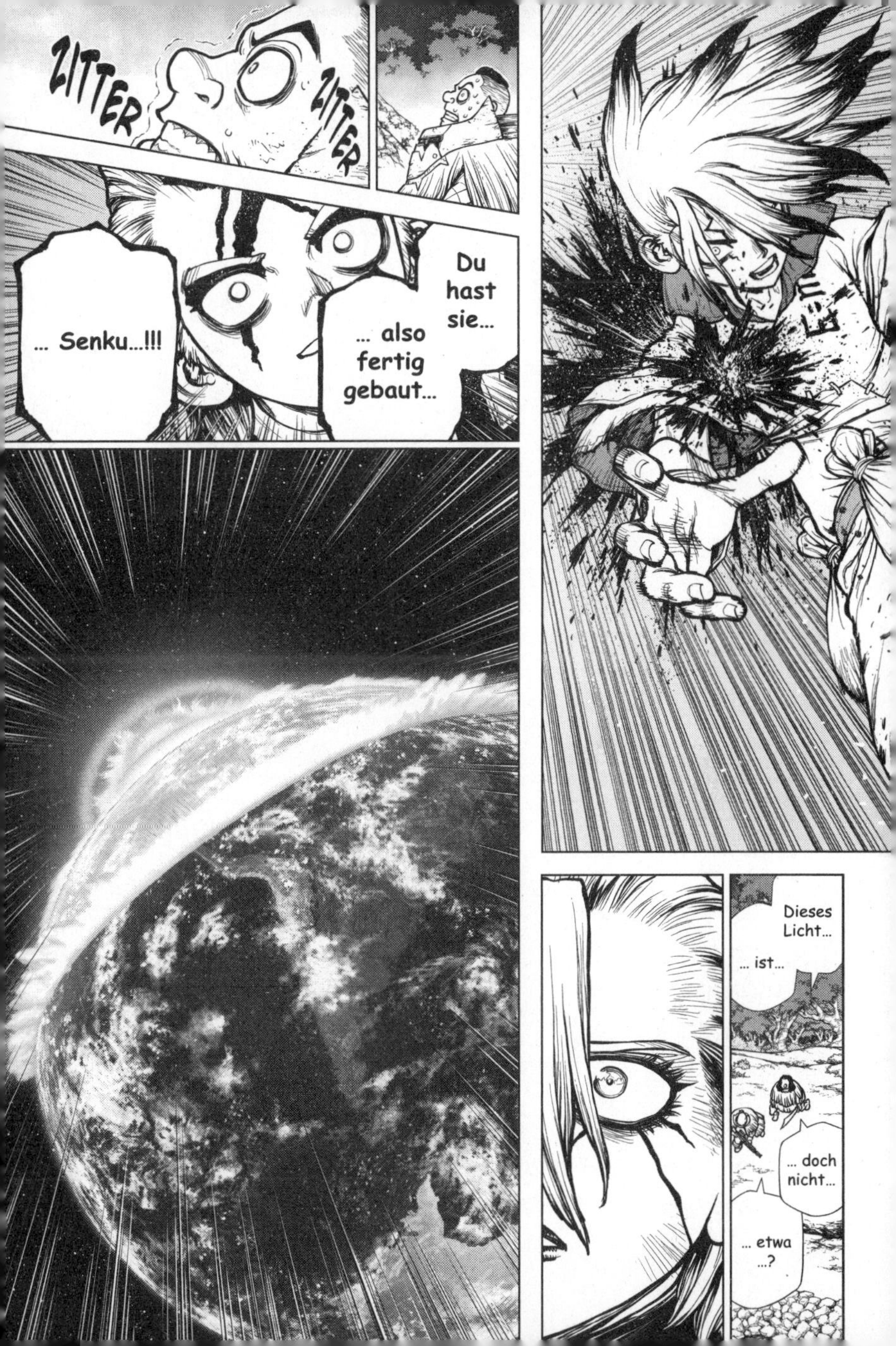
ZITTER
ZITTER
Du hast sie...
... also fertig gebaut...
... Senku...!!!
Dieses Licht...
... ist...
... doch nicht...
... etwa ...?

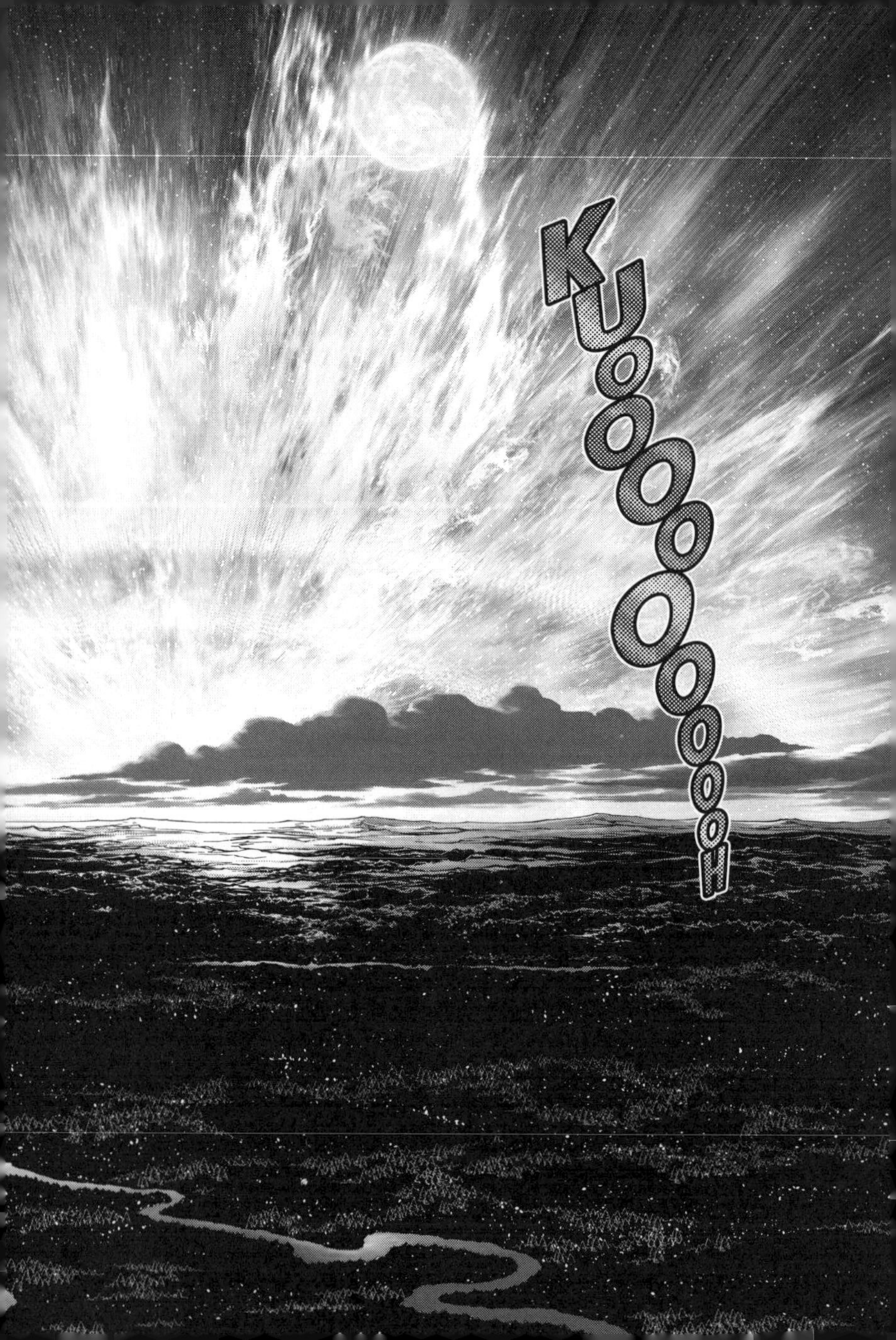
KUOOOOOOOOOH

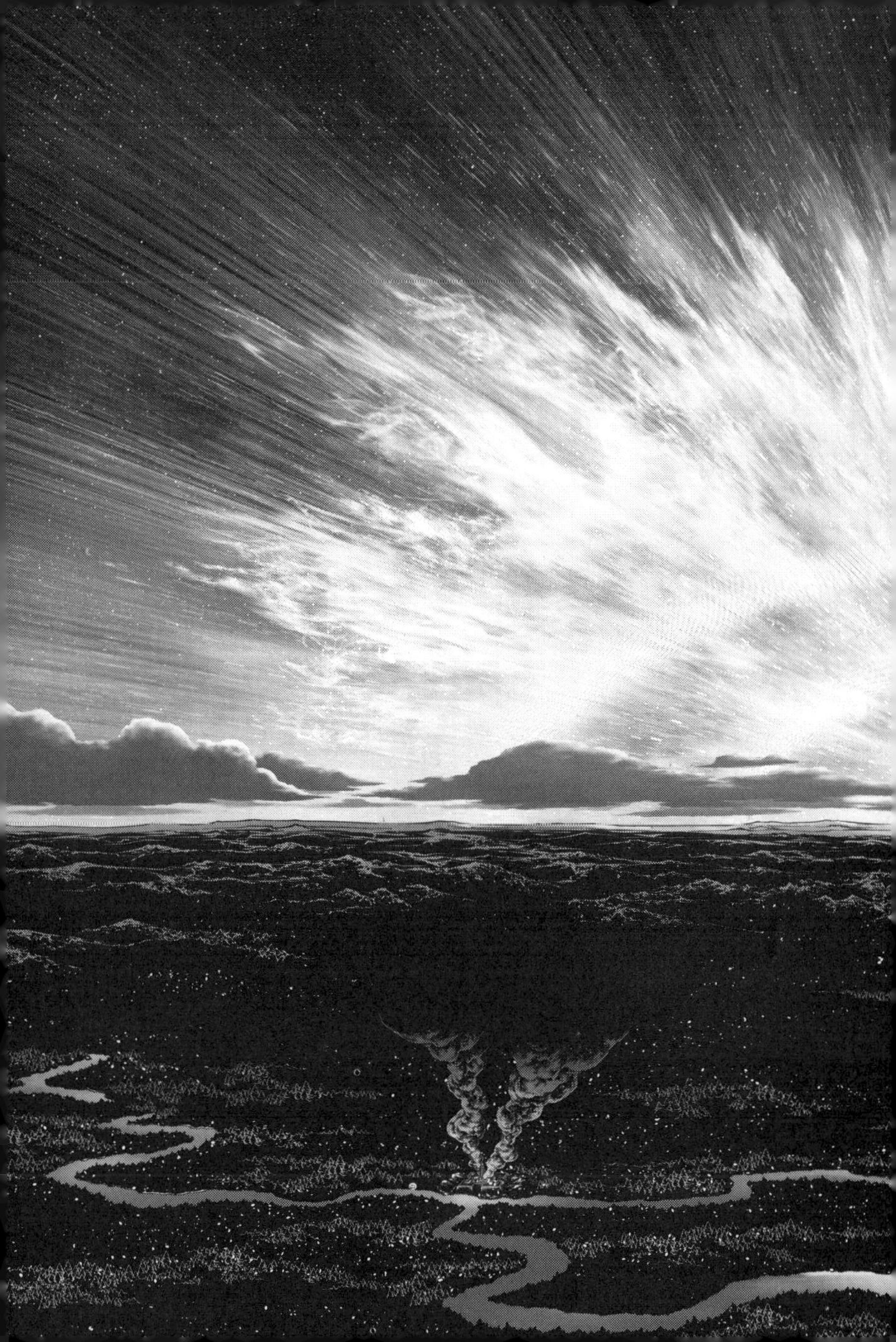

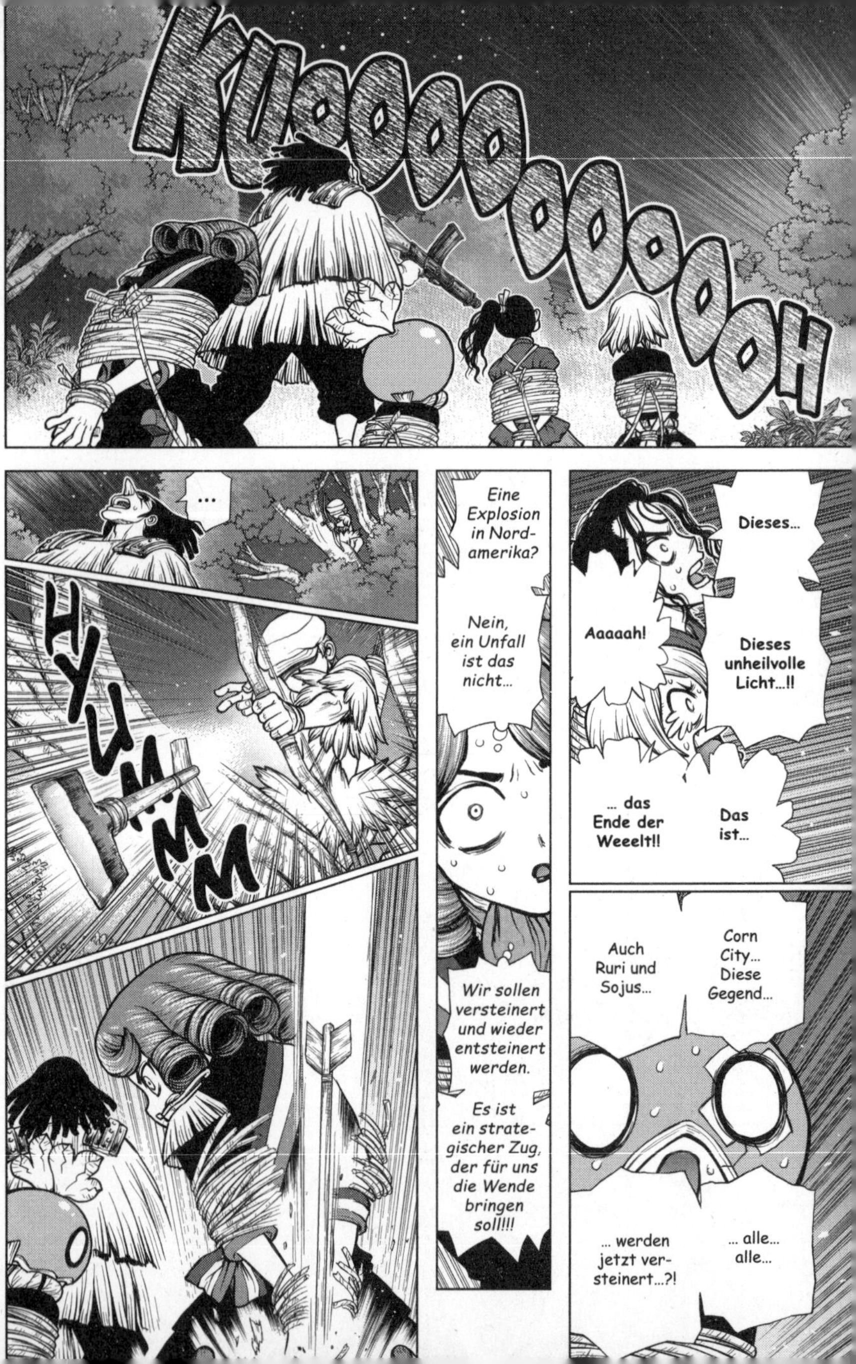
KUOOOOOOOOOOOOH
Dieses...
Dieses unheilvolle Licht...!!
Aaaaah!
Das ist...
... das Ende der Weeelt!!
Eine Explosion in Nordamerika?
Nein, ein Unfall ist das nicht...
...
HYUMMMM
Corn City... Diese Gegend...
Auch Ruri und Sojus...
... alle... alle...
... werden jetzt versteinert...?!
Wir sollen versteinert und wieder entsteinert werden.
Es ist ein strategischer Zug, der für uns die Wende bringen soll!!!

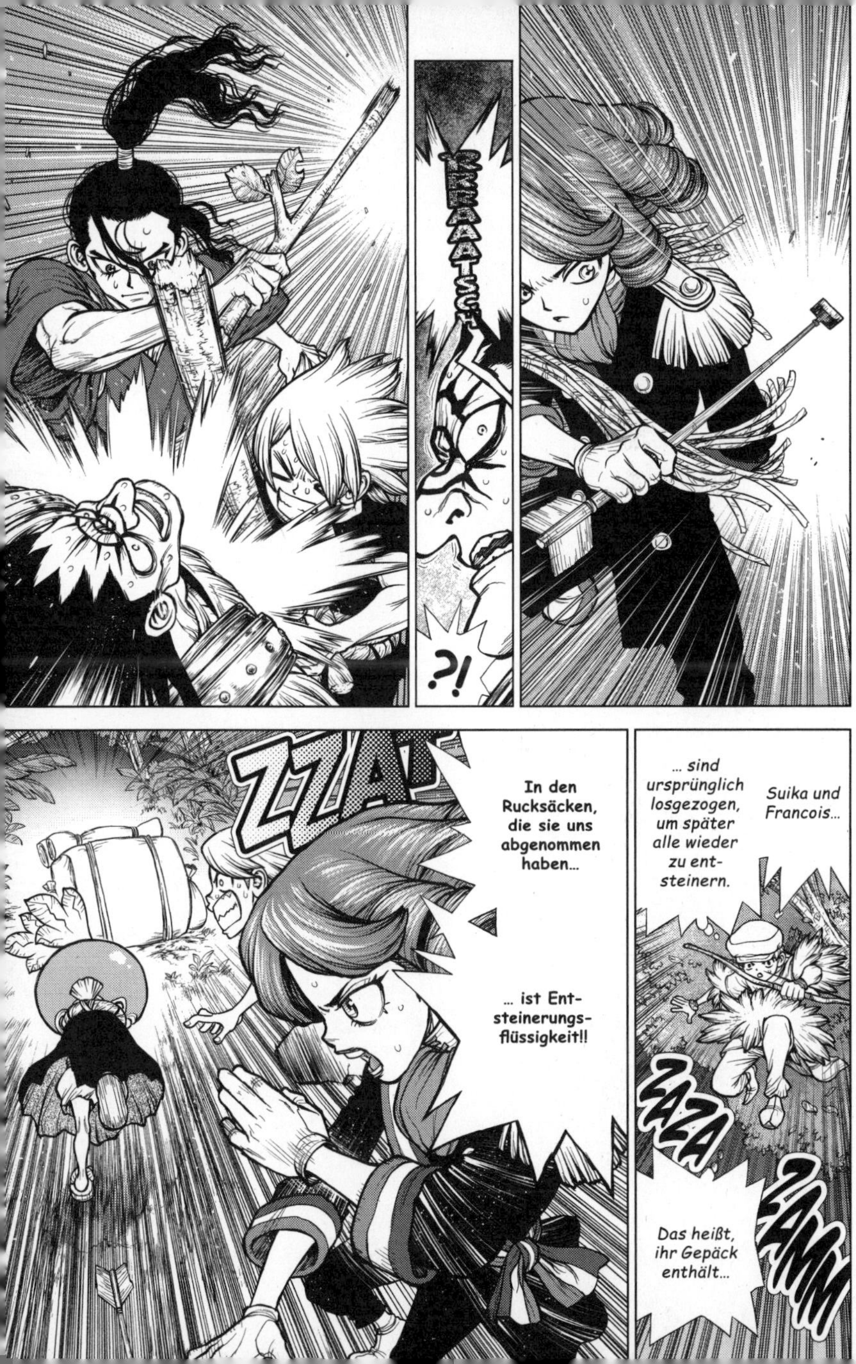
KRAAATSCH
?!
Suika und Francois…
… sind ursprünglich losgezogen, um später alle wieder zu entsteinern.
ZAZA
Das heißt, ihr Gepäck enthält…
In den Rucksäcken, die sie uns abgenommen haben…
… ist Entsteinerungsflüssigkeit!!

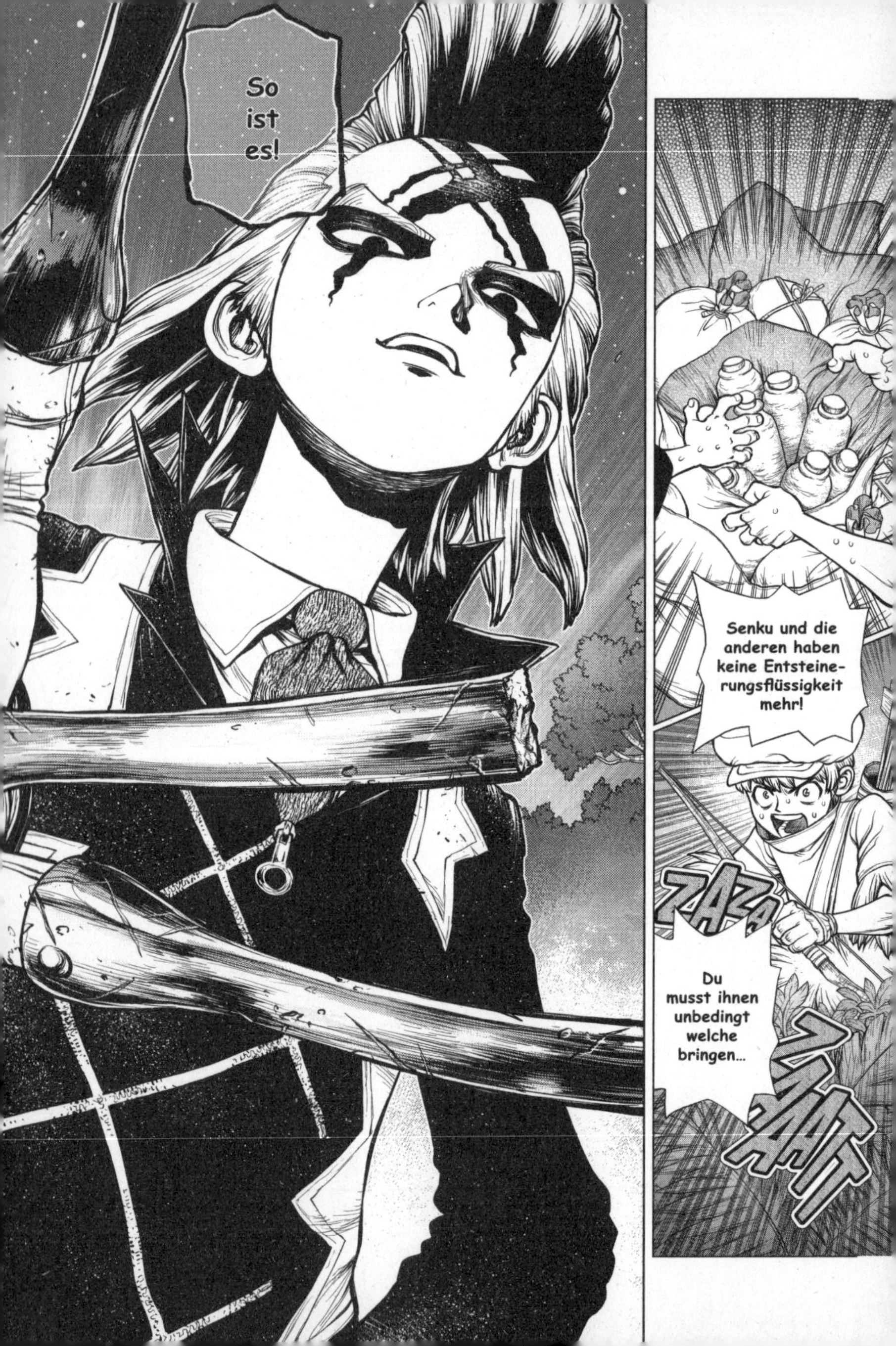
Senku und die anderen haben keine Entsteine-rungsflüssigkeit mehr!
ZAZA
Du musst ihnen unbedingt welche bringen…
ZAAT
So ist es!

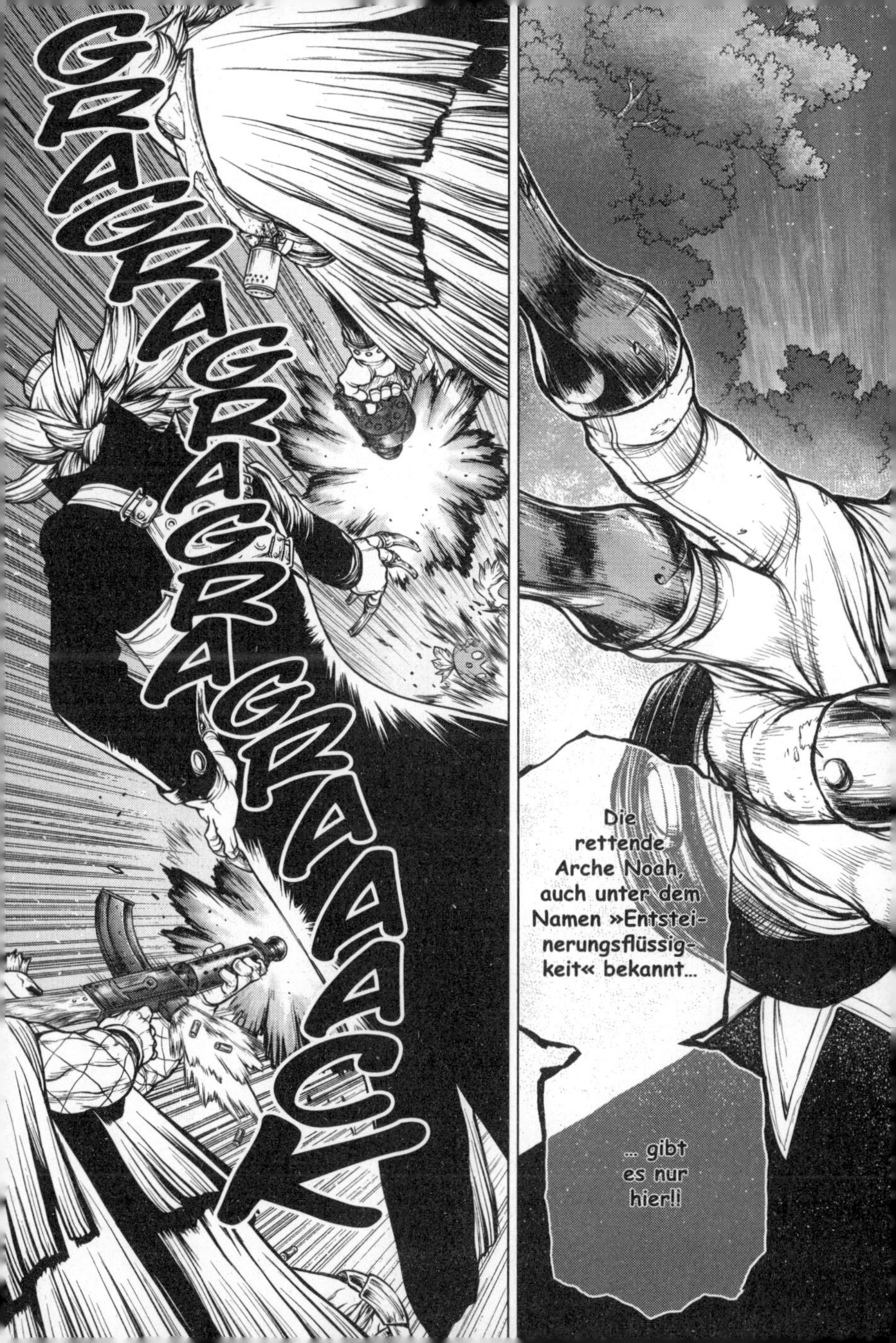
GRAGRAGRAGRAGRAGRAAAAAACK!
Die rettende Arche Noah, auch unter dem Namen »Entsteinerungsflüssigkeit« bekannt…
… gibt es nur hier!!

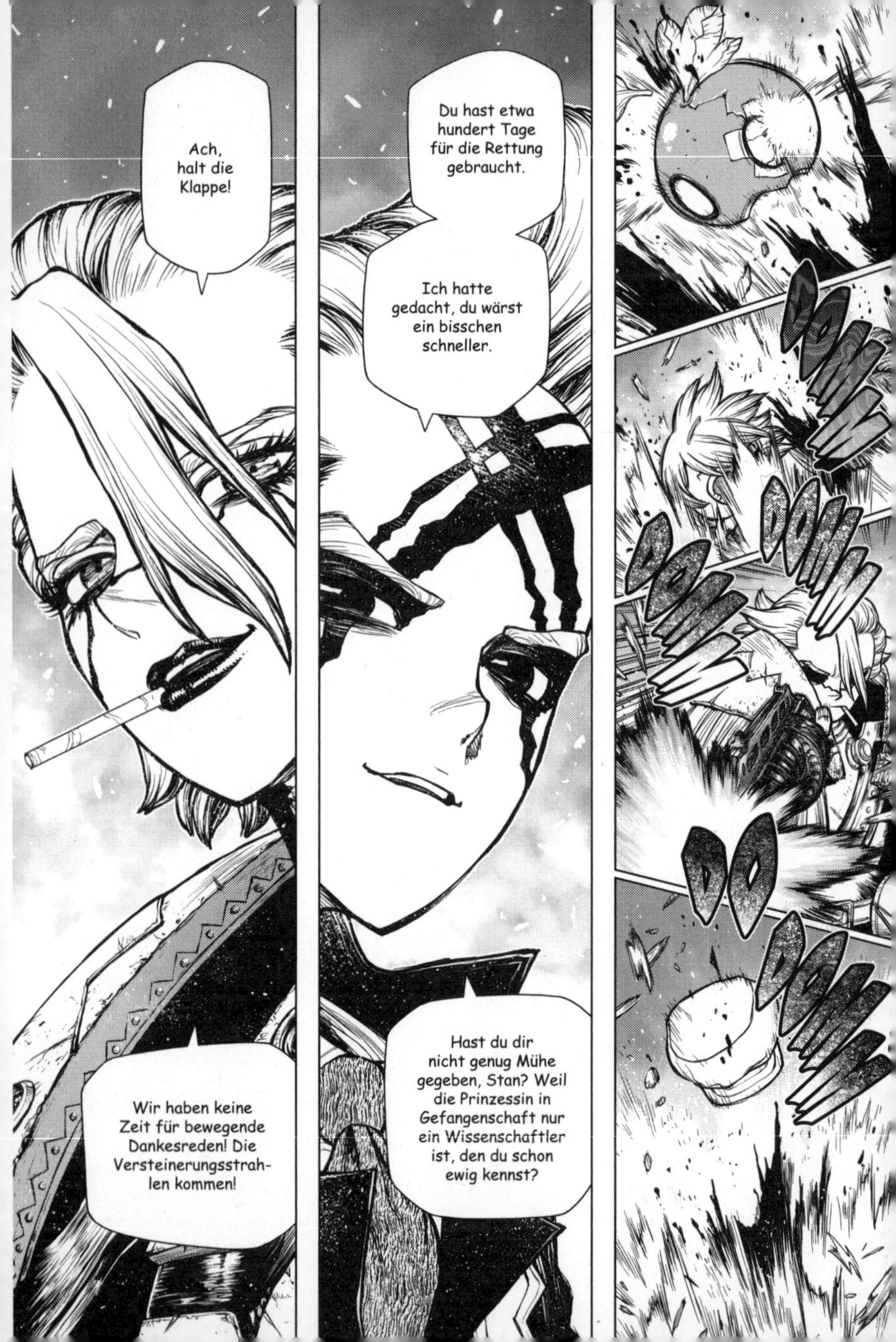
Du hast etwa hundert Tage für die Rettung gebraucht.
Ich hatte gedacht, du wärst ein bisschen schneller.
Hast du dir nicht genug Mühe gegeben, Stan? Weil die Prinzessin in Gefangenschaft nur ein Wissenschaftler ist, den du schon ewig kennst?
Ach, halt die Klappe!
Wir haben keine Zeit für bewegende Dankesreden! Die Versteinerungsstrahlen kommen!

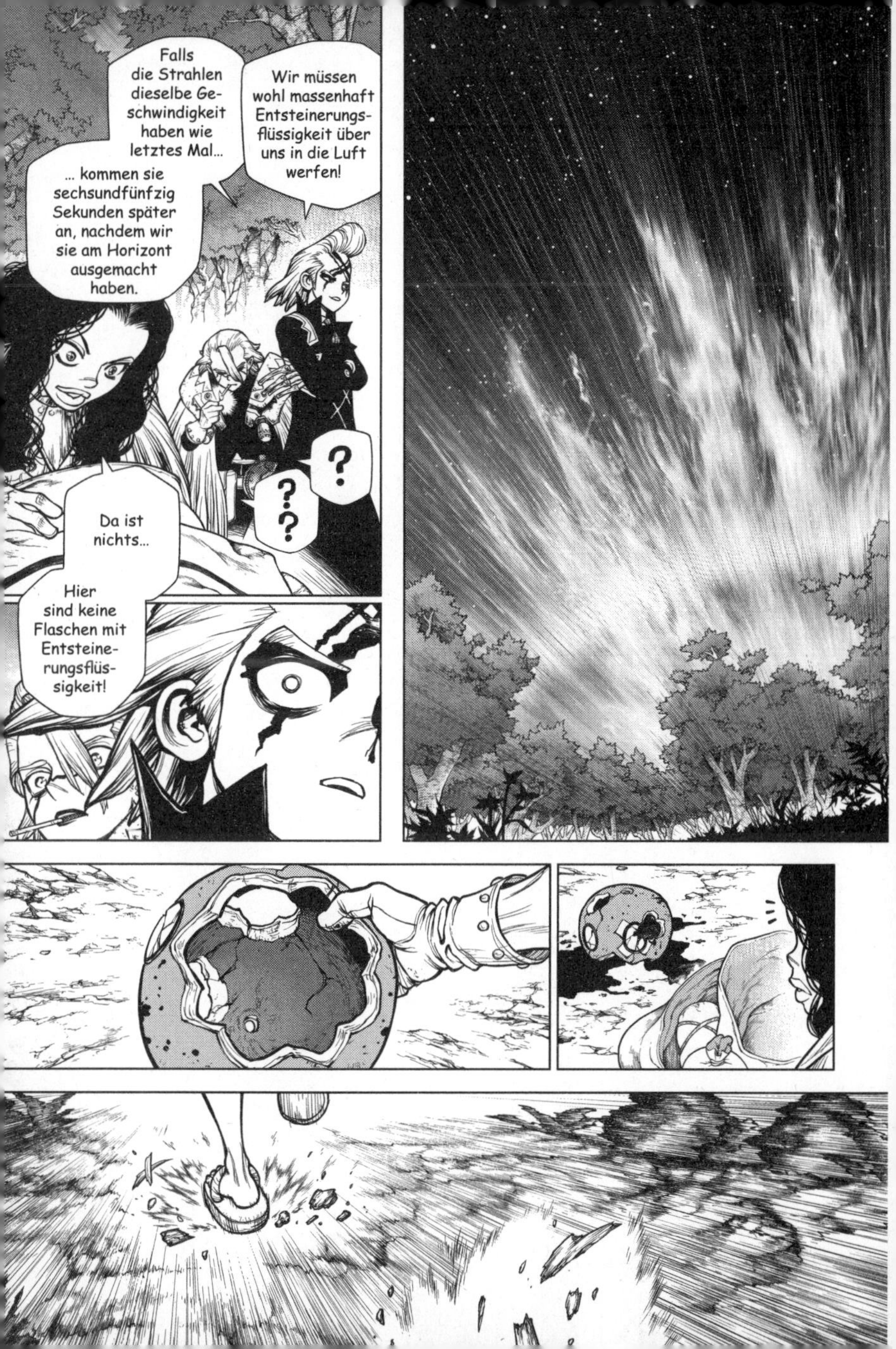

Wir müssen wohl massenhaft Entsteinerungs-flüssigkeit über uns in die Luft werfen!
Falls die Strahlen dieselbe Ge-schwindigkeit haben wie letztes Mal...
... kommen sie sechsundfünfzig Sekunden später an, nachdem wir sie am Horizont ausgemacht haben.
?
??
Da ist nichts...
Hier sind keine Flaschen mit Entsteine-rungsflüs-sigkeit!

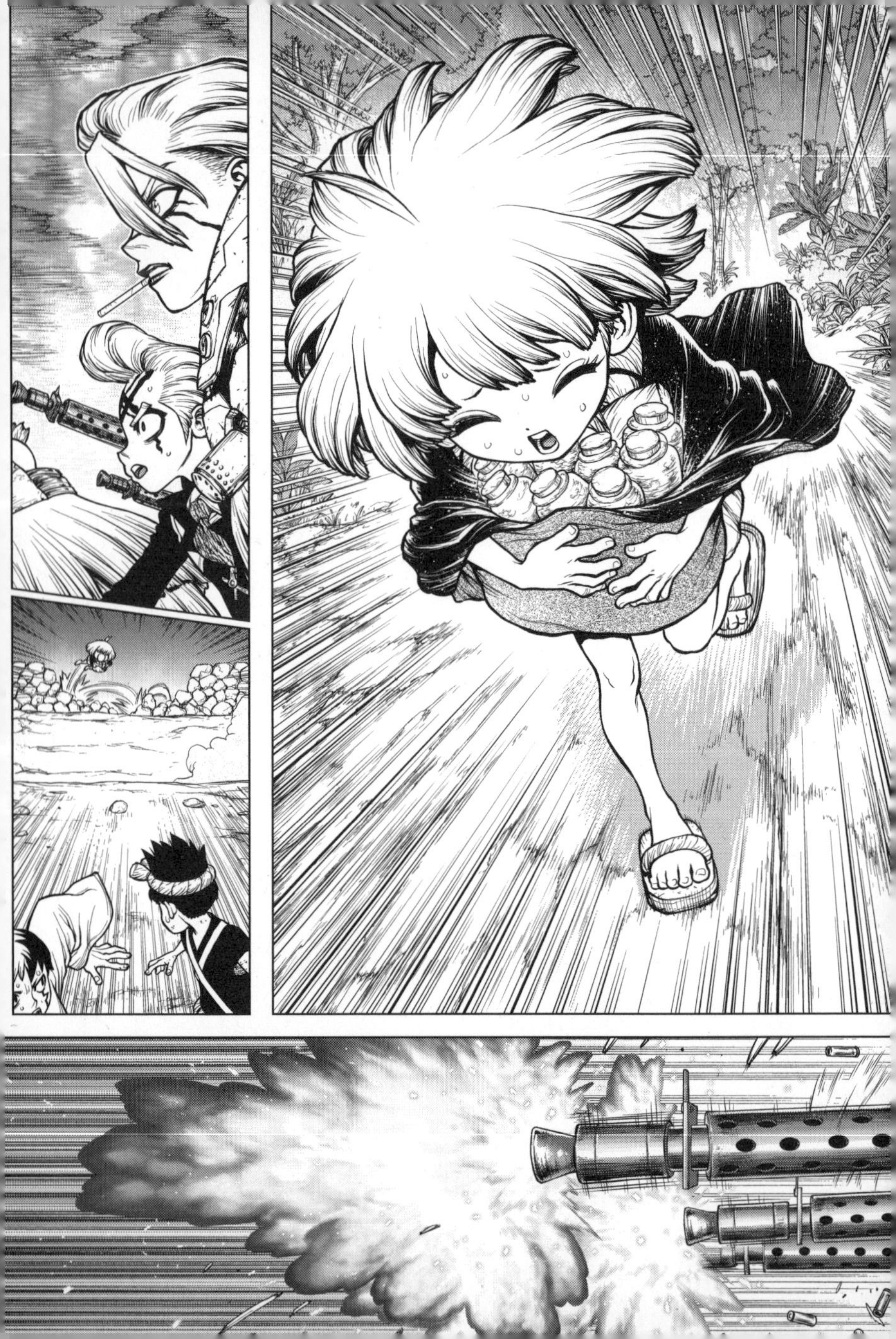

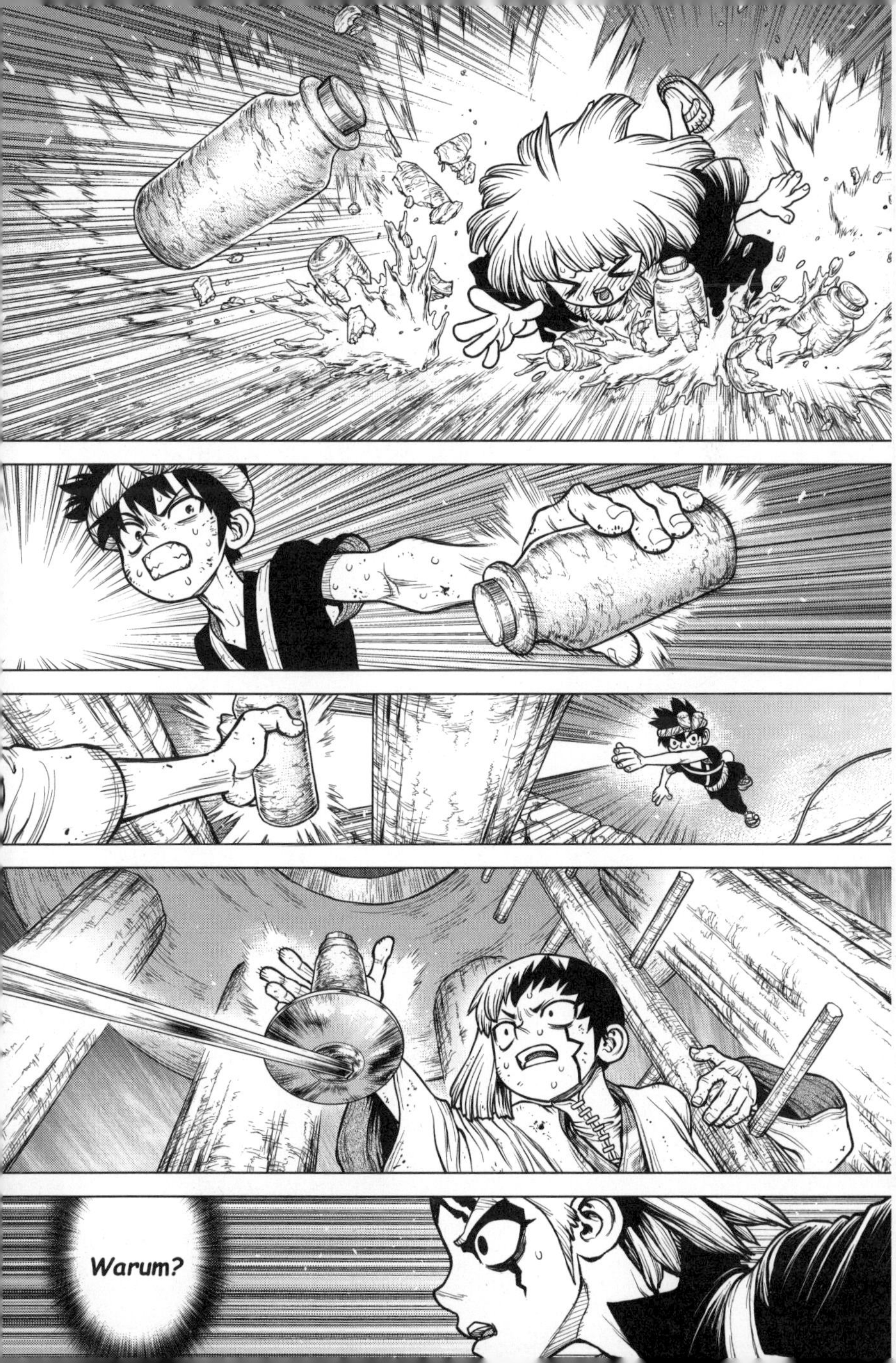
Warum?

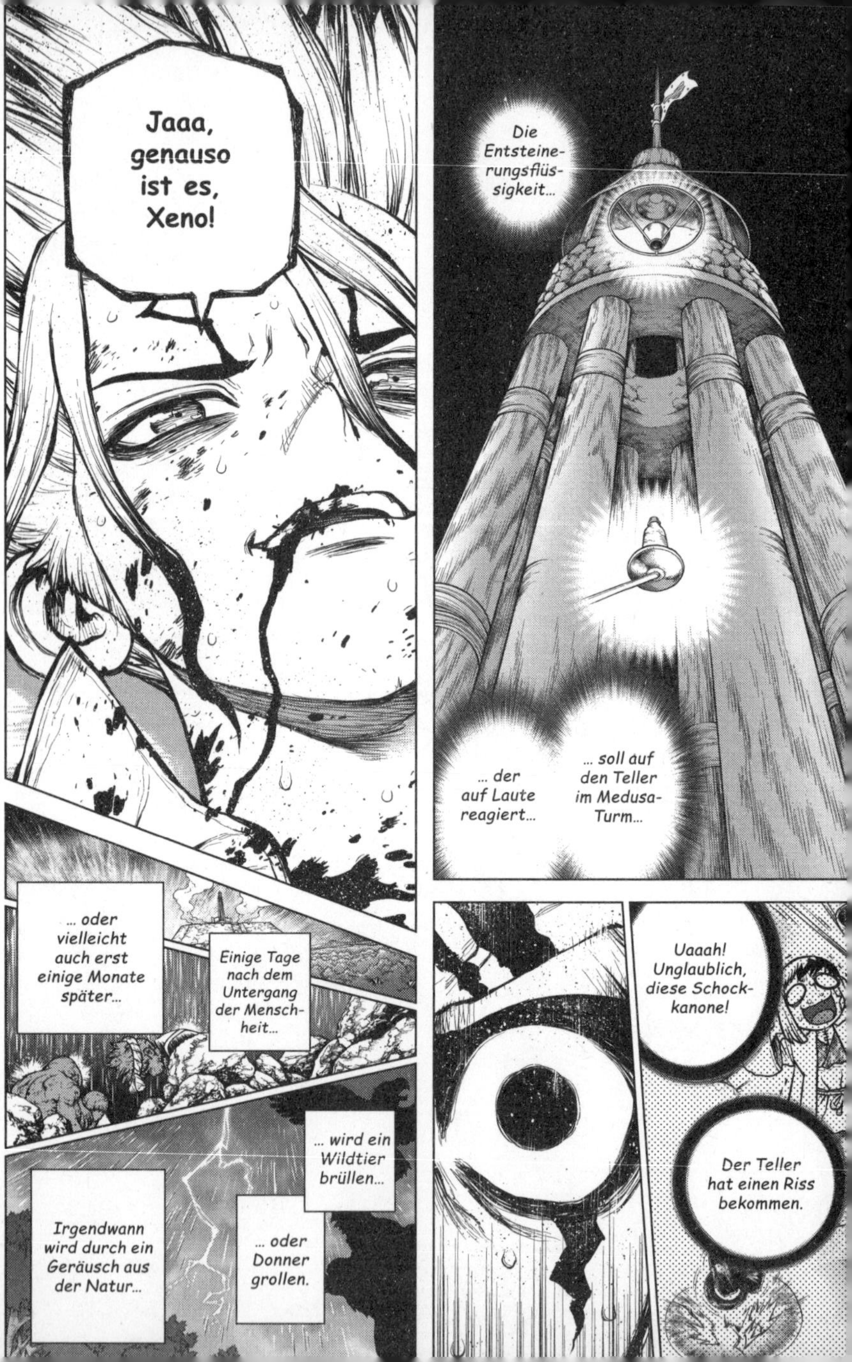

Jaaa, genauso ist es, Xeno!
Die Entsteine-rungsflüs-sigkeit...
... der auf Laute reagiert...
... soll auf den Teller im Medusa-Turm...
Einige Tage nach dem Untergang der Mensch-heit...
... oder vielleicht auch erst einige Monate später...
Irgendwann wird durch ein Geräusch aus der Natur...
... wird ein Wildtier brüllen...
... oder Donner grollen.
Uaaah! Unglaublich, diese Schock-kanone!
Der Teller hat einen Riss bekommen.

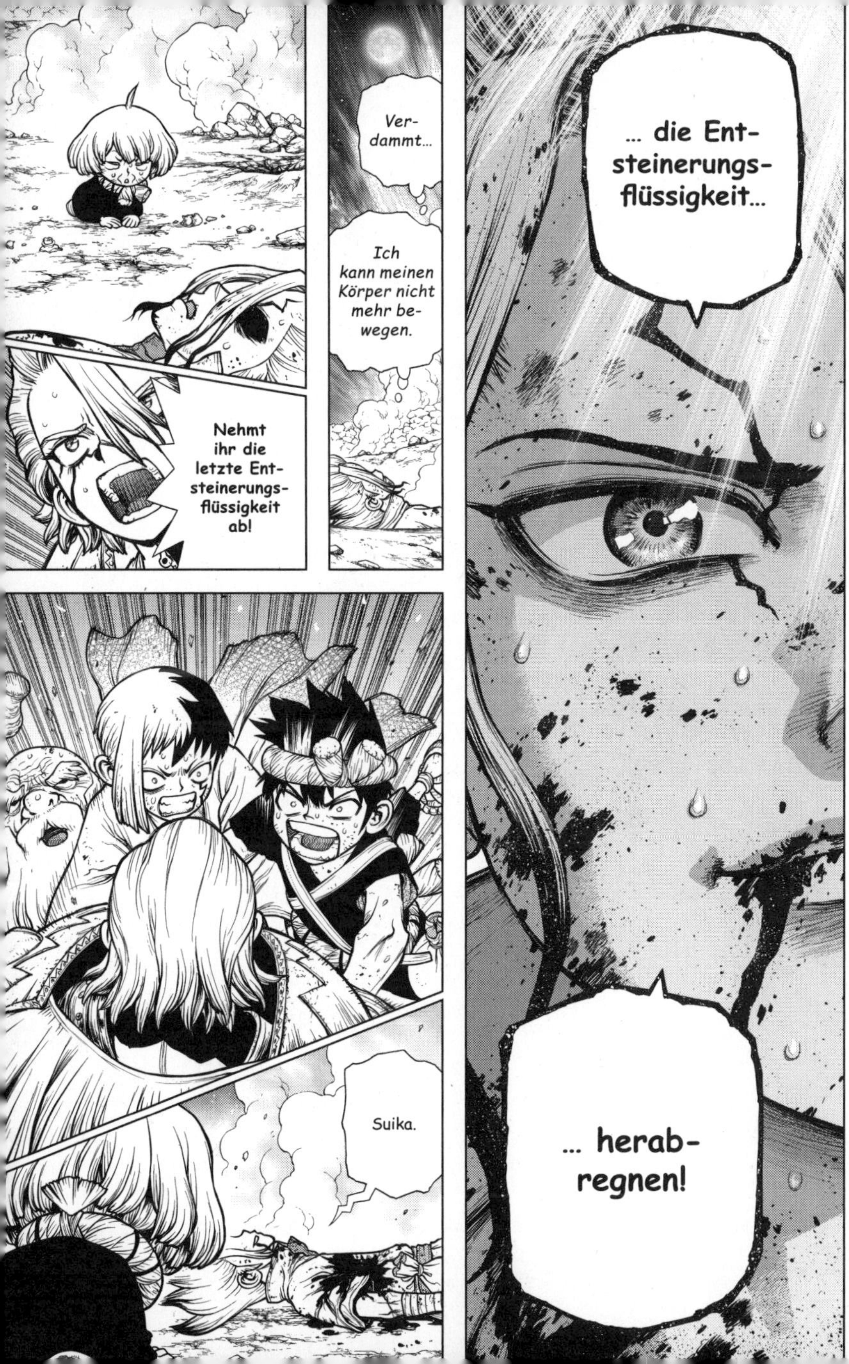
Verdammt...
Ich kann meinen Körper nicht mehr bewegen.
Nehmt ihr die letzte Entsteinerungsflüssigkeit ab!
Suika.
... die Entsteinerungsflüssigkeit...
... herabregnen!

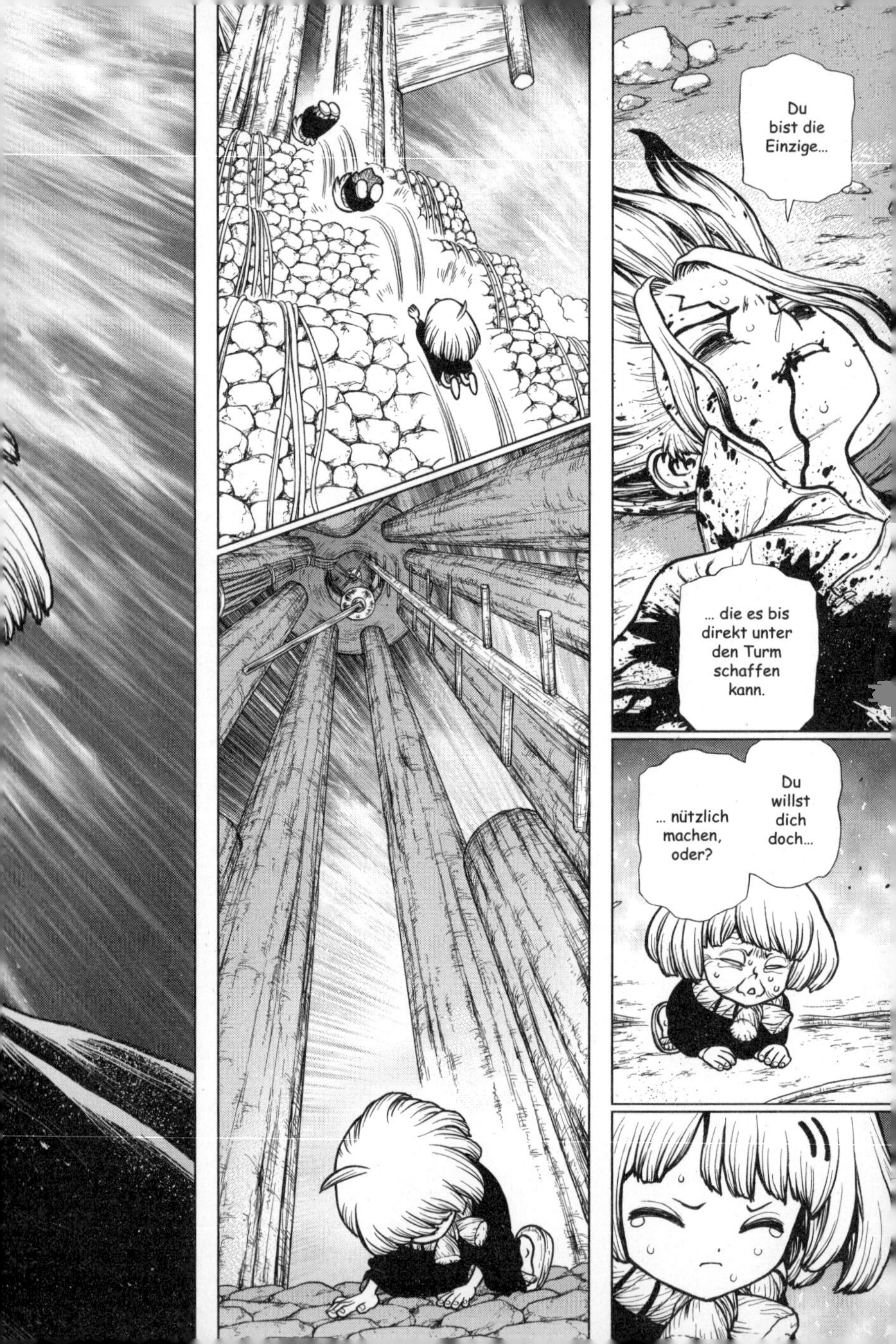
Du bist die Einzige...
... die es bis direkt unter den Turm schaffen kann.
Du willst dich doch...
... nützlich machen, oder?

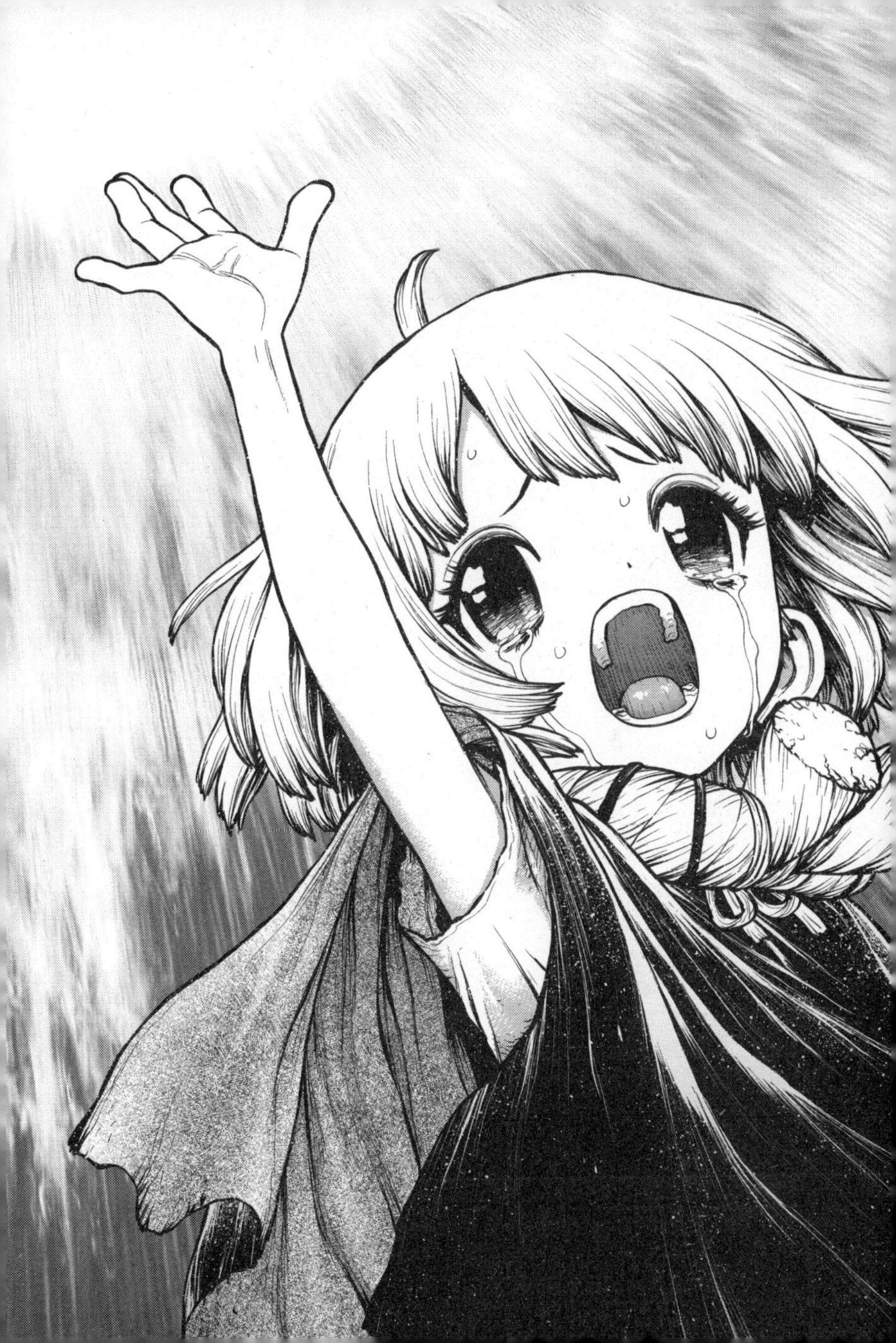

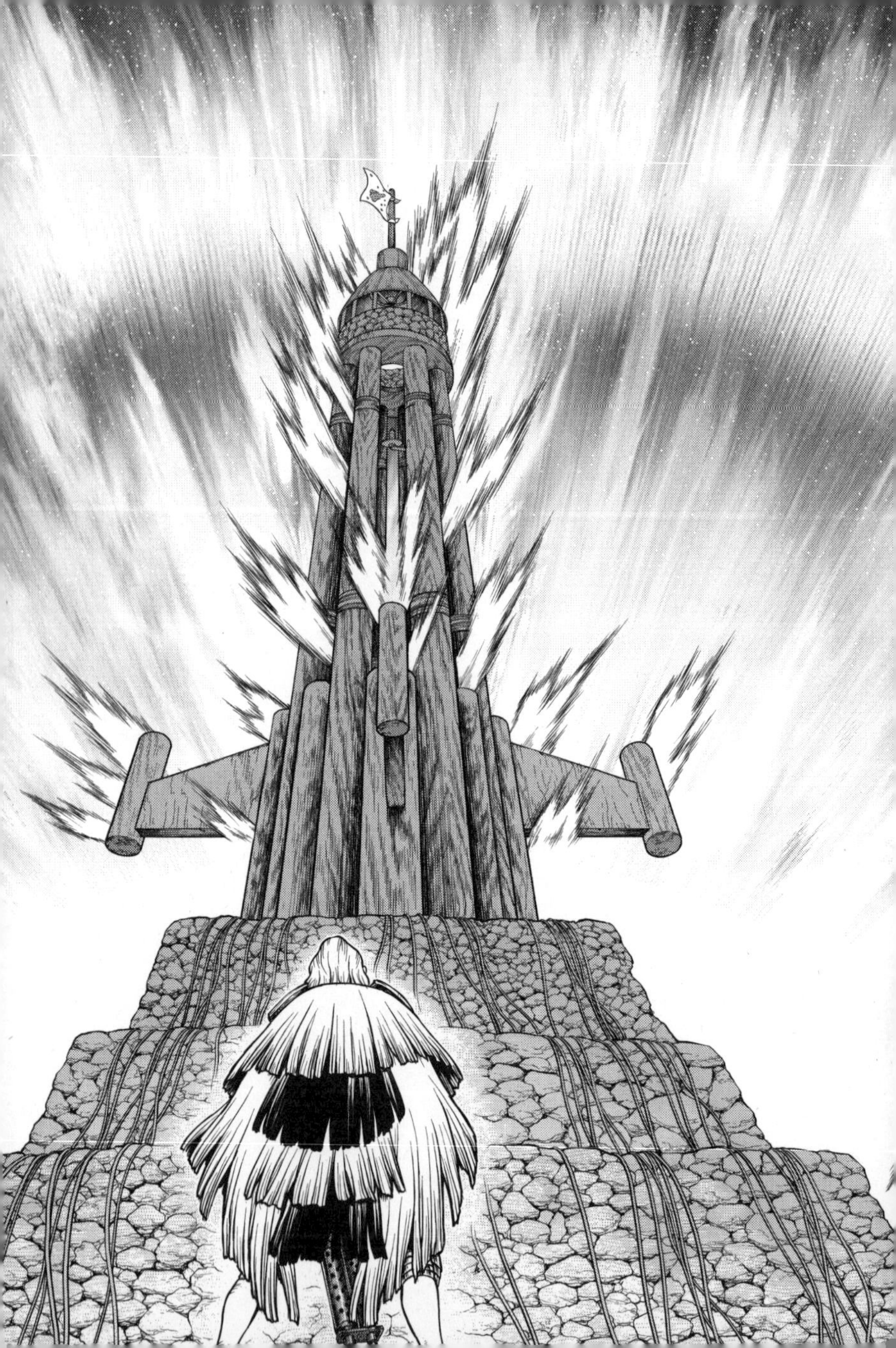

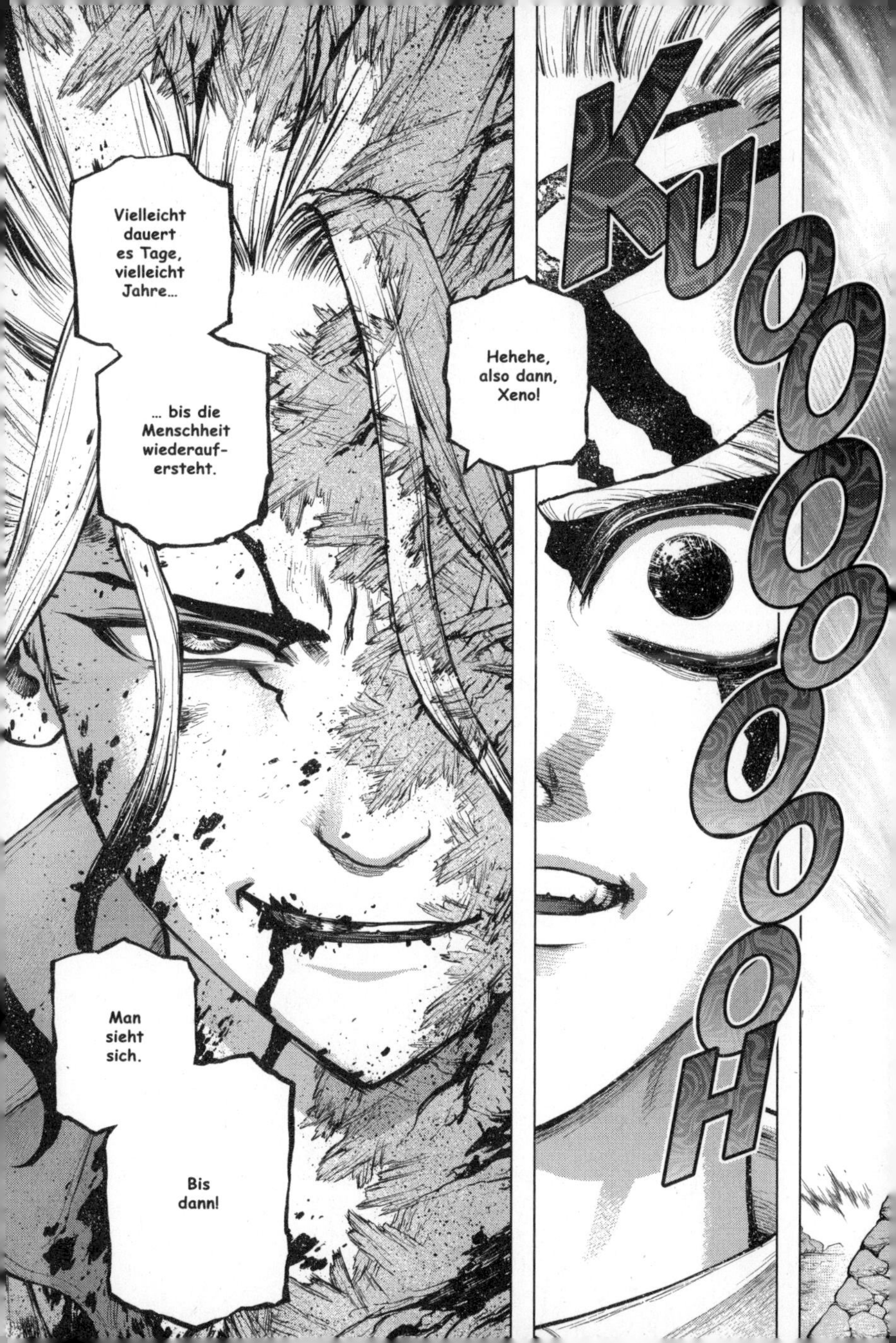

KUOOOOOOOH
Hehehe, also dann, Xeno!
Vielleicht dauert es Tage, vielleicht Jahre…
… bis die Menschheit wiederauf-ersteht.
Man sieht sich.
Bis dann!

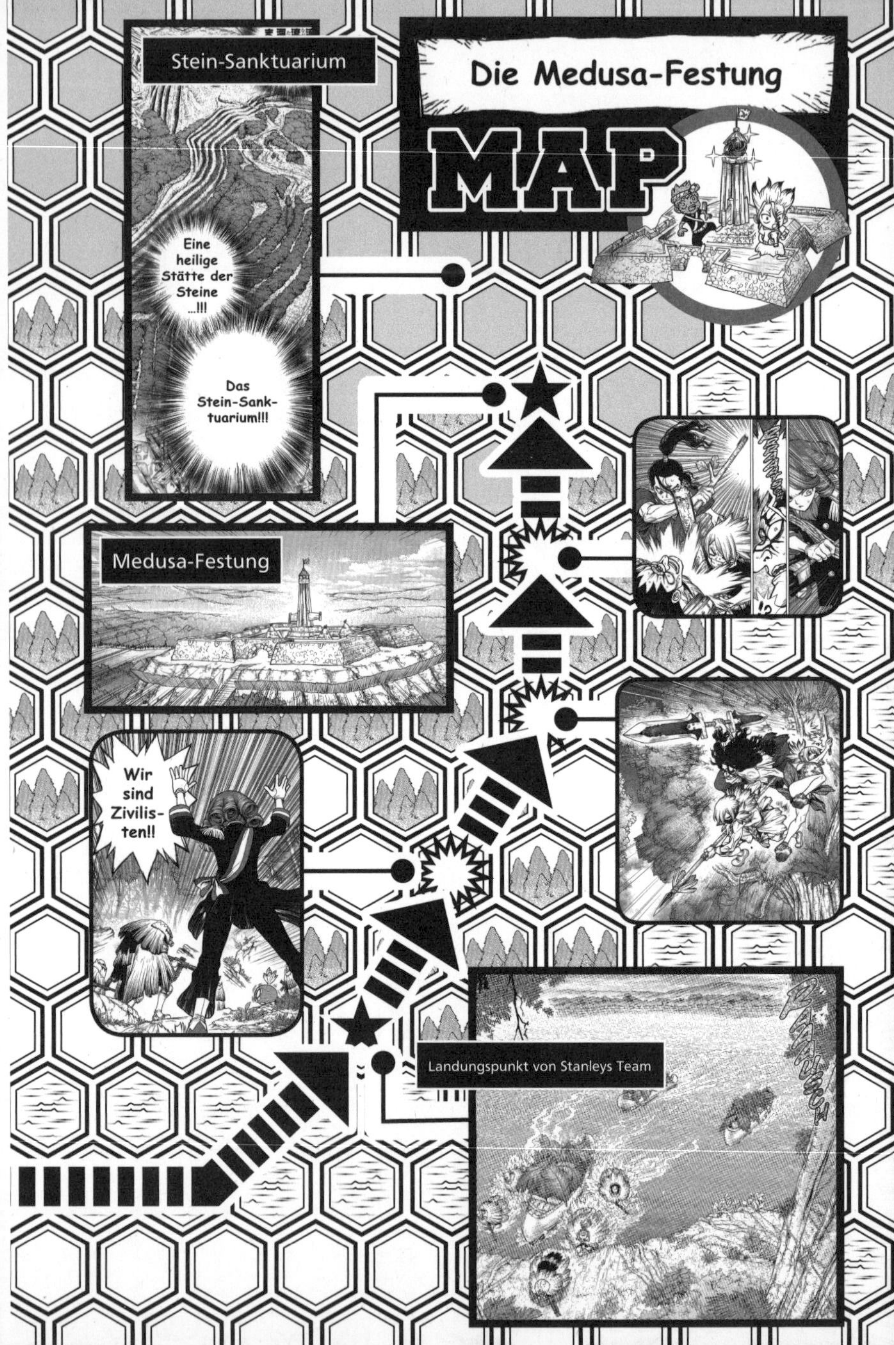
Die Medusa-Festung
MAP
Stein-Sanktuarium
Eine heilige Stätte der Steine ...!!!
Das Stein-Sanktuarium!!!
Medusa-Festung
Wir sind Zivilisten!!
Landungspunkt von Stanleys Team

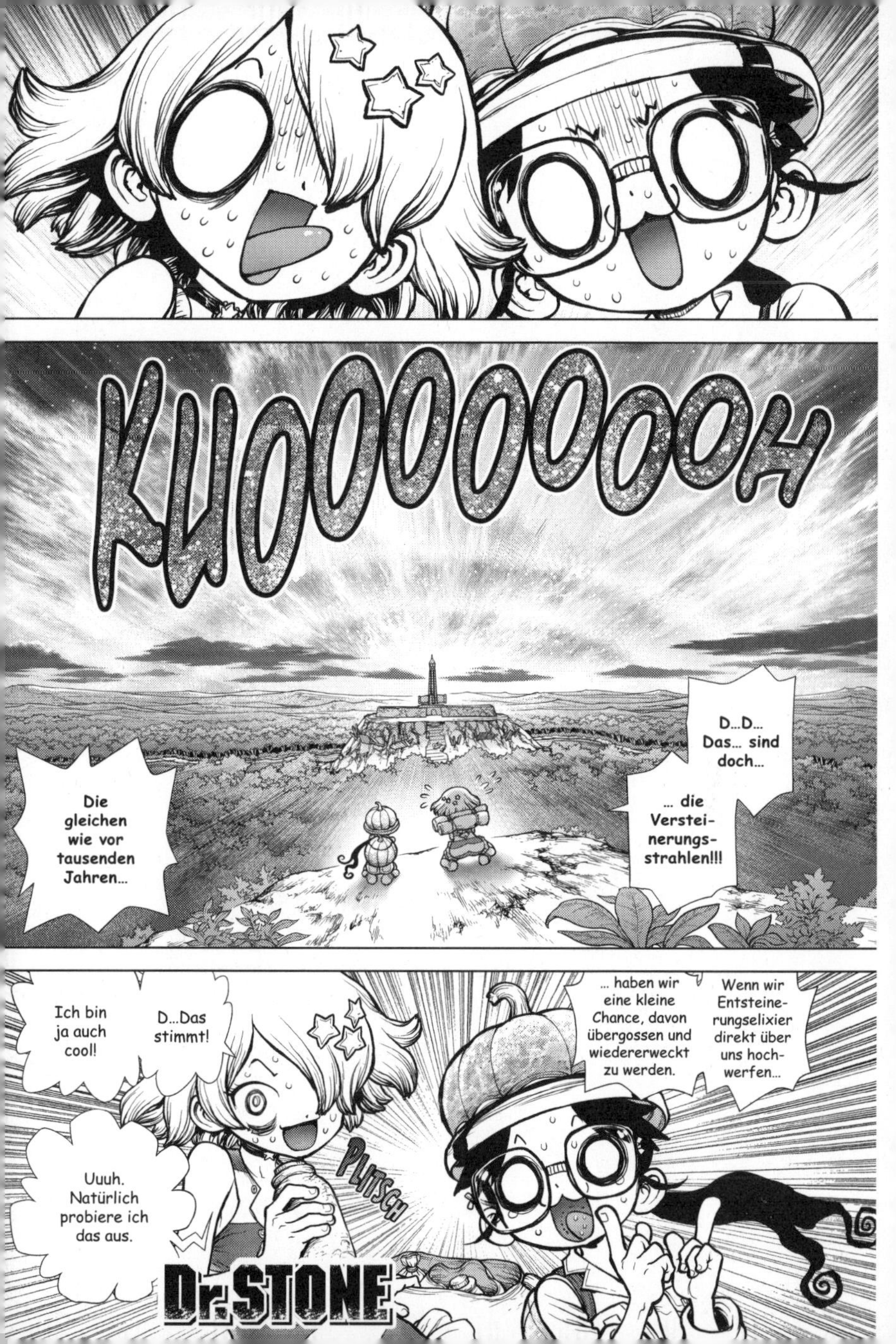
KUOOOOOOOH
D...D...
Das... sind
doch...
... die
Verstei-
nerungs-
strahlen!!!
Die
gleichen
wie vor
tausenden
Jahren...
Wenn wir
Entsteine-
rungselixier
direkt über
uns hoch-
werfen...
... haben wir
eine kleine
Chance, davon
übergossen und
wiedererweckt
zu werden.
D...Das
stimmt!
Ich bin
ja auch
cool!
PLITSCH
Uuuh.
Natürlich
probiere ich
das aus.
Dr.STONE

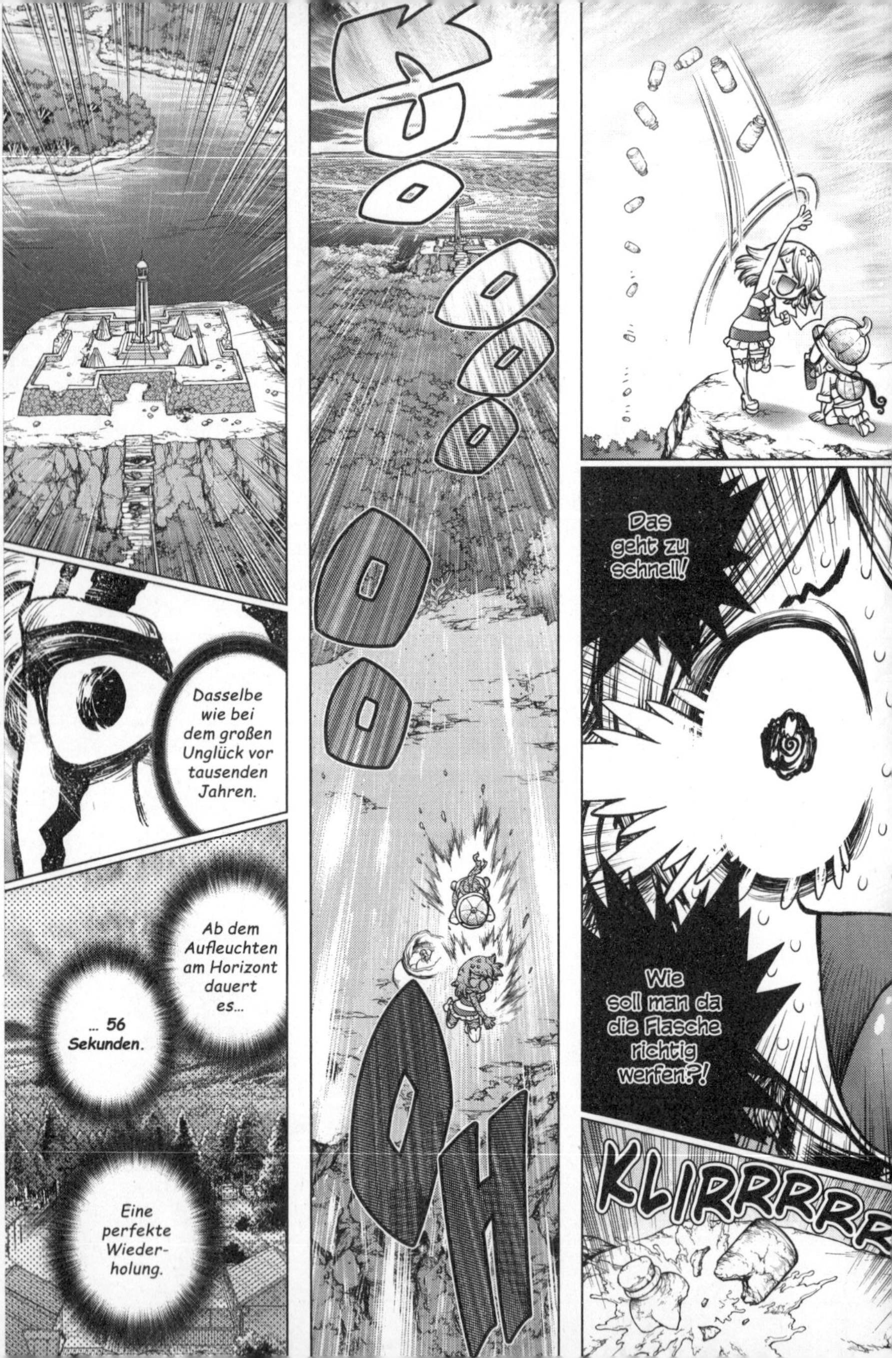
Das geht zu schnell!
Wie soll man da die Flasche richtig werfen?!
KLIRRRRR
GOOOOOOOOH
Dasselbe wie bei dem großen Unglück vor tausenden Jahren.
Ab dem Aufleuchten am Horizont dauert es...
... 56 Sekunden.
Eine perfekte Wiederholung.

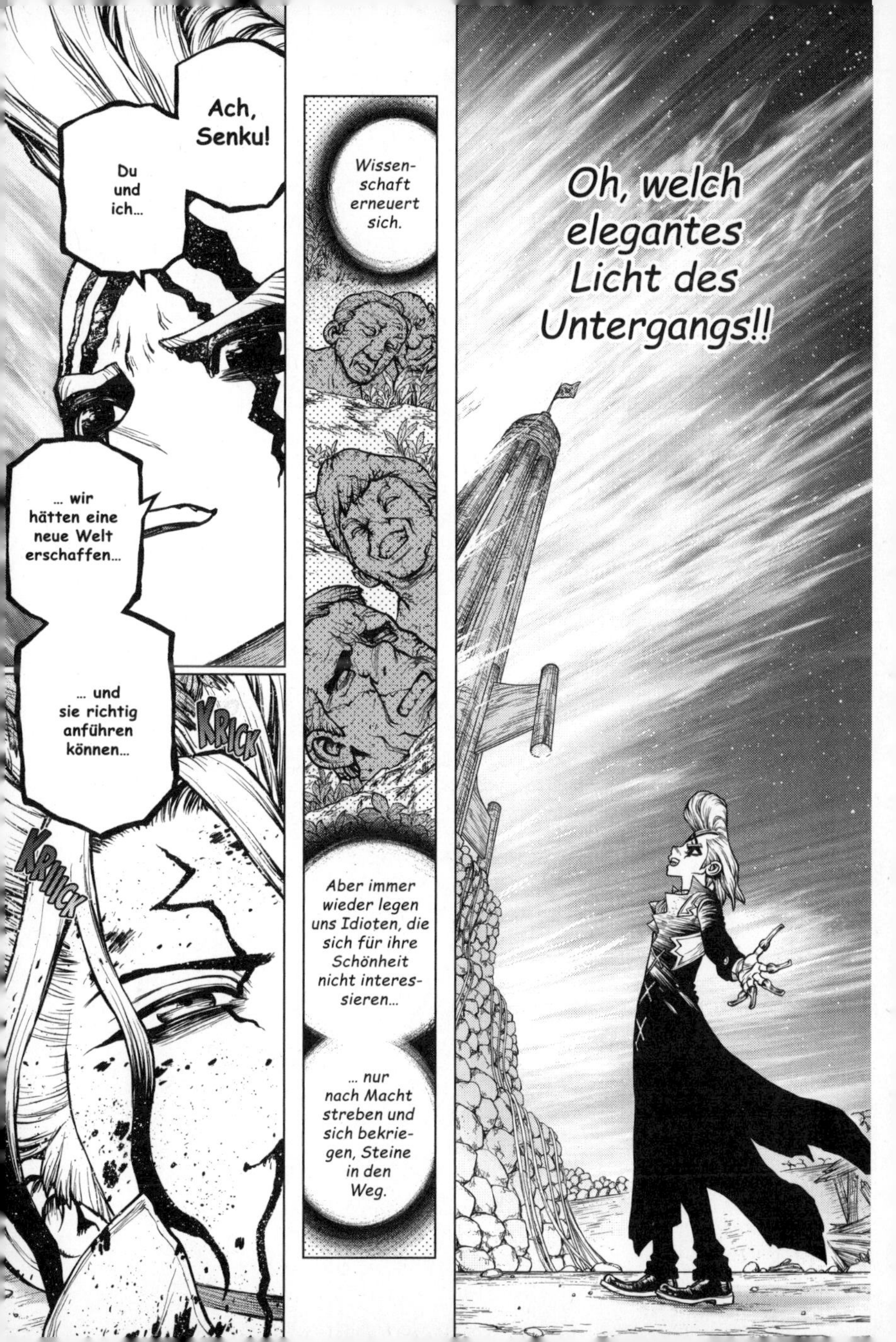
Oh, welch elegantes Licht des Untergangs!!
Wissenschaft erneuert sich.
Aber immer wieder legen uns Idioten, die sich für ihre Schönheit nicht interessieren...
... nur nach Macht streben und sich bekriegen, Steine in den Weg.
Ach, Senku!
Du und ich...
... wir hätten eine neue Welt erschaffen...
... und sie richtig anführen können...
KRICK
KRIICK

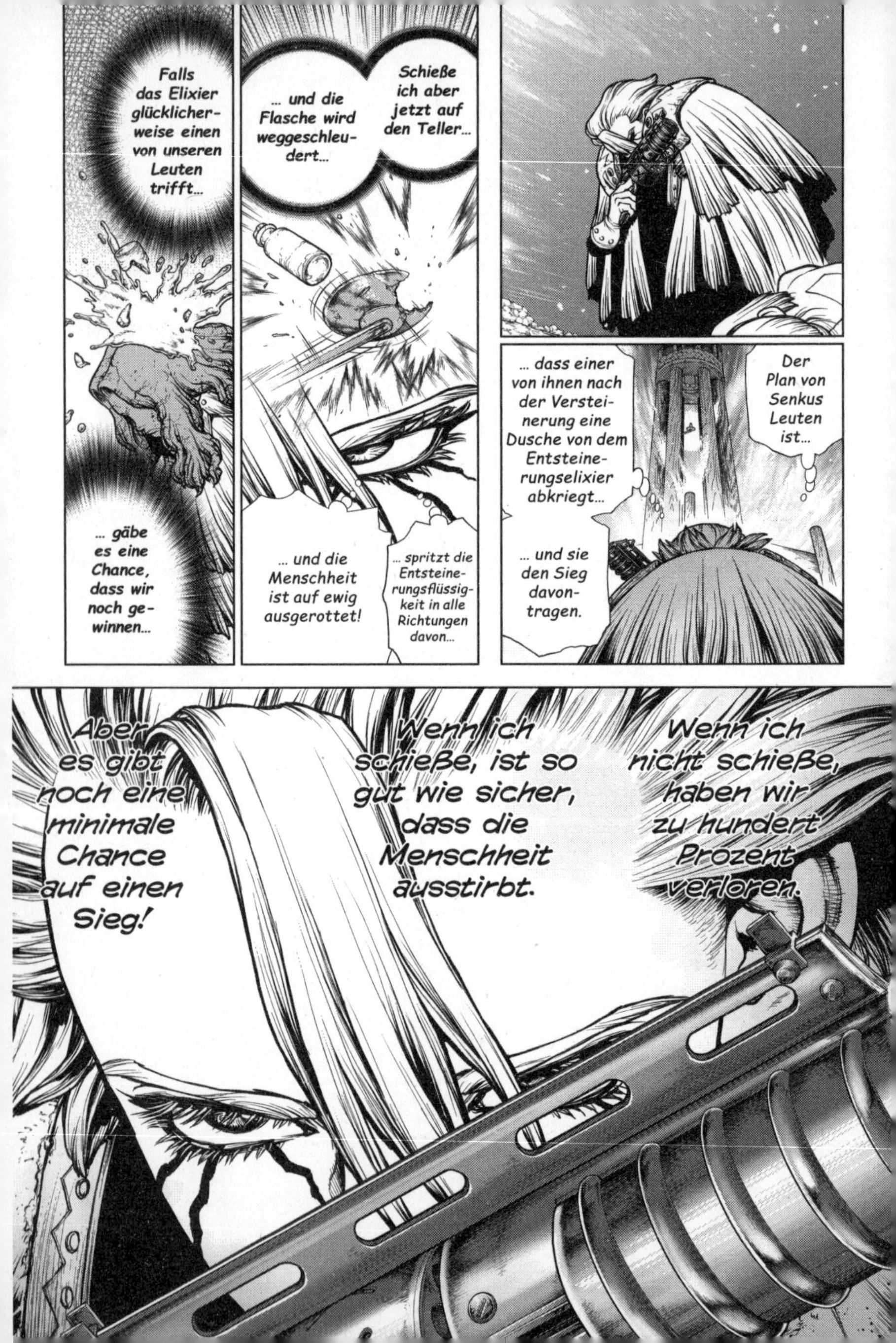
Der Plan von Senkus Leuten ist...
... dass einer von ihnen nach der Versteinerung eine Dusche von dem Entsteinerungselixier abkriegt...
... und sie den Sieg davontragen.
Schieße ich aber jetzt auf den Teller...
... und die Flasche wird weggeschleudert...
... spritzt die Entsteinerungsflüssigkeit in alle Richtungen davon...
... und die Menschheit ist auf ewig ausgerottet!
Falls das Elixier glücklicherweise einen von unseren Leuten trifft...
... gäbe es eine Chance, dass wir noch gewinnen...
Wenn ich nicht schieße, haben wir zu hundert Prozent verloren.
Wenn ich schieße, ist so gut wie sicher, dass die Menschheit ausstirbt.
Aber es gibt noch eine minimale Chance auf einen Sieg!

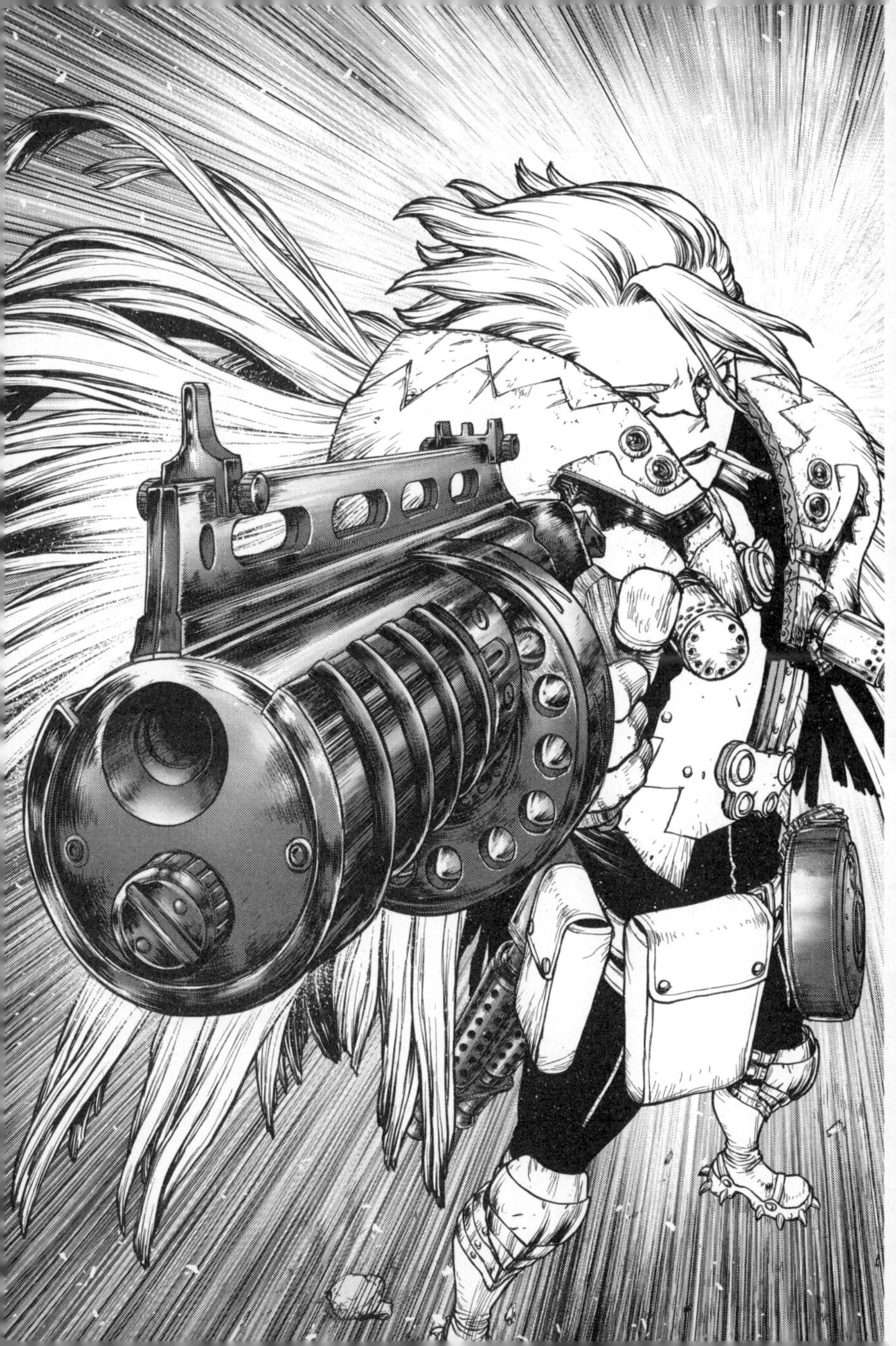

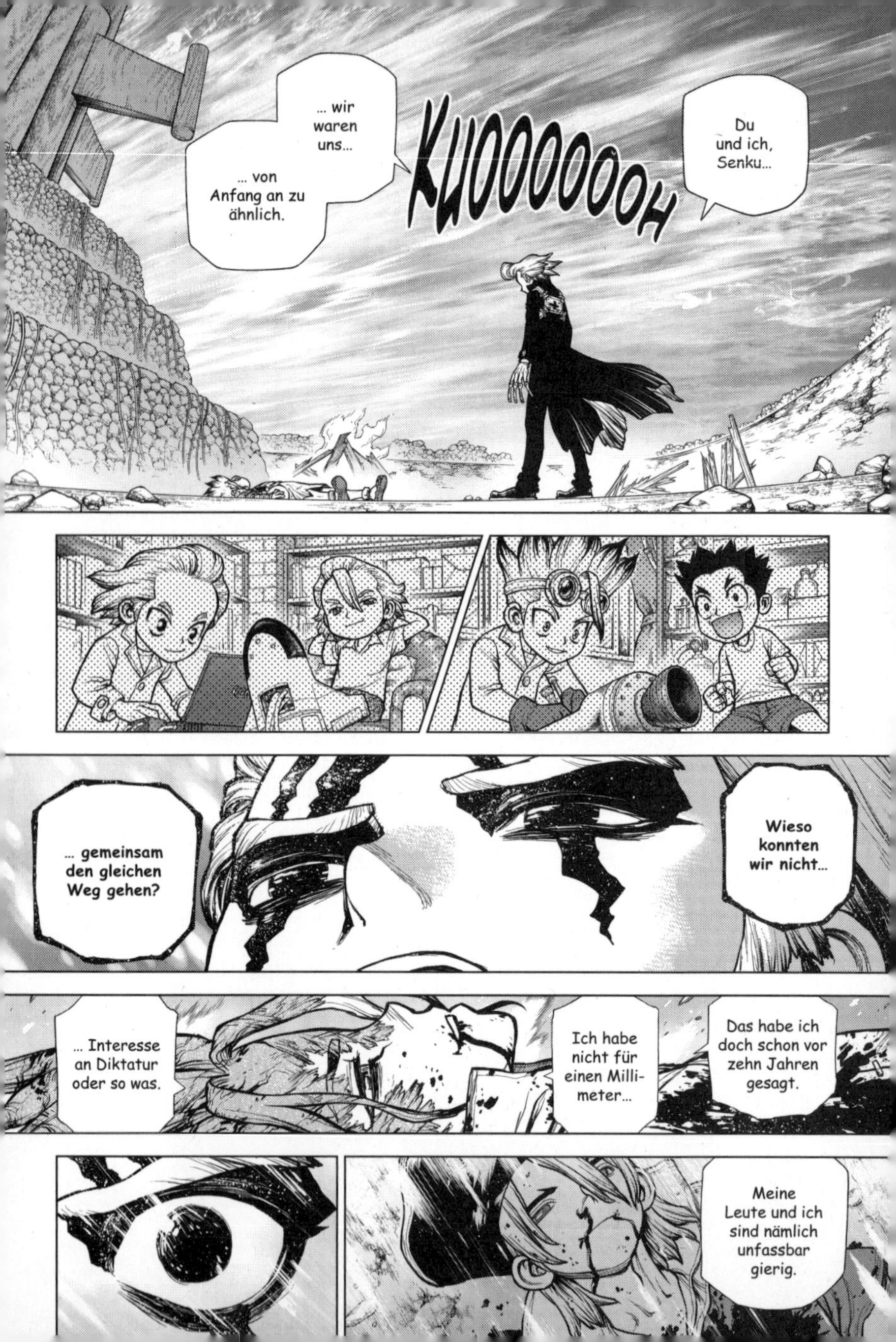
Du und ich, Senku...
KUOOOOOOOH
... wir waren uns...
... von Anfang an zu ähnlich.
Wieso konnten wir nicht...
... gemeinsam den gleichen Weg gehen?
Das habe ich doch schon vor zehn Jahren gesagt.
Ich habe nicht für einen Milli-meter...
... Interesse an Diktatur oder so was.
Meine Leute und ich sind nämlich unfassbar gierig.

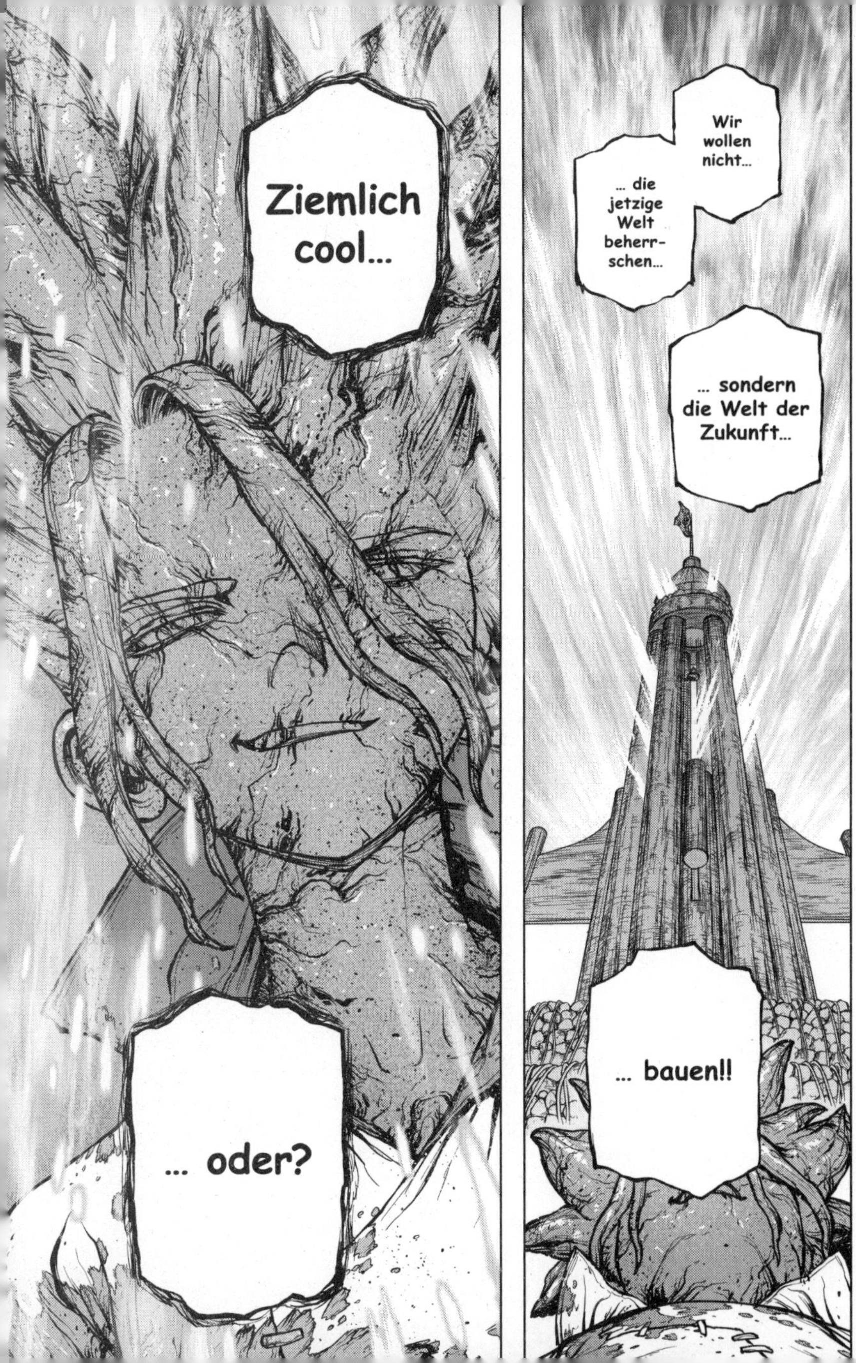
Wir wollen nicht...
... die jetzige Welt beherr-schen...
... sondern die Welt der Zukunft...
... bauen!!
Ziemlich cool...
... oder?

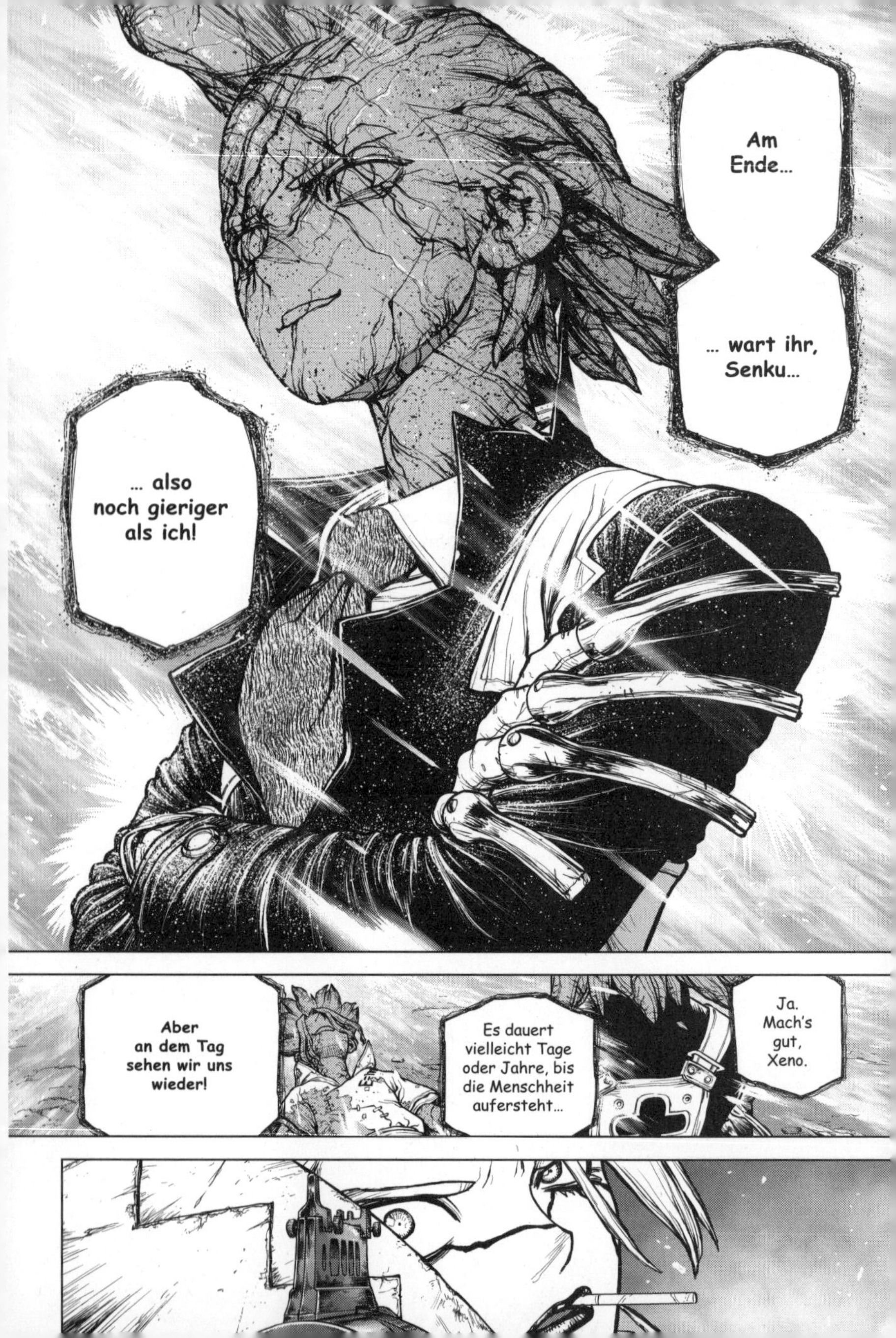
Am Ende...
... wart ihr, Senku...
... also noch gieriger als ich!
Ja. Mach's gut, Xeno.
Es dauert vielleicht Tage oder Jahre, bis die Menschheit aufersteht...
Aber an dem Tag sehen wir uns wieder!

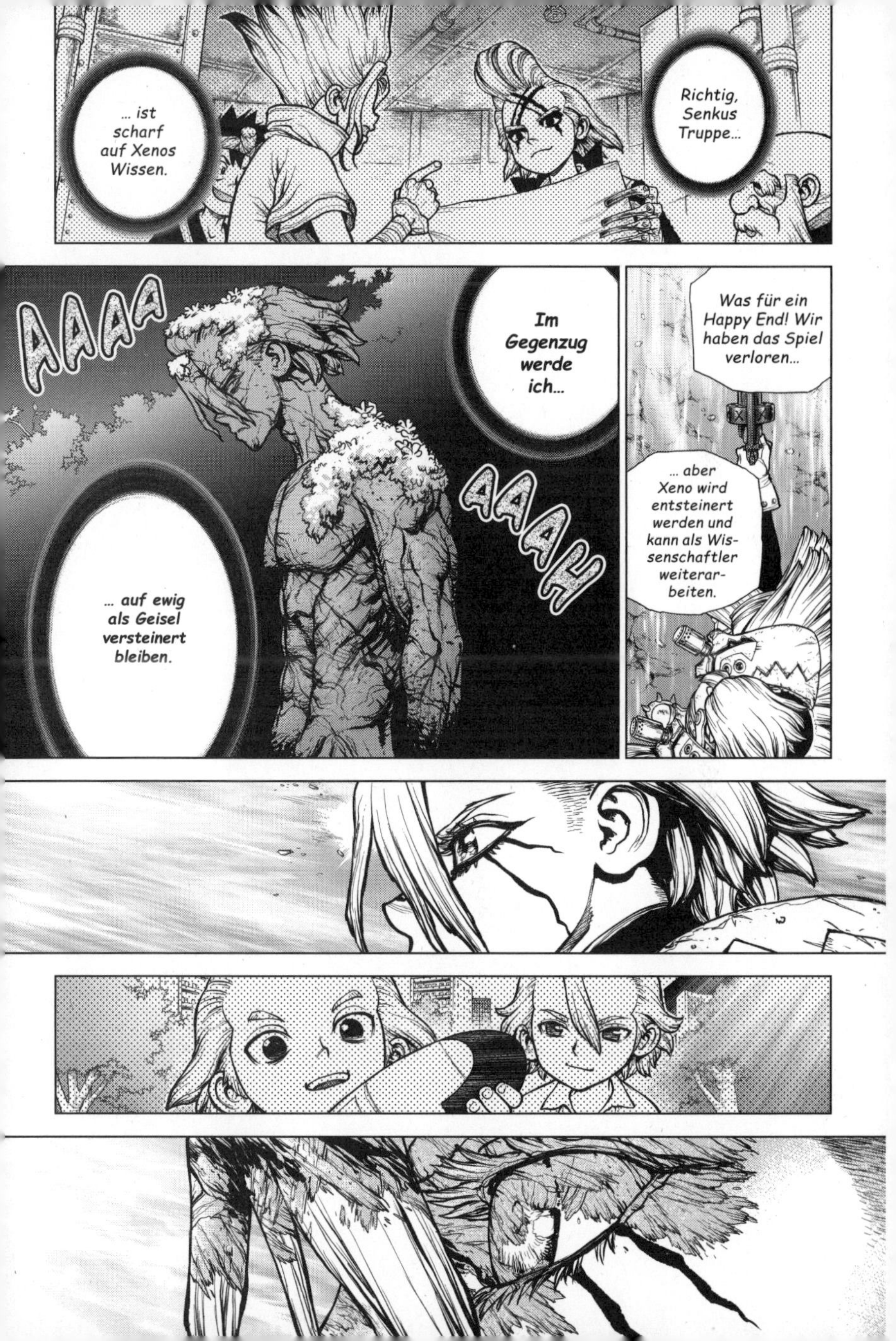
Richtig, Senkus Truppe...
... ist scharf auf Xenos Wissen.
Was für ein Happy End! Wir haben das Spiel verloren...
... aber Xeno wird entsteinert werden und kann als Wissenschaftler weiterarbeiten.
Im Gegenzug werde ich...
AAAA
AAAAH
... auf ewig als Geisel versteinert bleiben.

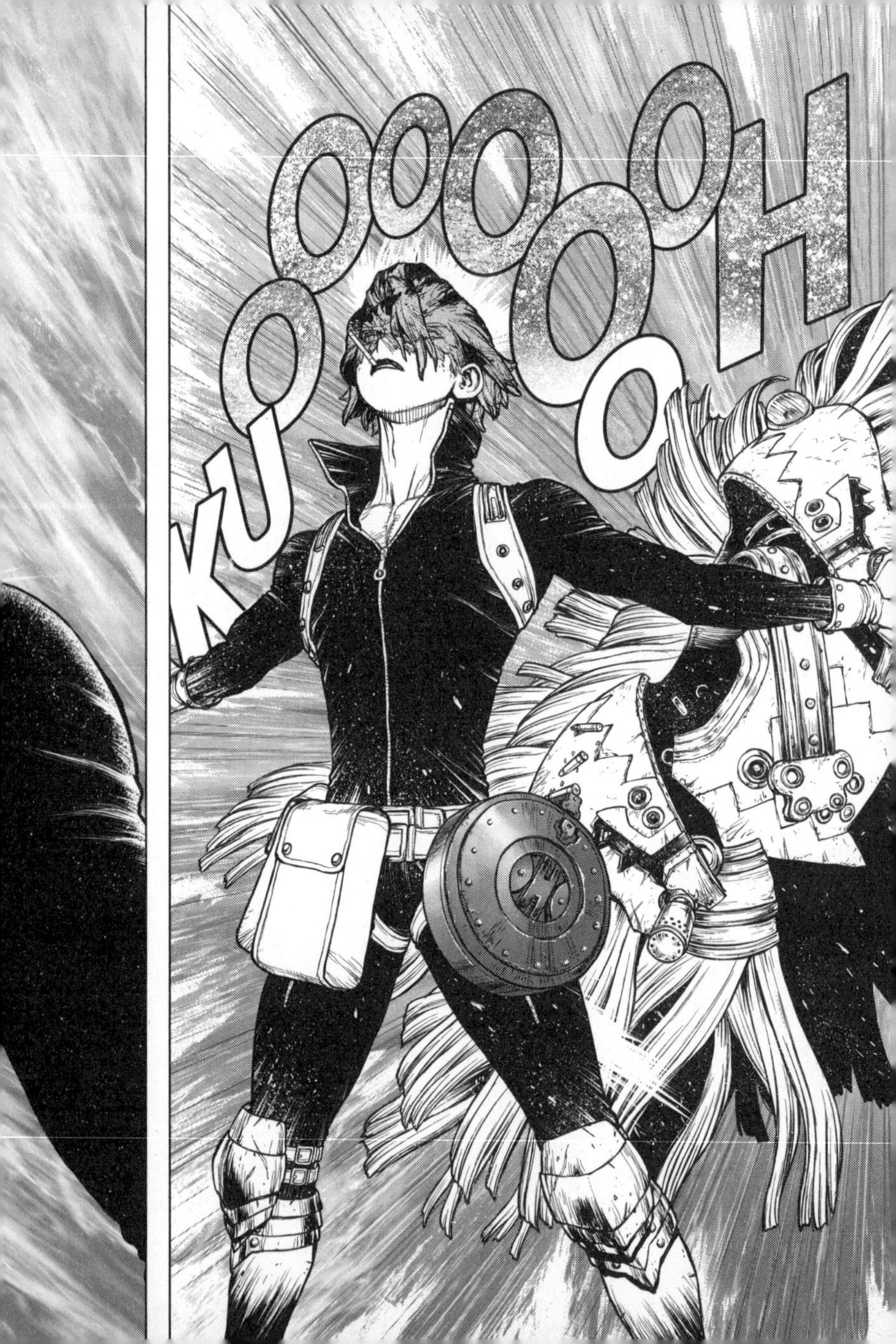
KUOOOOOOOOOH

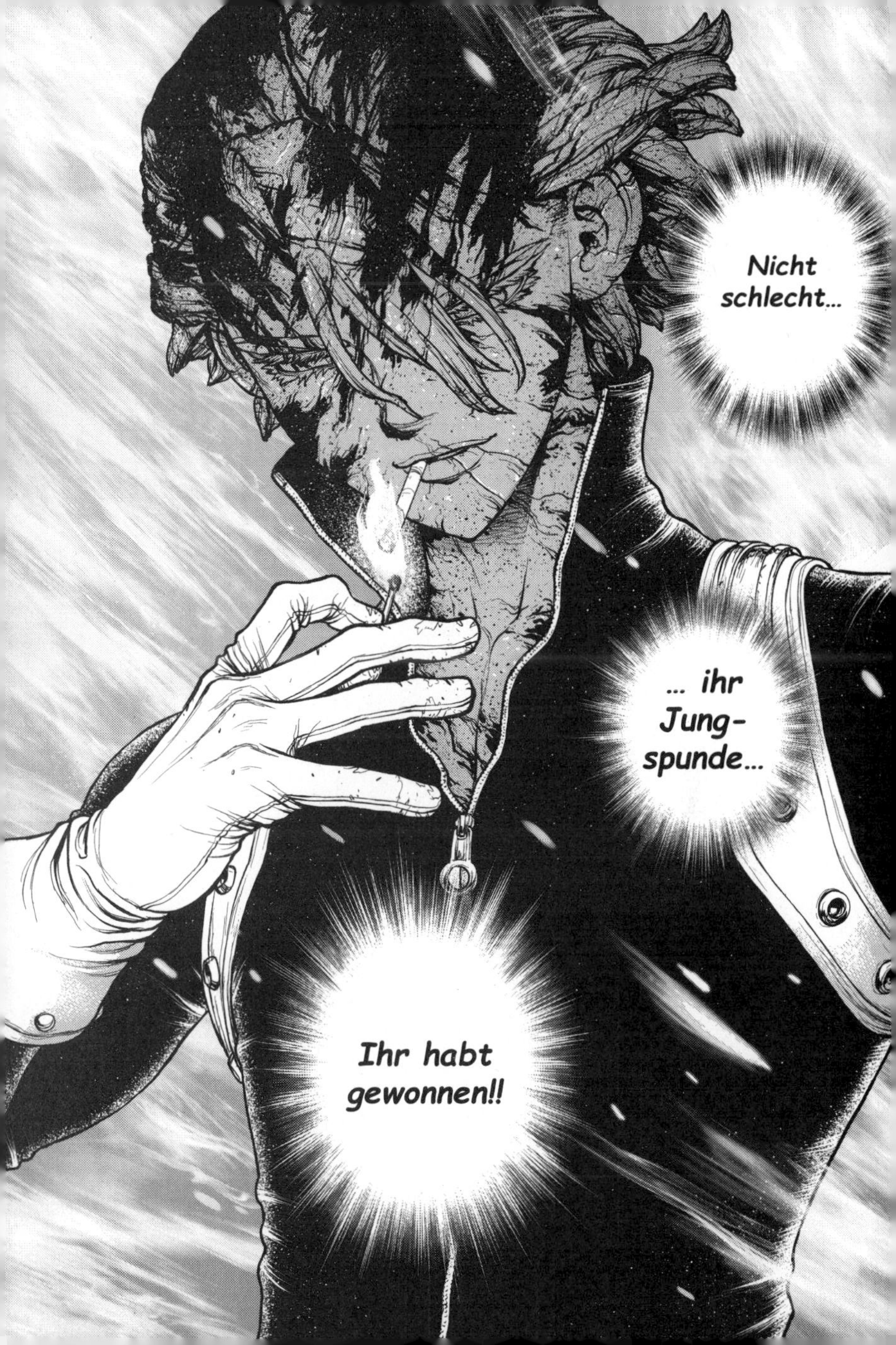
Nicht schlecht...
... ihr Jung-spunde...
Ihr habt gewonnen!!

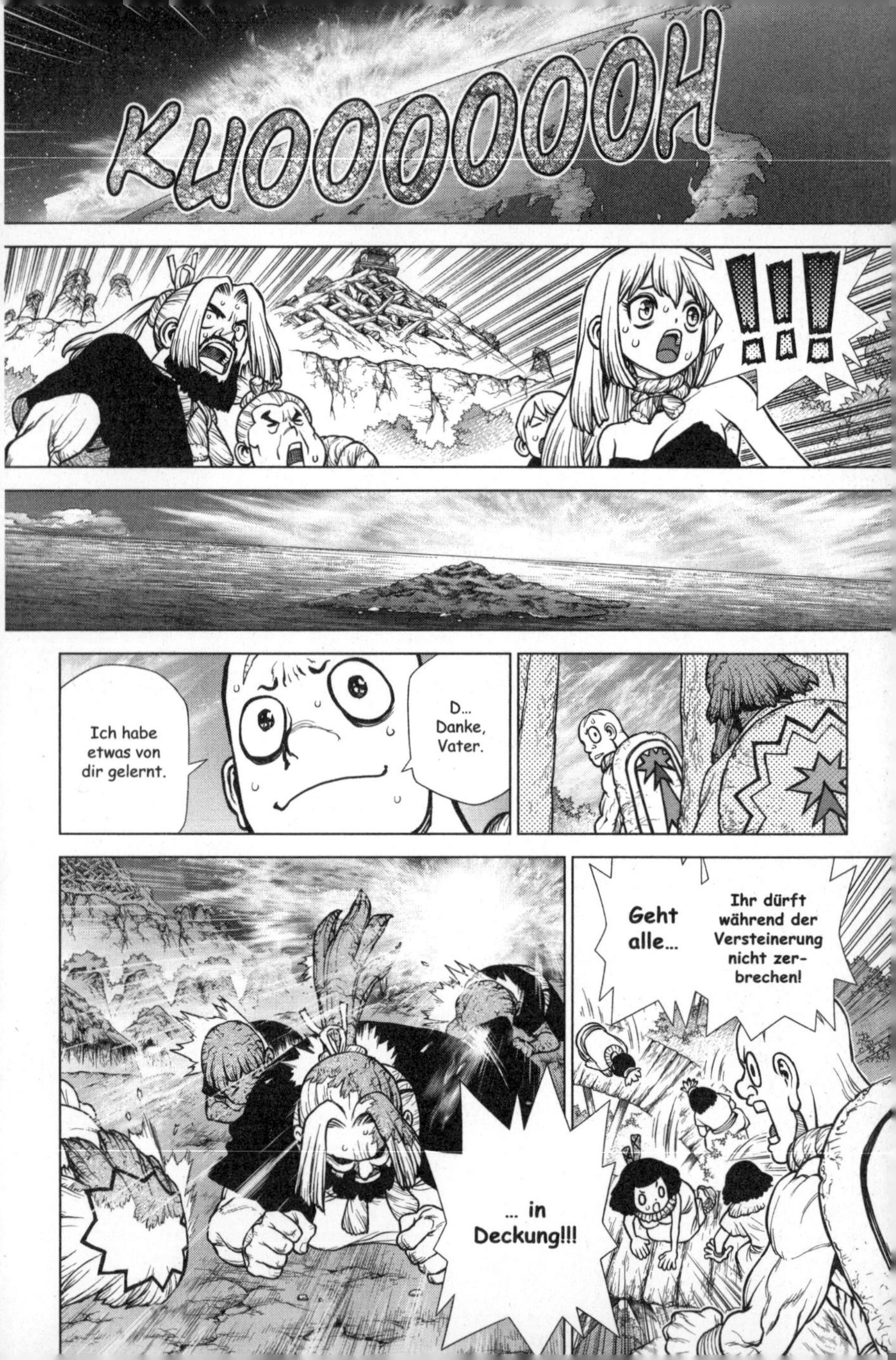
KUOOOOOOOH
!!!
D... Danke, Vater.
Ich habe etwas von dir gelernt.
Ihr dürft während der Versteinerung nicht zerbrechen!
Geht alle...
... in Deckung!!!

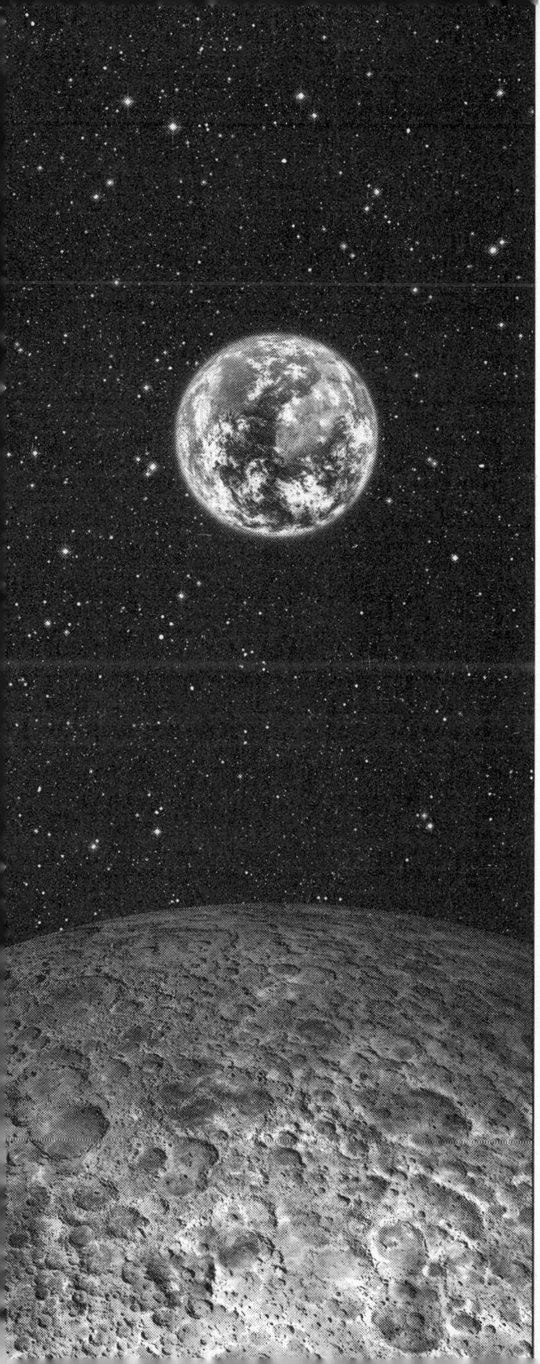
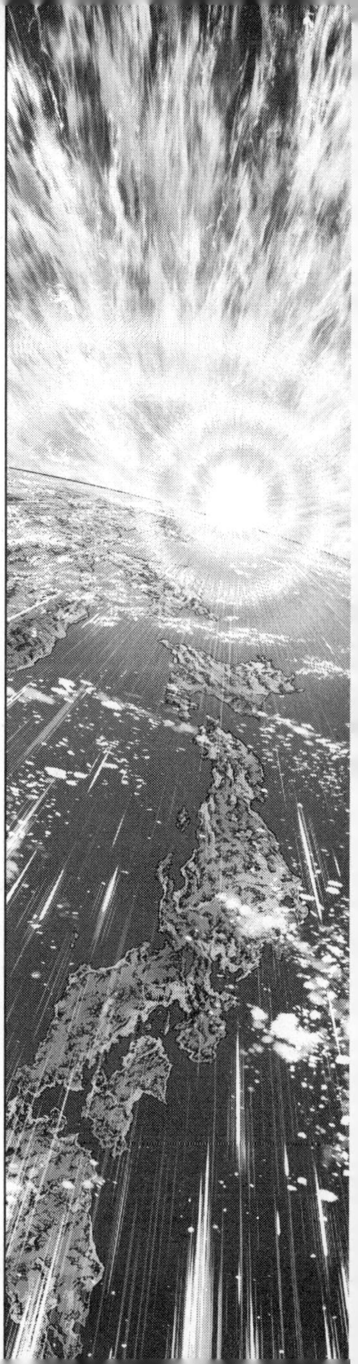

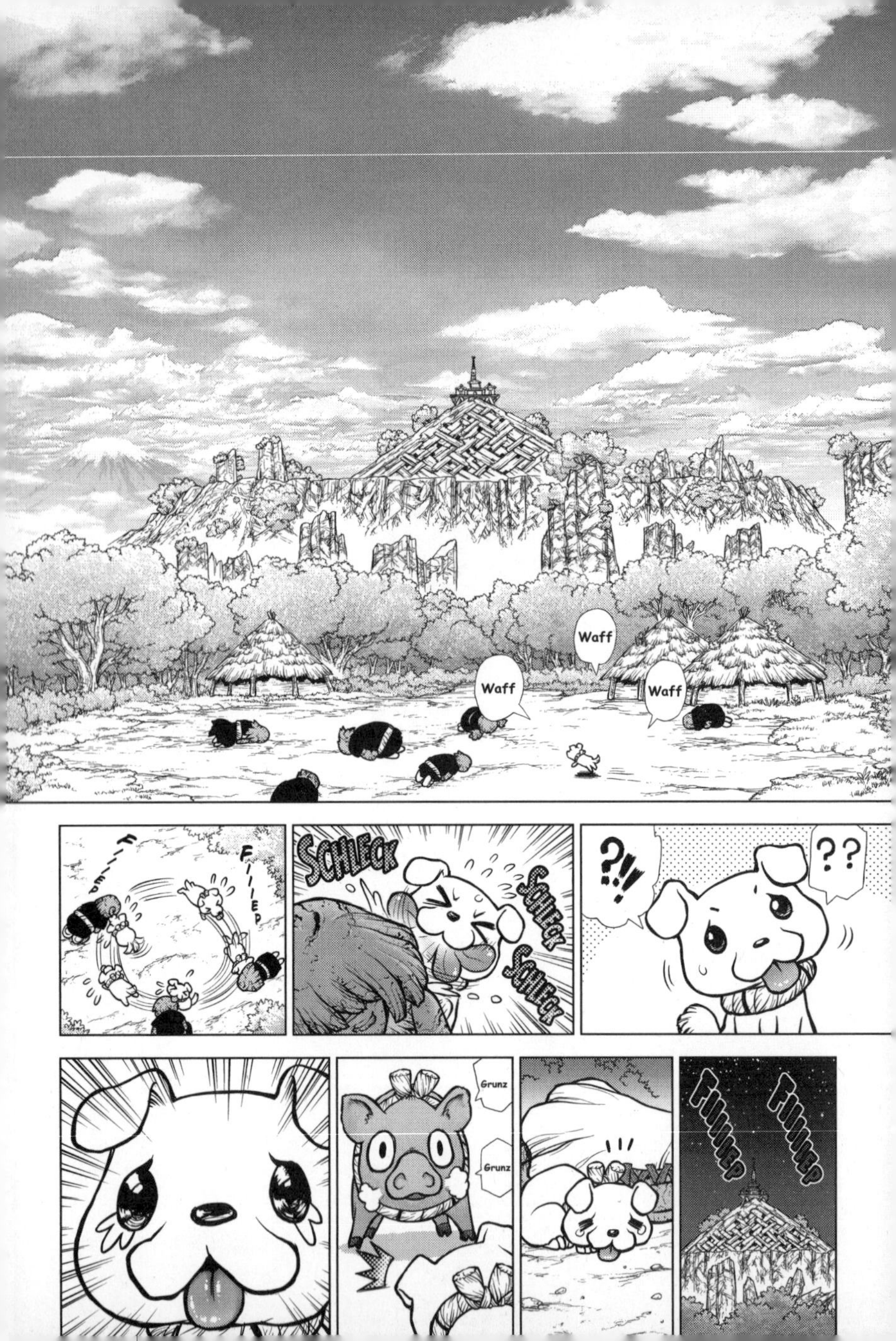
Waff
Waff
Waff
??
?!!
SCHLECK
SCHLECK
SCHLECK
Grunz
Grunz

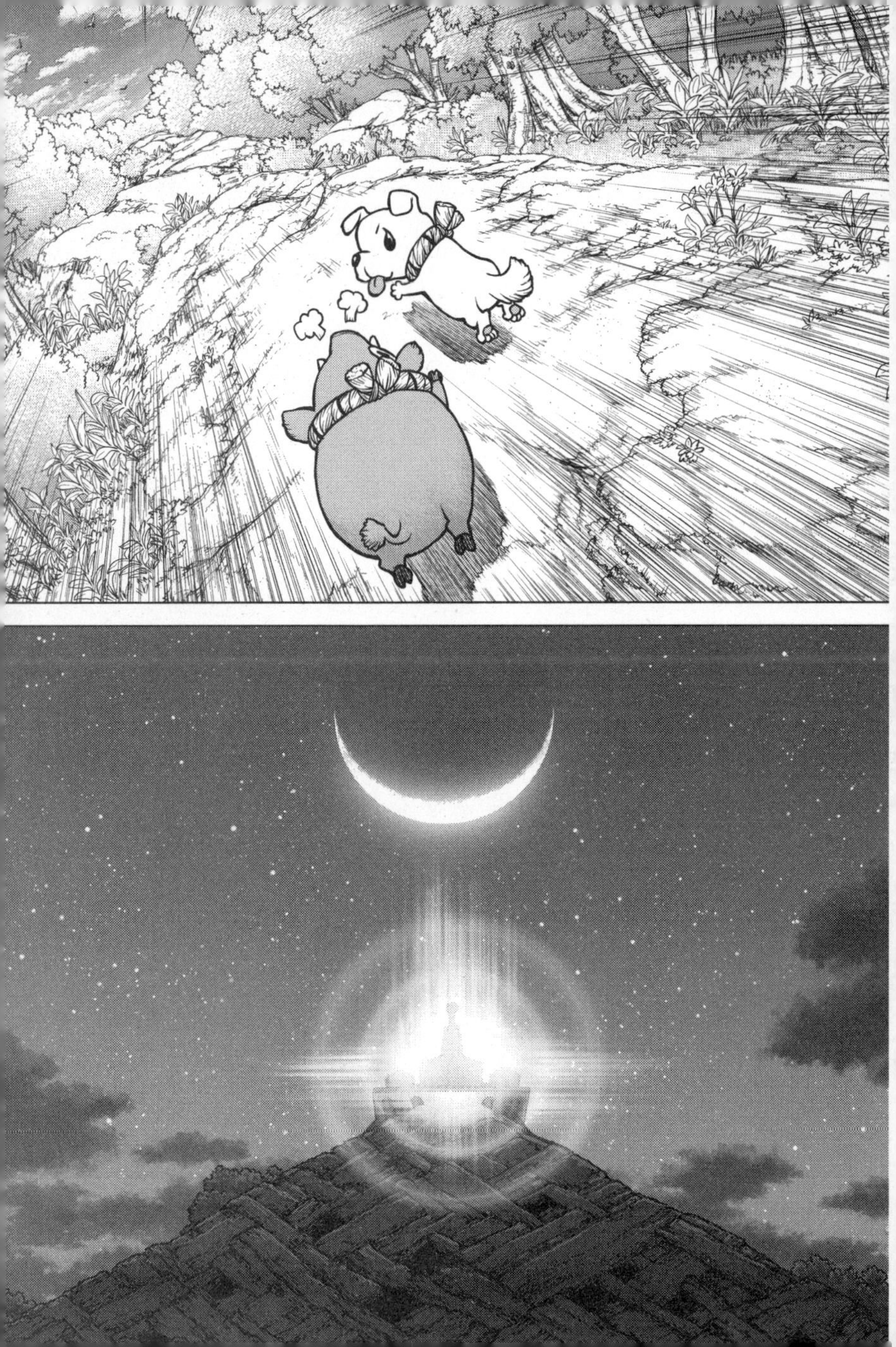

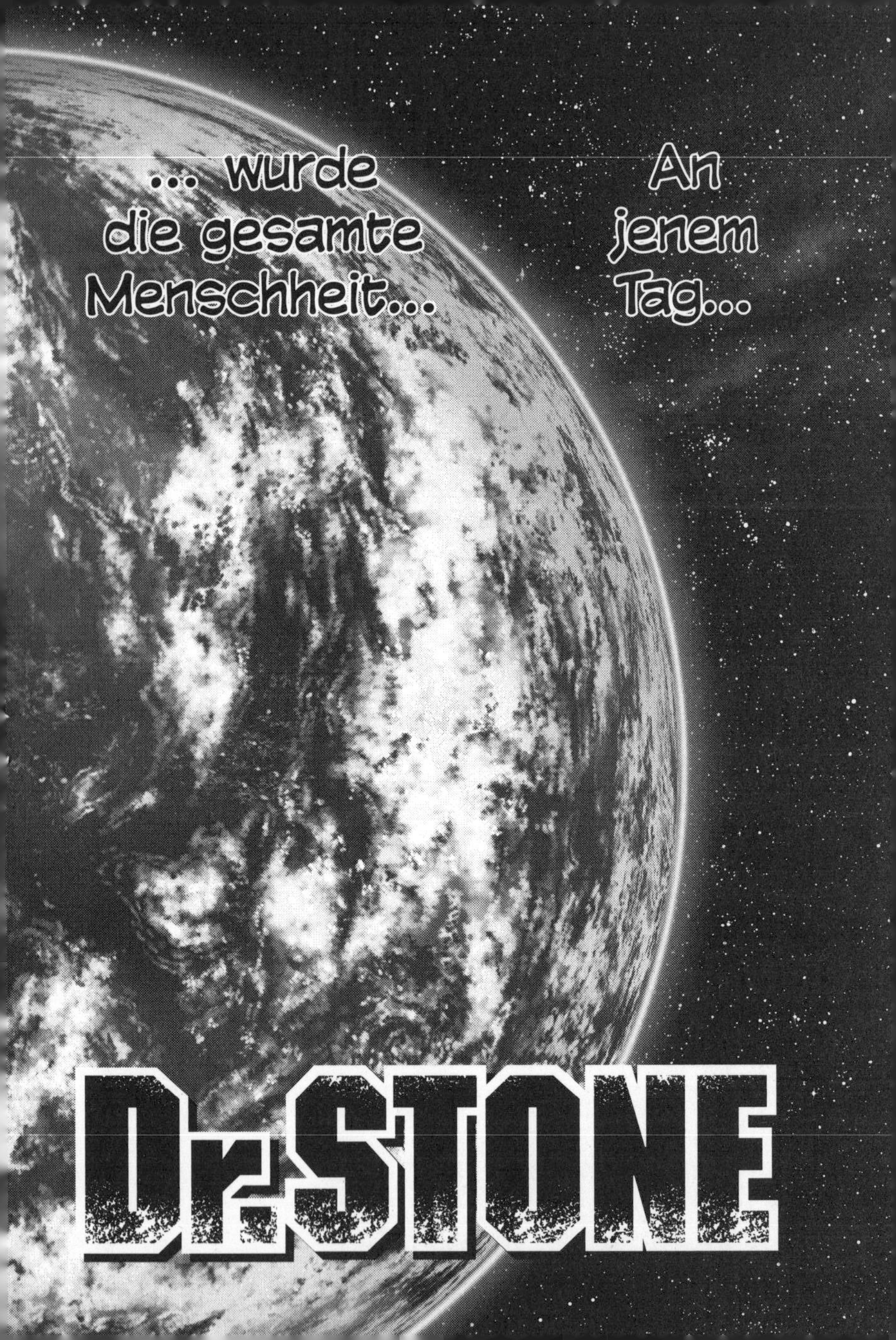
An jenem Tag...
... wurde die gesamte Menschheit...
Dr.STONE

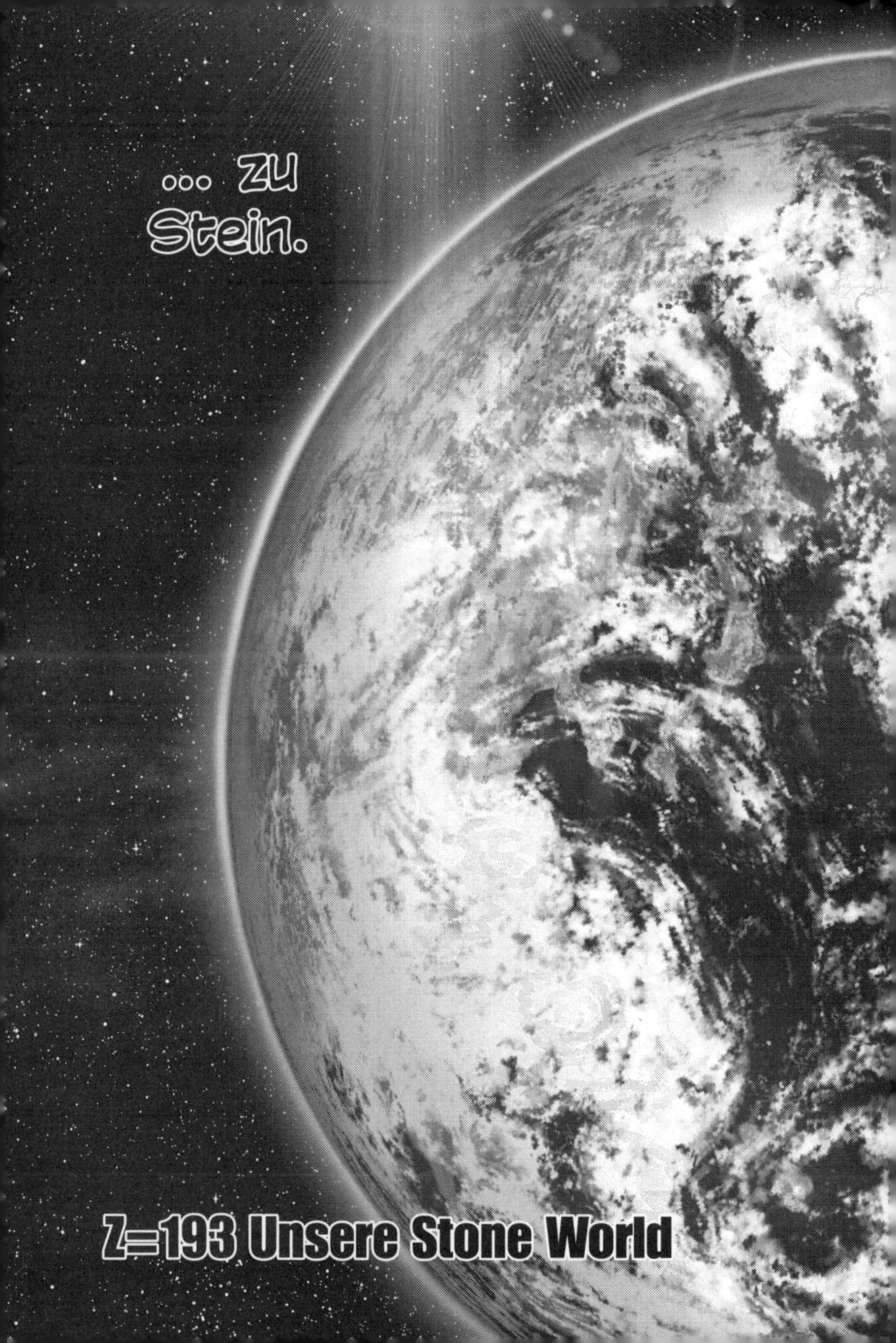
... zu
Stein.
Z=193 Unsere Stone World

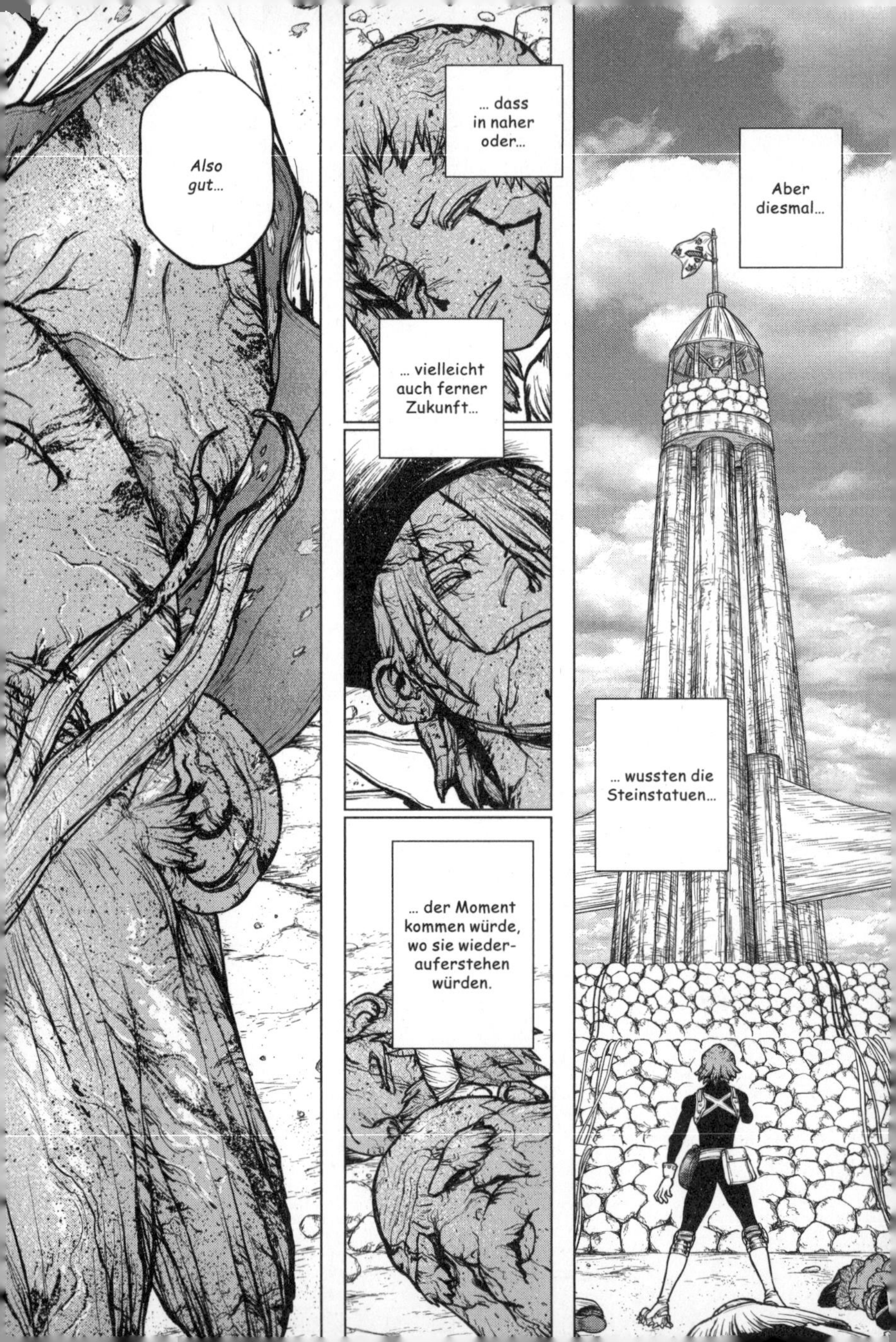
Aber diesmal…
… wussten die Steinstatuen…
… dass in naher oder…
… vielleicht auch ferner Zukunft…
… der Moment kommen würde, wo sie wieder-auferstehen würden.
Also gut…

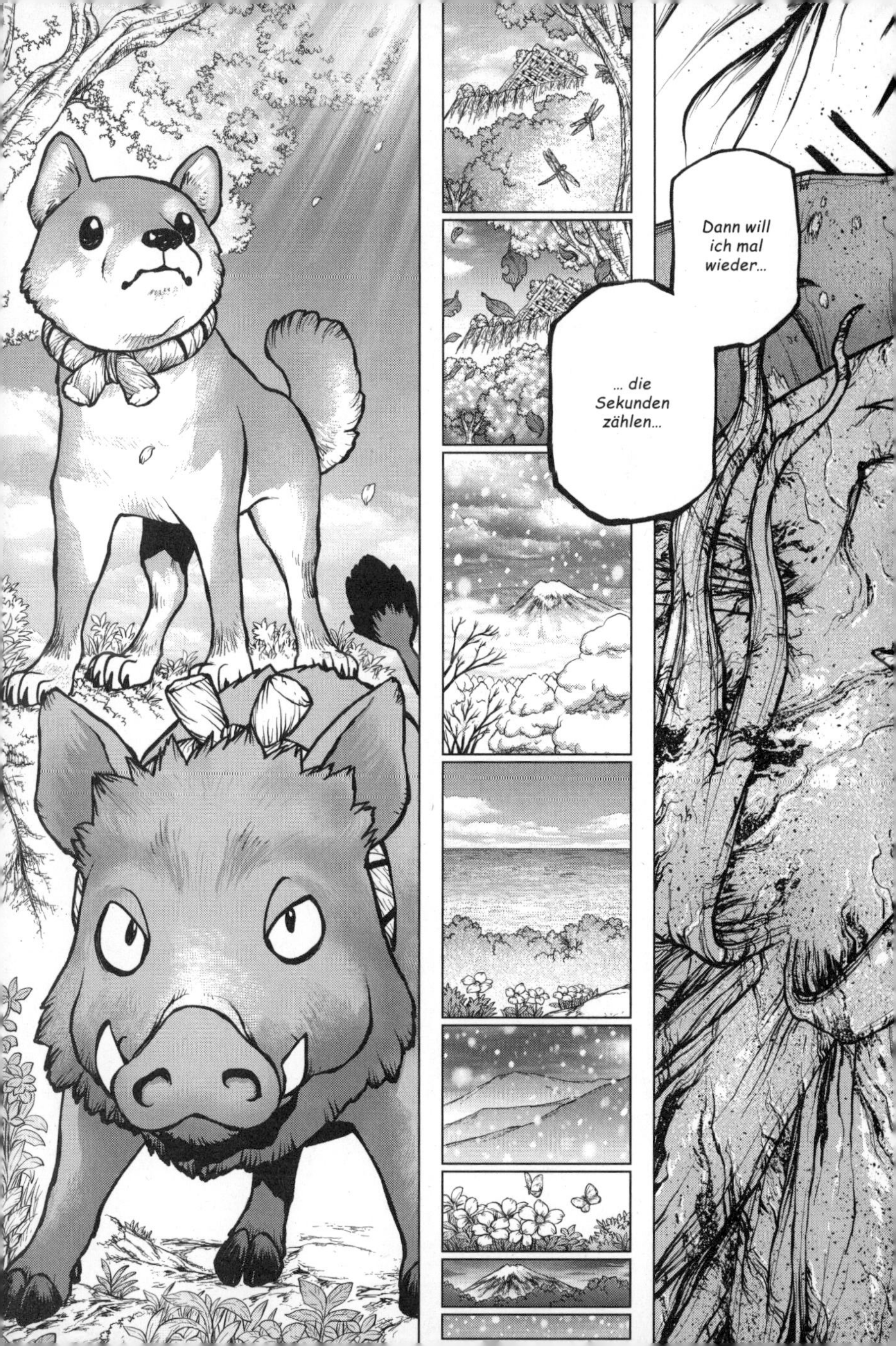
Dann will ich mal wieder...
... die Sekunden zählen...

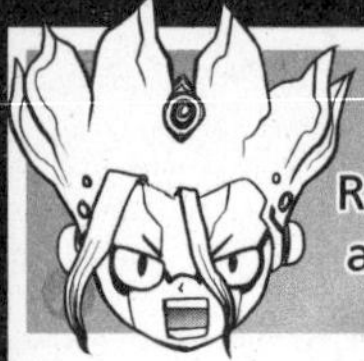

Der Robo-Senku antwortet!

FAQ

SUCHE

Fragen und Antworten

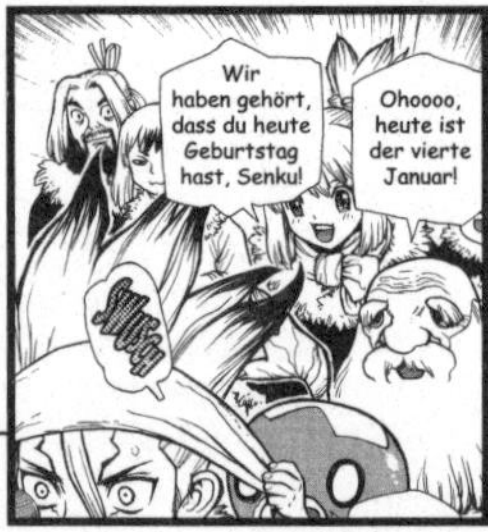

Jetzt, da alle versteinert sind, passen Geburtsdatum und Alter wieder nicht mehr zusammen. Ich wüsste aber gerne die Geburtstage der Charas, damit ich sie feiern kann!!

Von: K. E. aus Tokyo

SUCHE

Senku	4.1.	Suika	9.9.	Moz	5.5.
Taiju	2.4.	Gen	1.4.	Kirisame	7.7.
Yuzuriha	31.3.	Byakuya	8.10.	Ibara	23.3.
Tsukasa	10.10.	Hyoga	30.11.	Matsukaze	15.9.
Kohaku	8.8.	Homura	3.3.	Stanley	1.9.
Kinro	9.7.	Ukyo	5.6.	Dr. Xeno	1.10.
Ginro	7.4.	Nicki	31.8.	Luna	30.1.
Chrom	4.2.	Yo	31.1.	Carlos	30.5.
Ruri	14.4.	Minami	21.6.	Max	30.6.
Kaseki	9.2.	Mirai	31.12.	Chelsea	20.12.
Magma	22.8.	Ryusui	11.11.	Joel	10.6.
Kokuyo	19.4.	Amaryllis	14.2.	Robo-Senku	irgendwann in der Zukunft

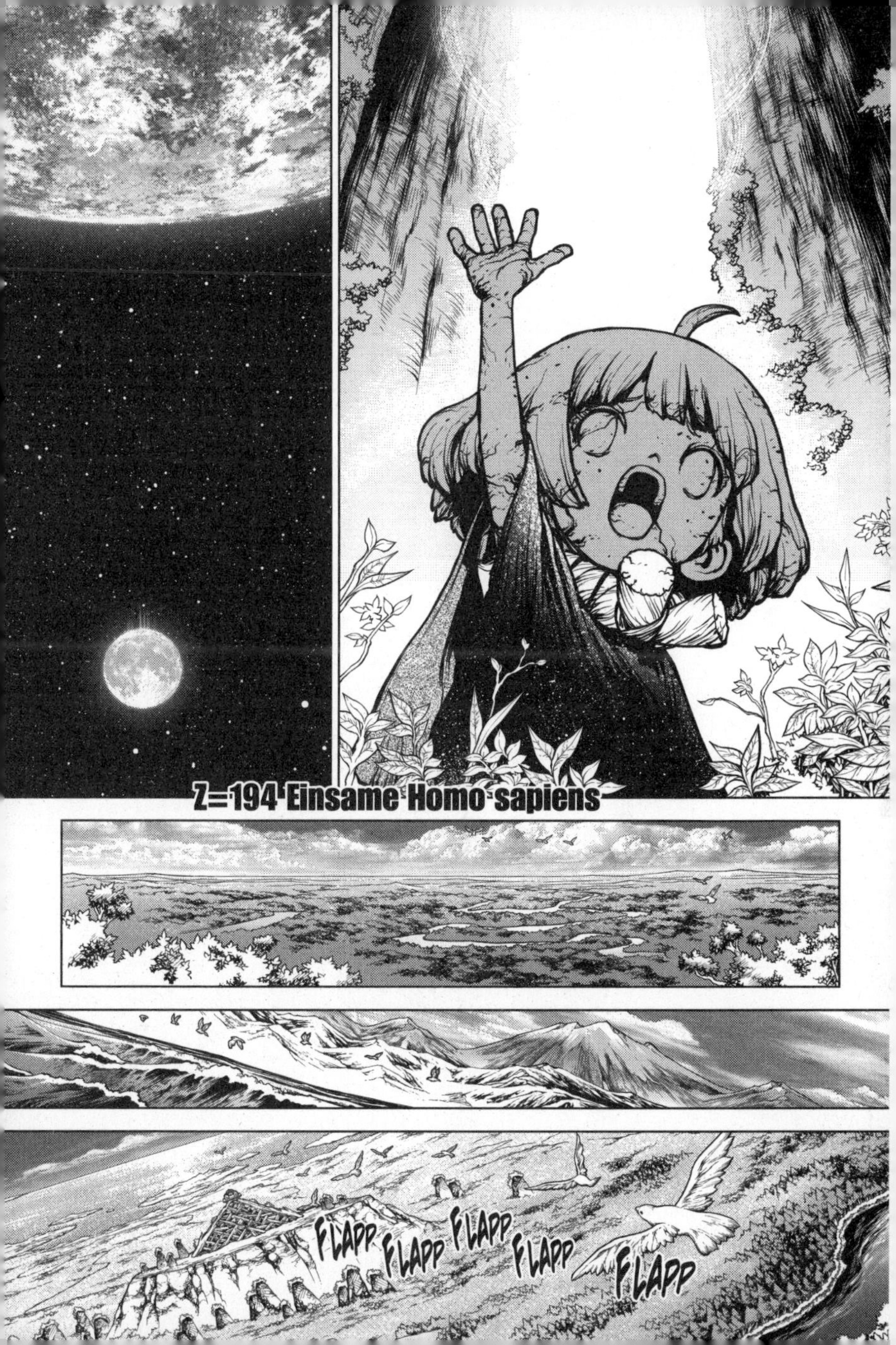
Z=194 Einsame Homo sapiens
FLAPP
FLAPP
FLAPP
FLAPP
FLAPP

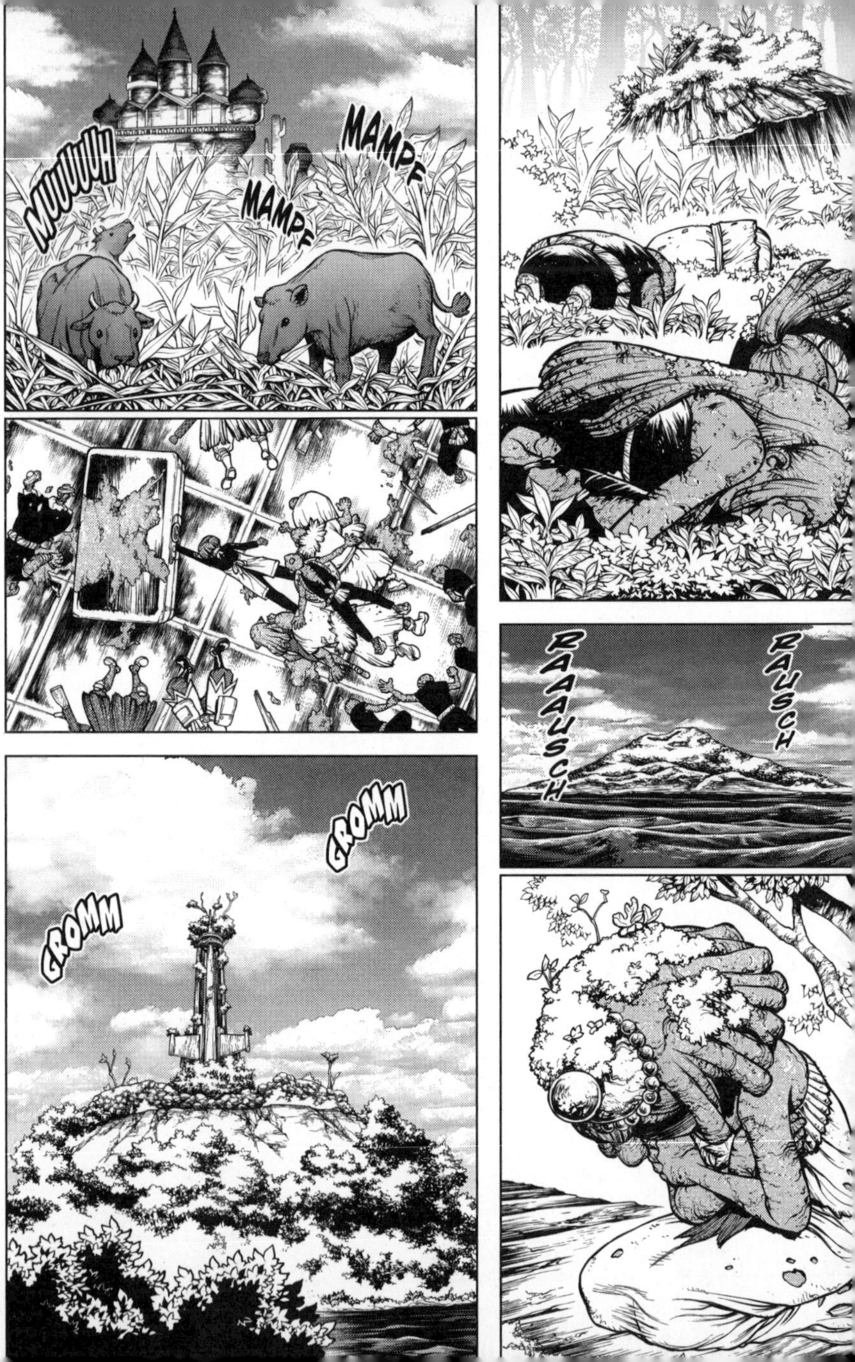
MAMPF
MAMPF
MUUUUUH
RAUSCH
RAAAUSCH
GROMM
GROMM

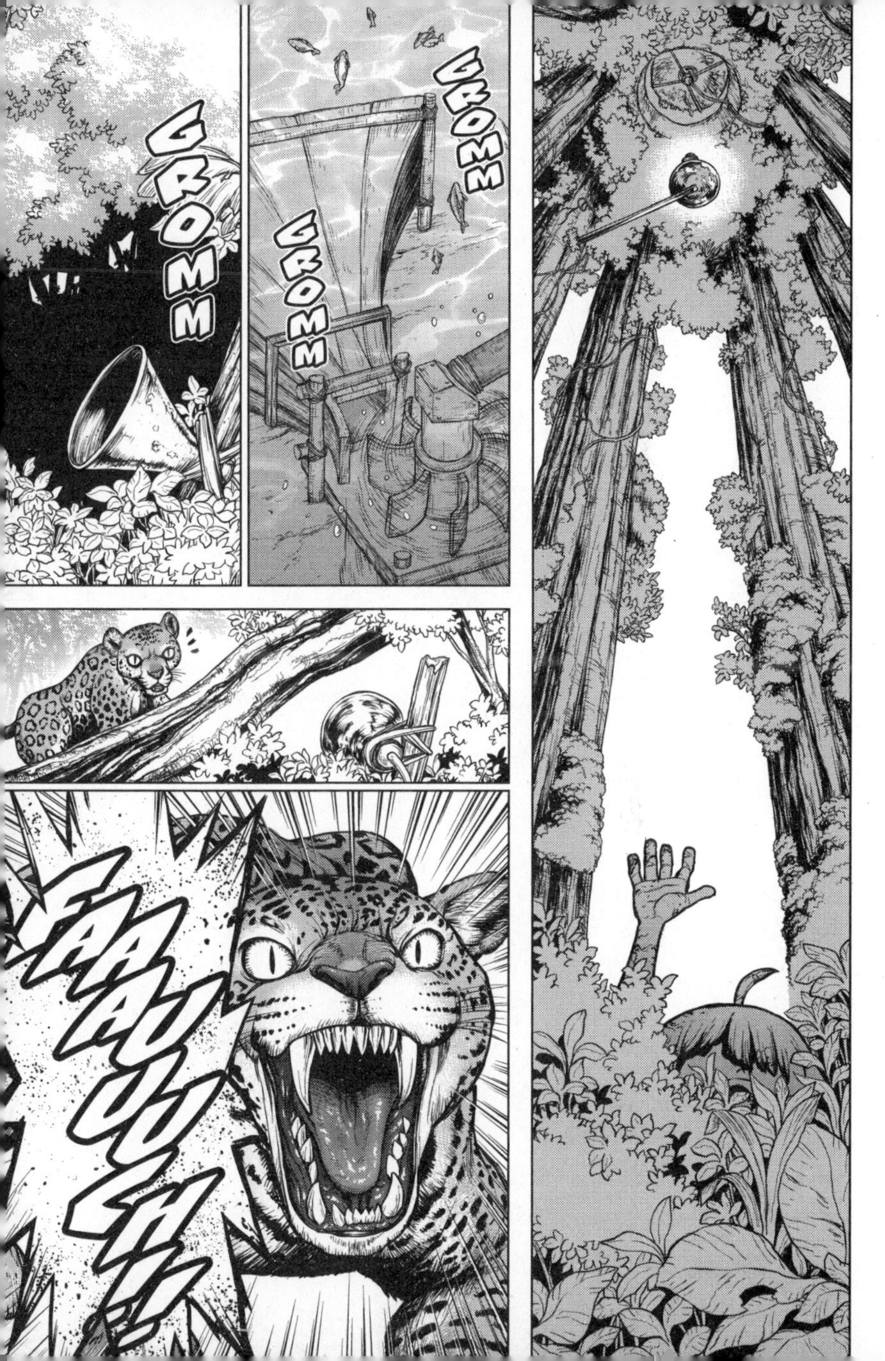
GROMM
GROMM
GROMM
FAAUUCH!!

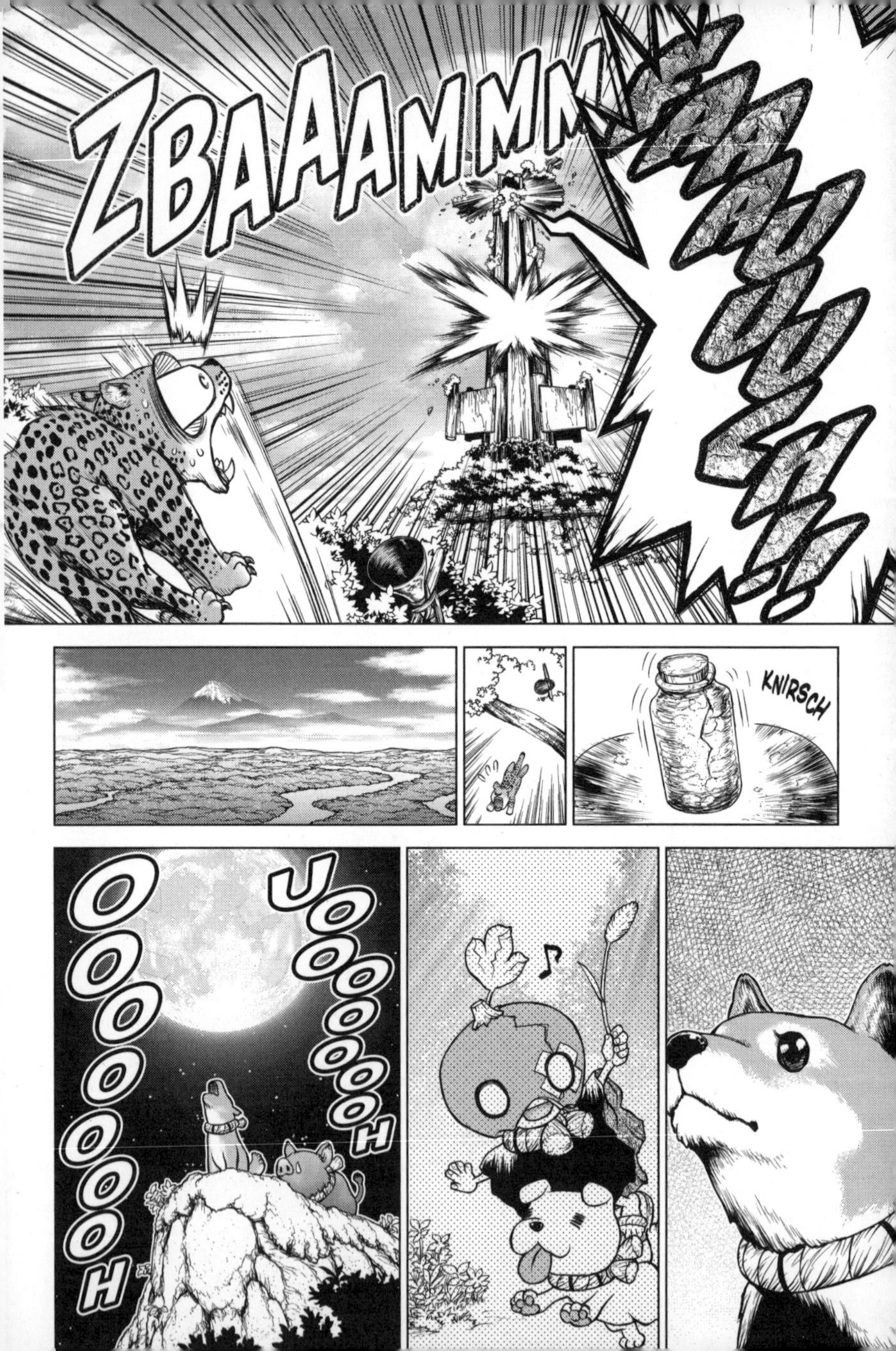
ZBAAAMMM
KNIRSCH
UOOOOOOOH
OOOOOOOH

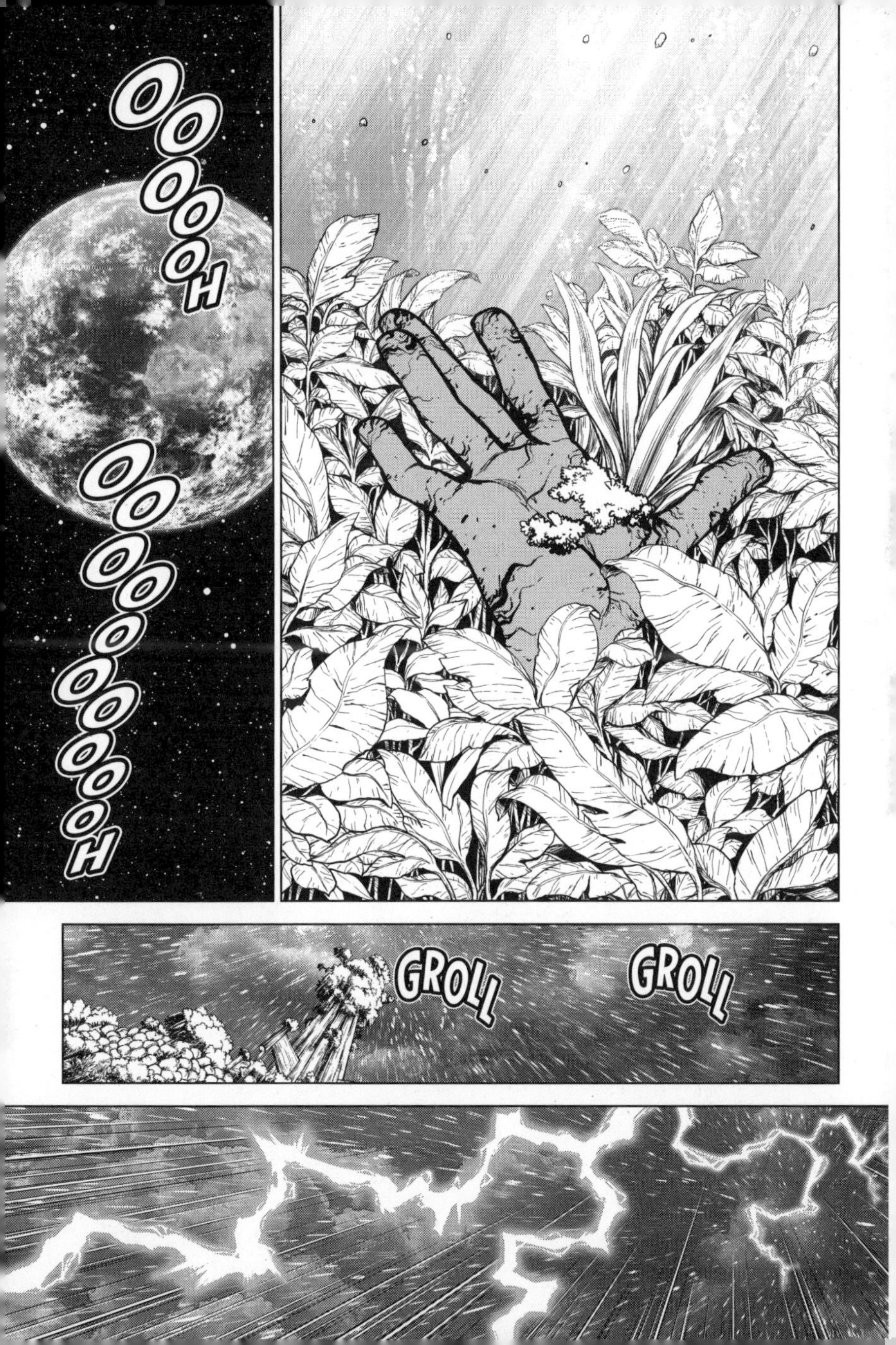
OOOOOH
OOOOOOOOOOOH
GROLL
GROLL

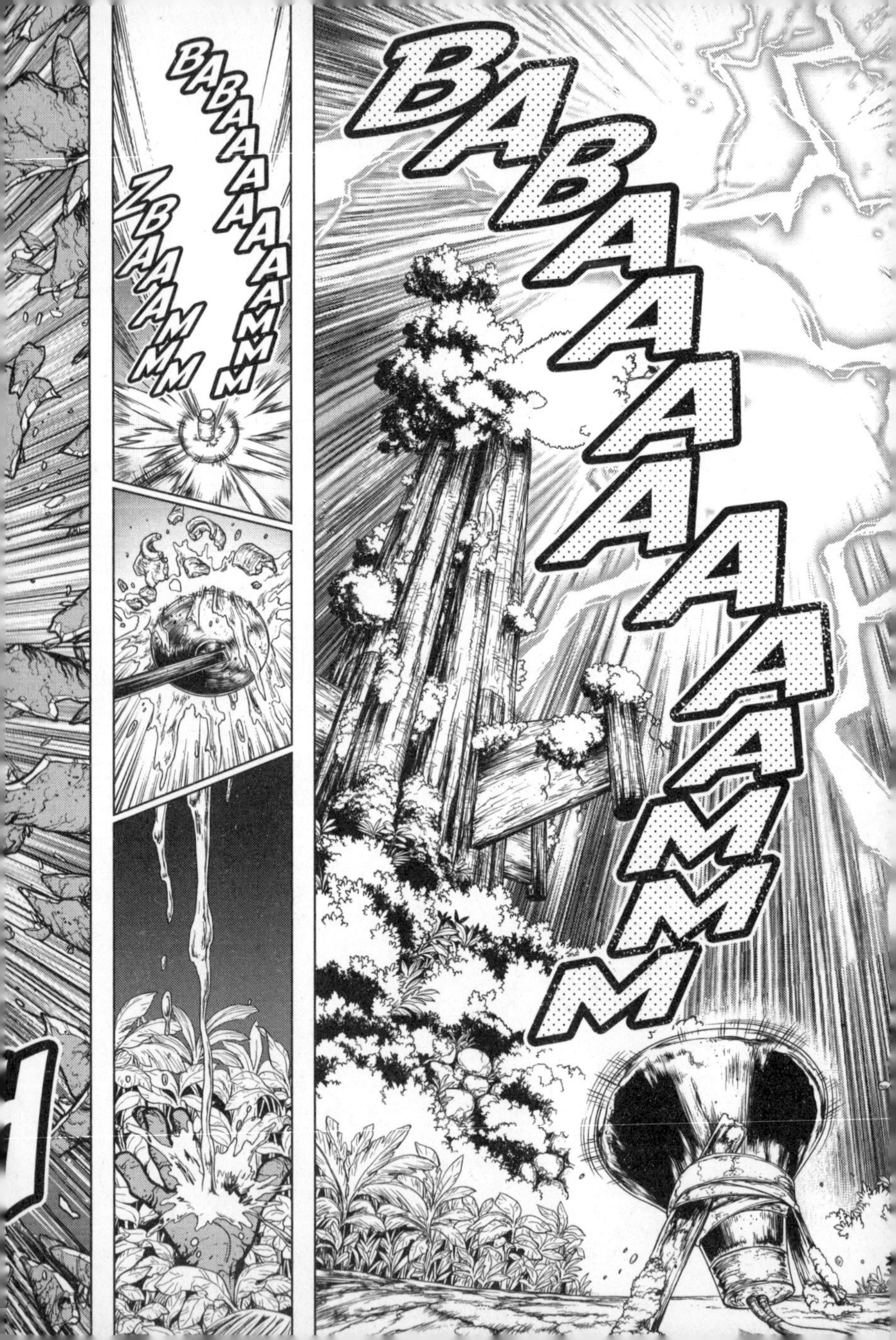
BABAAAAAAAAAAMMM
BABAAAAAAMMM
ZBAAAMMM

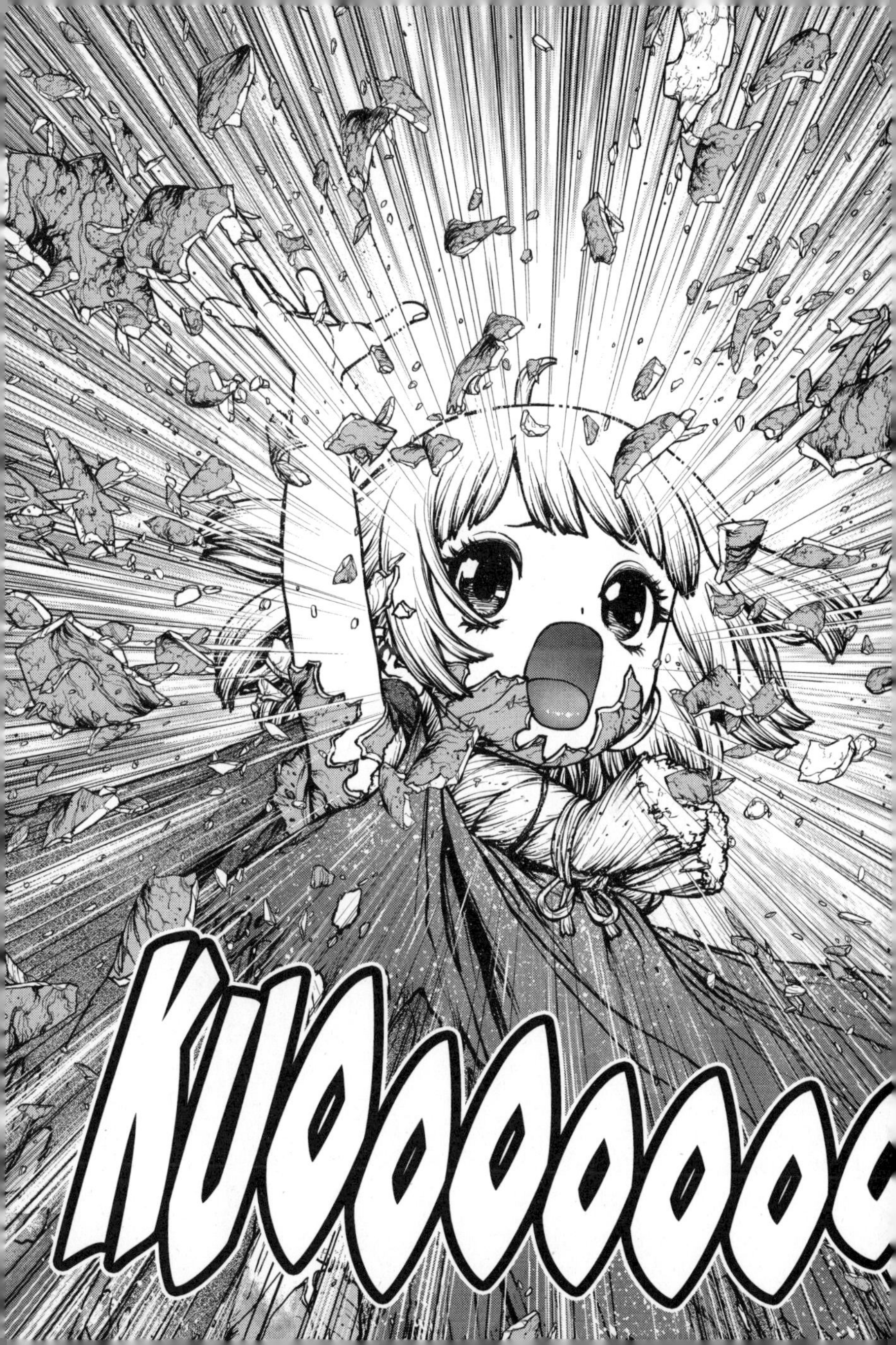
KUOOOOOO

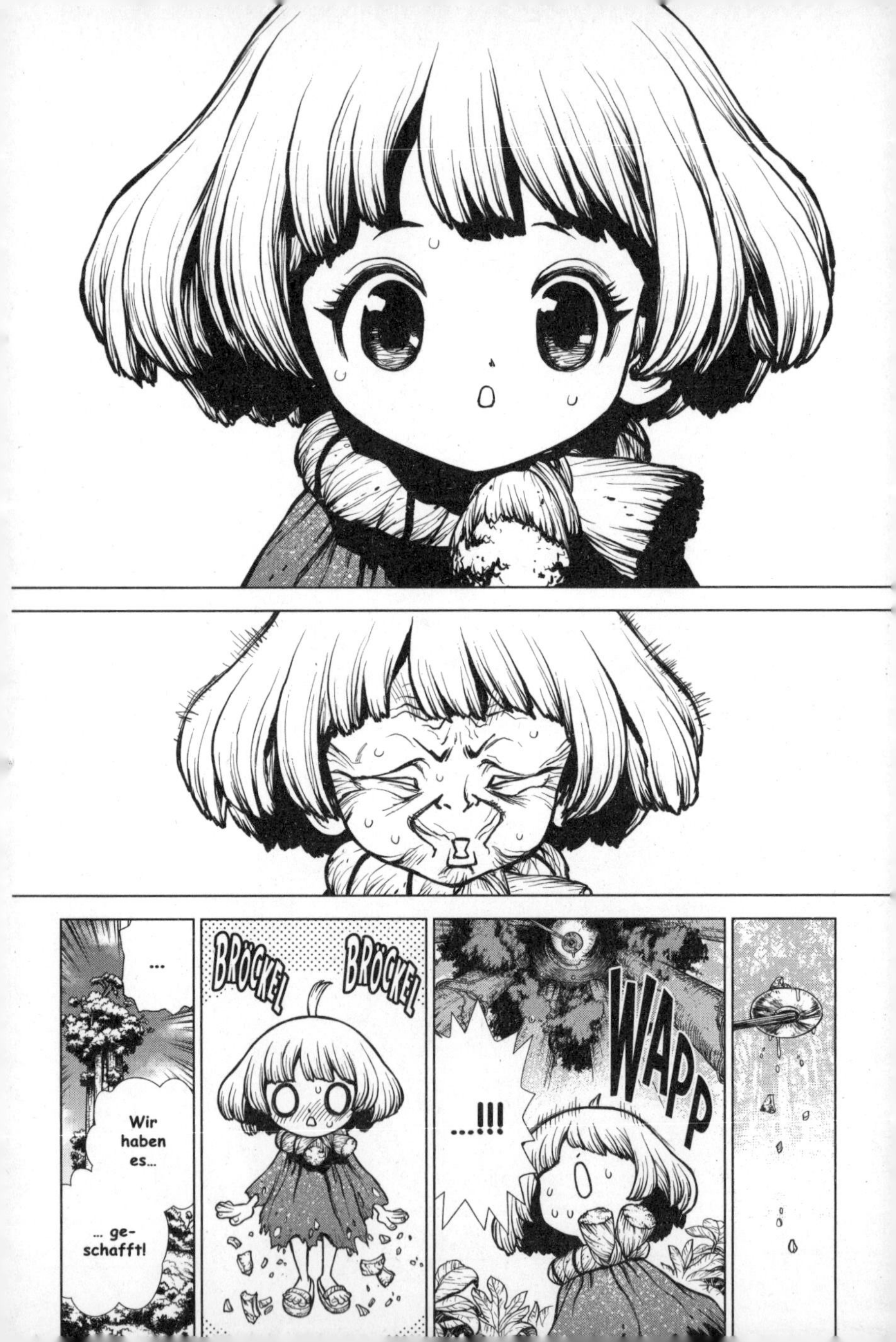

WAPP
...!!!
BRÖCKEL
BRÖCKEL
...
Wir haben es...
... ge-
schafft!

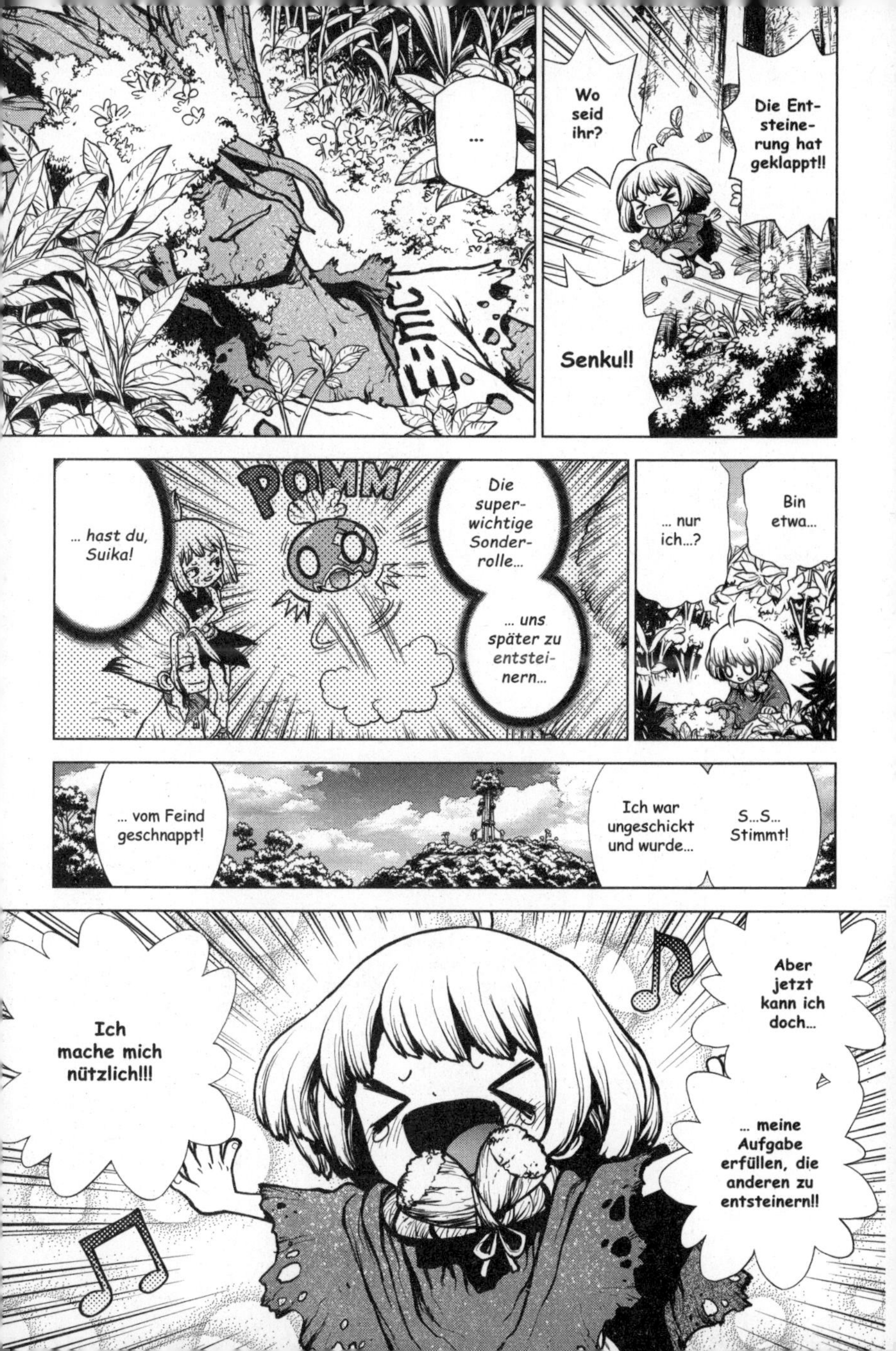
Die Entsteinerung hat geklappt!!
Wo seid ihr?
Senku!!
...
Bin etwa...
... nur ich...?
POMM
Die superwichtige Sonderrolle...
... uns später zu entsteinern...
... hast du, Suika!
S...S... Stimmt!
Ich war ungeschickt und wurde...
... vom Feind geschnappt!
Aber jetzt kann ich doch...
... meine Aufgabe erfüllen, die anderen zu entsteinern!!
Ich mache mich nützlich!!!

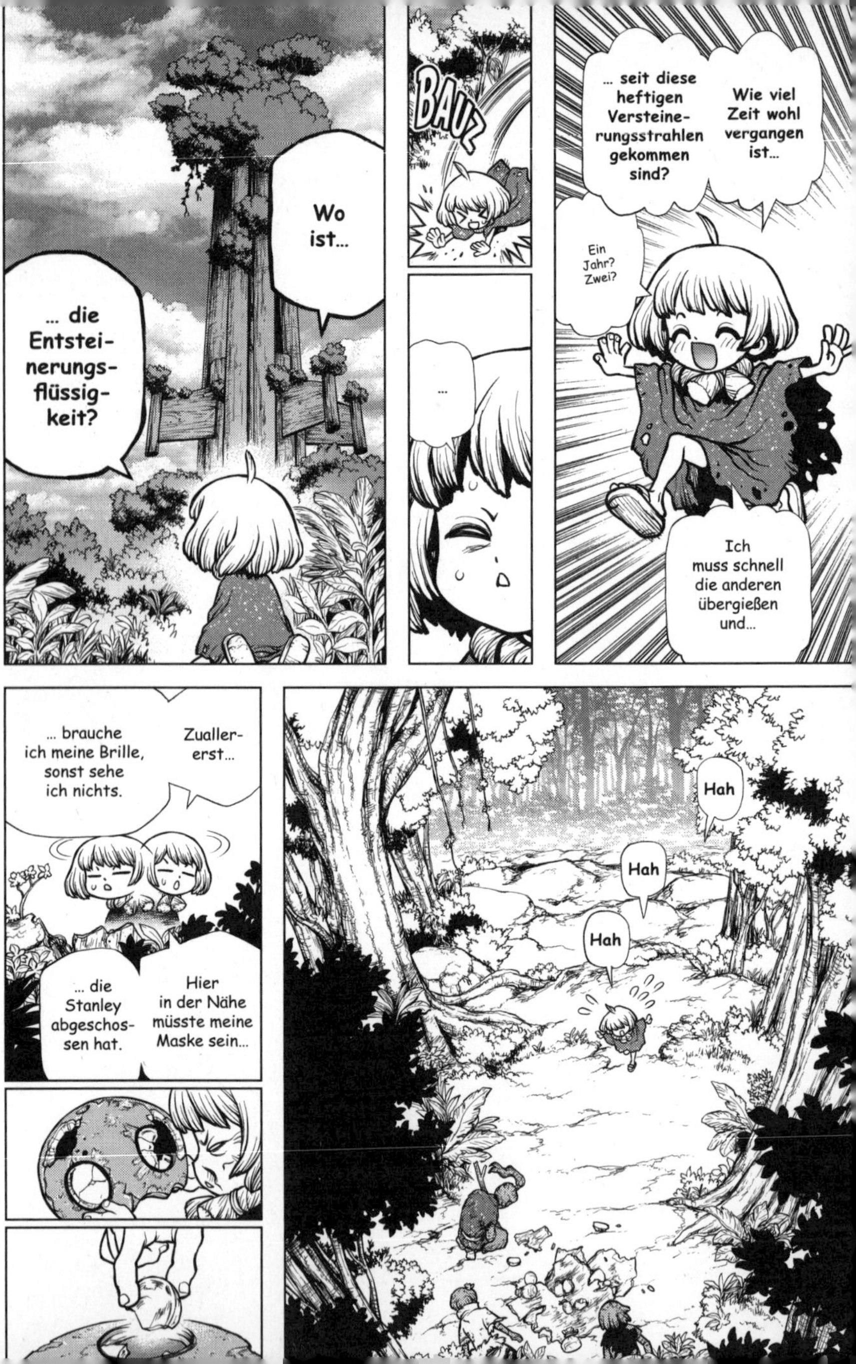
Wie viel Zeit wohl vergangen ist...
... seit diese heftigen Versteinerungsstrahlen gekommen sind?
Ein Jahr? Zwei?
Ich muss schnell die anderen übergießen und...
BAUZ
...
Wo ist...
... die Entsteinerungsflüssigkeit?
Hah
Hah
Hah
Zuallererst...
... brauche ich meine Brille, sonst sehe ich nichts.
Hier in der Nähe müsste meine Maske sein...
... die Stanley abgeschossen hat.

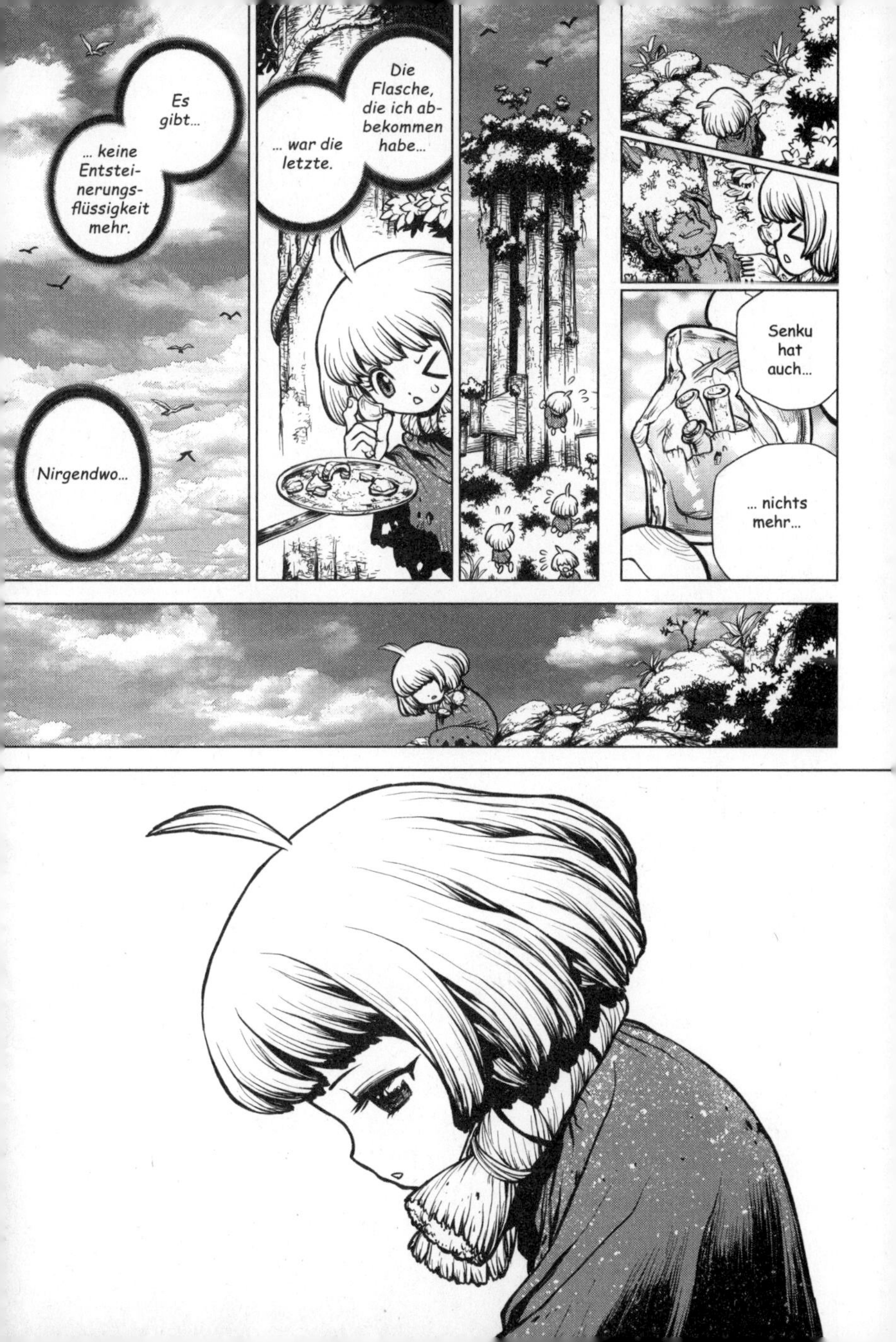
Senku
hat
auch...
... nichts
mehr...
Die
Flasche,
die ich ab-
bekommen
habe...
... war die
letzte.
Es
gibt...
... keine
Entstei-
nerungs-
flüssigkeit
mehr.
Nirgendwo...

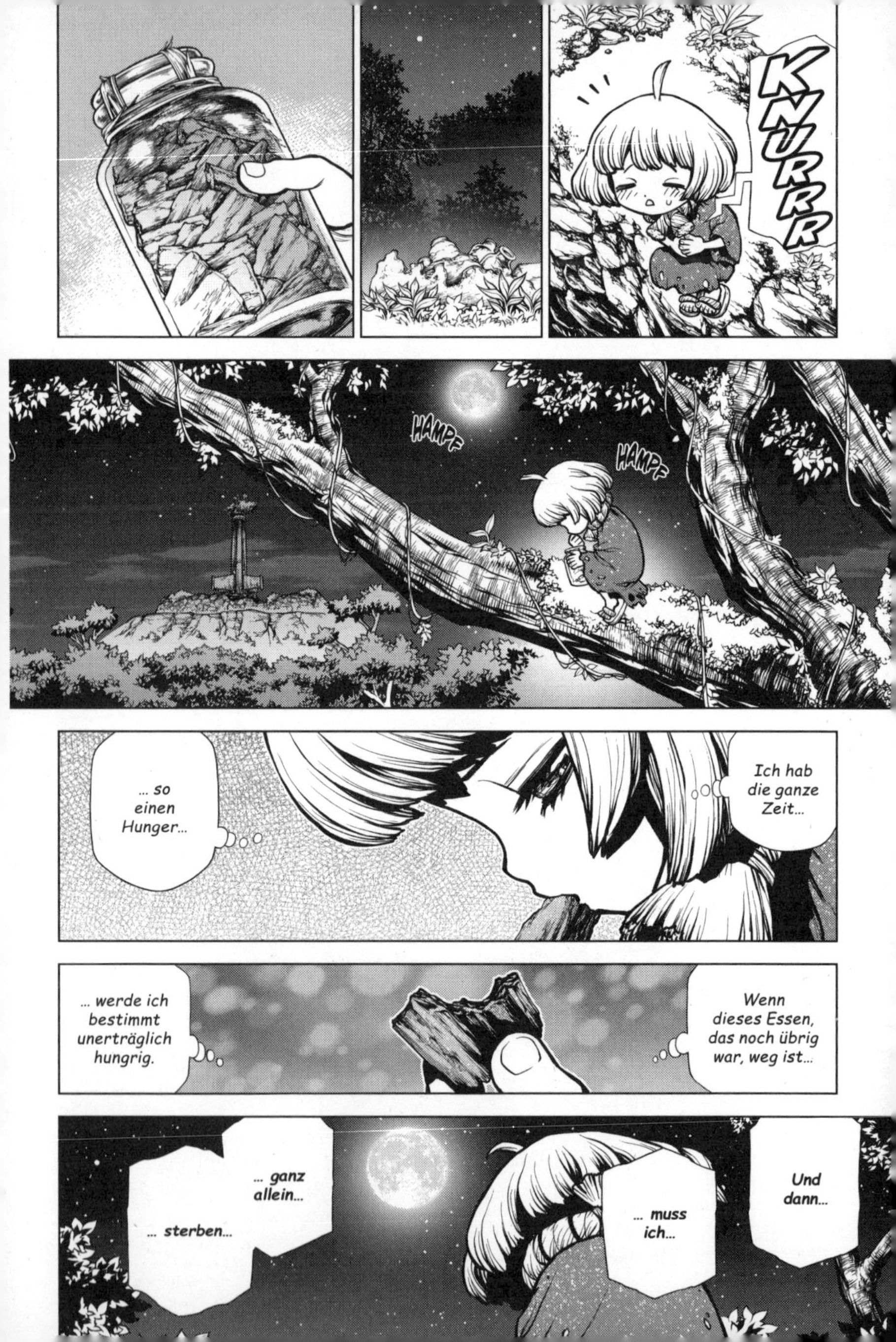
KNURRR
HAMPF
HAMPF
Ich hab die ganze Zeit…
… so einen Hunger…
Wenn dieses Essen, das noch übrig war, weg ist…
… werde ich bestimmt unerträglich hungrig.
Und dann…
… muss ich…
… ganz allein…
… sterben…

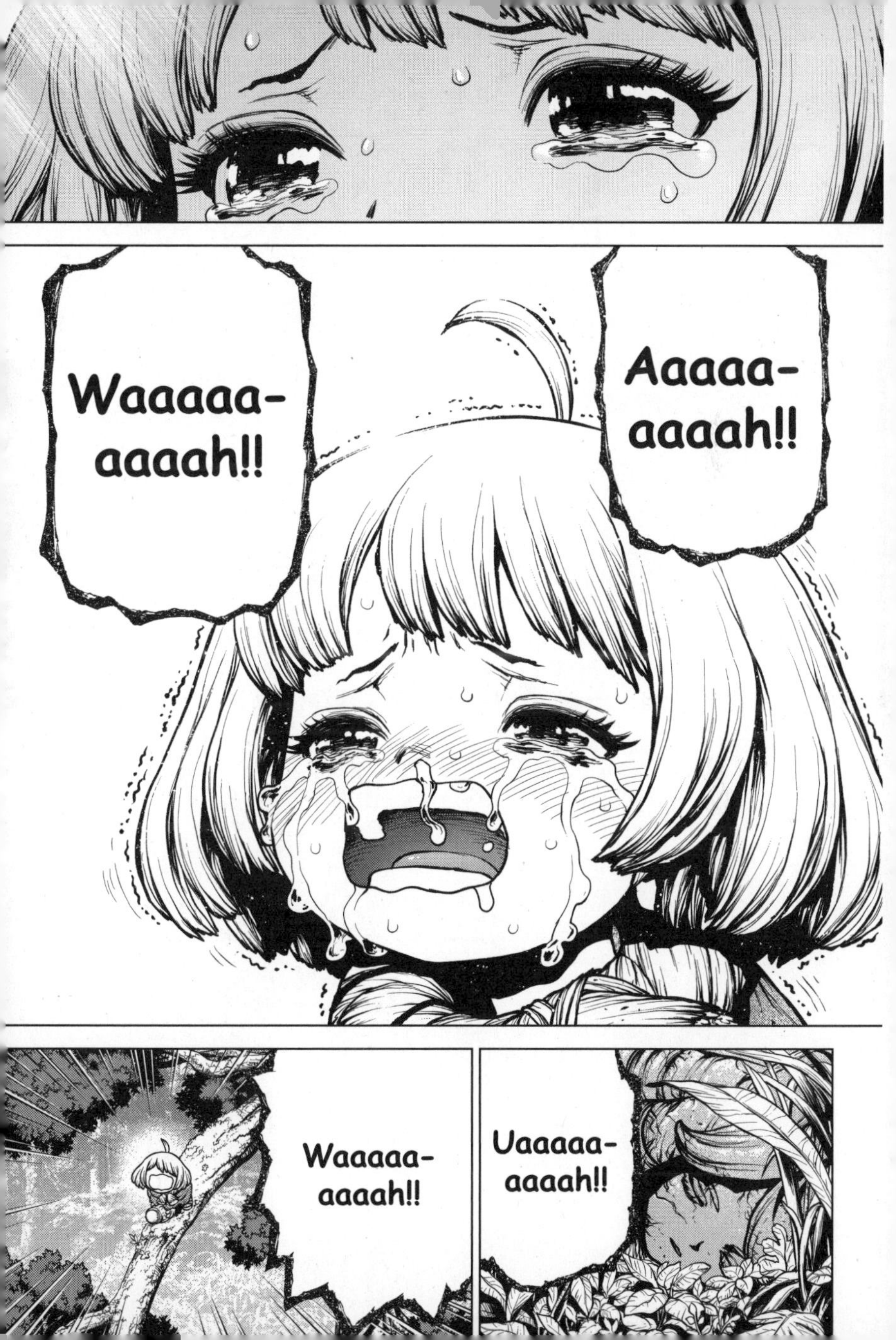
Aaaaa-
aaaah!!
Waaaaa-
aaaah!!
Uaaaaa-
aaaah!!
Waaaaa-
aaaah!!

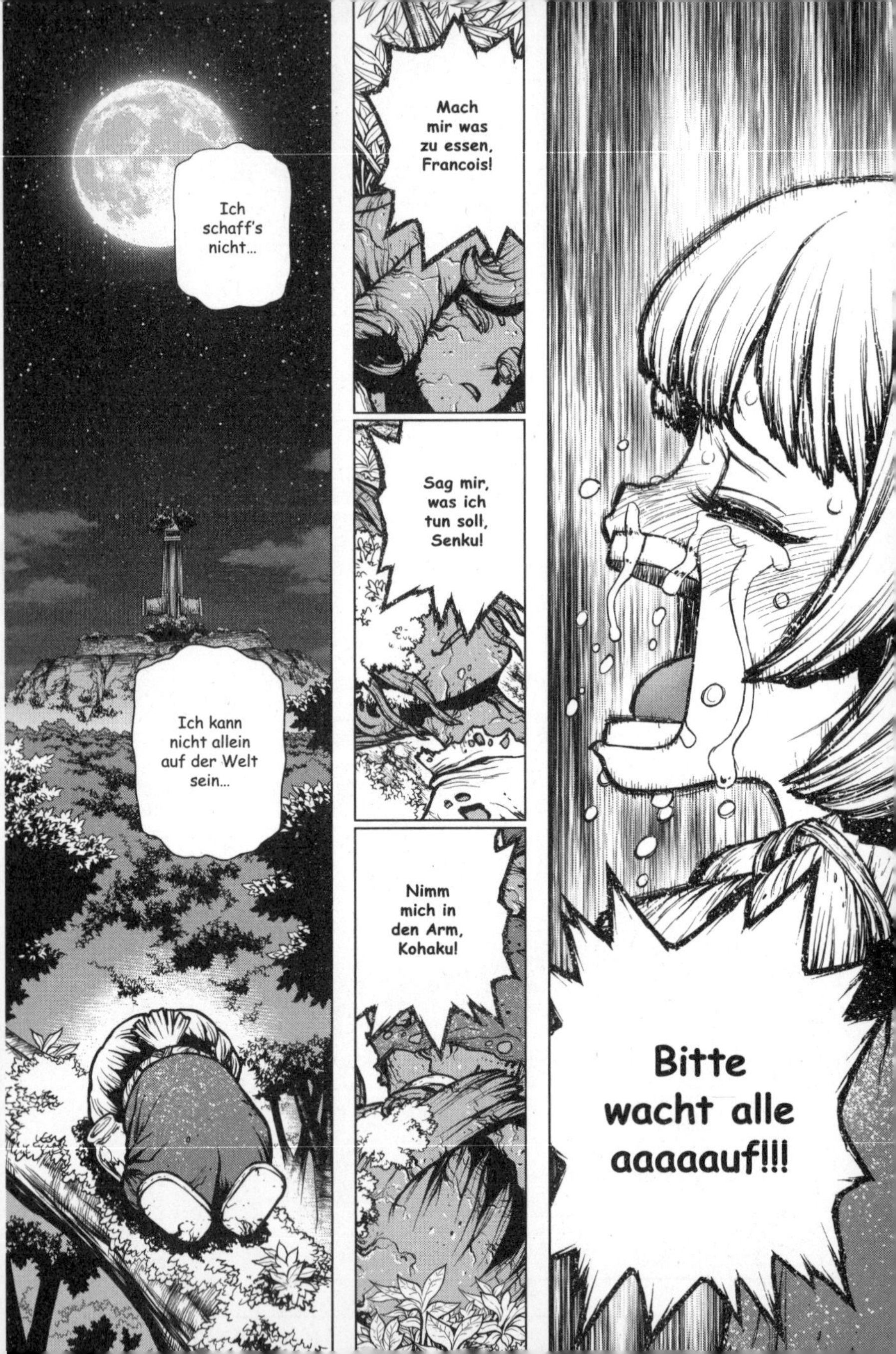
Mach mir was zu essen, Francois!
Sag mir, was ich tun soll, Senku!
Nimm mich in den Arm, Kohaku!
Bitte wacht alle aaaaauf!!!
Ich schaff's nicht...
Ich kann nicht allein auf der Welt sein...

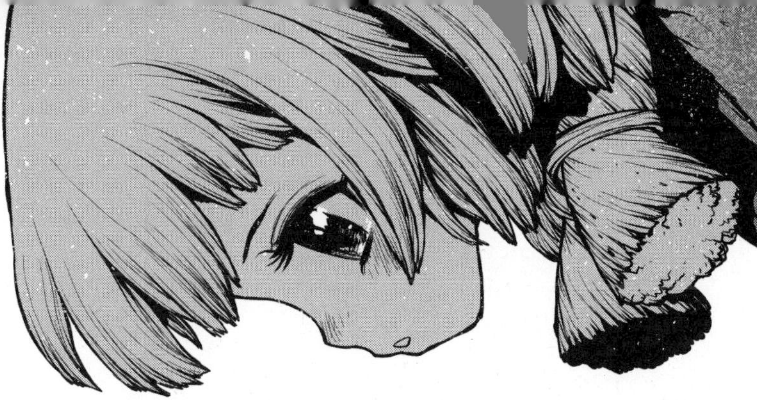

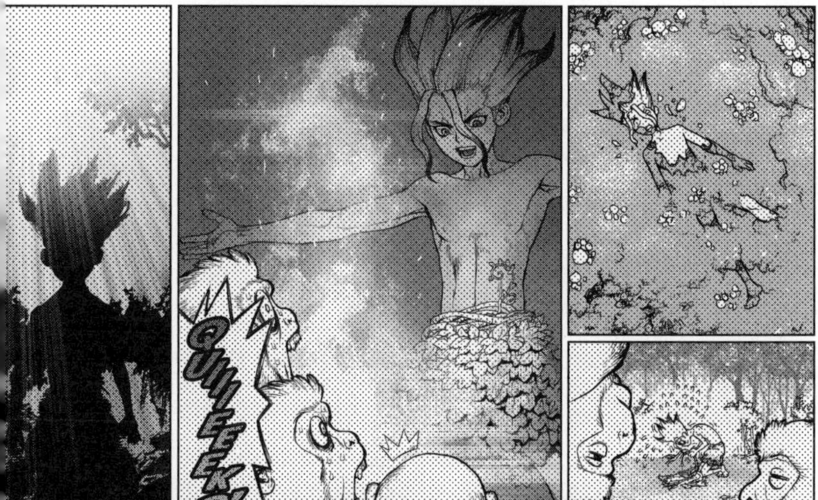
GUIIIEEEK?!

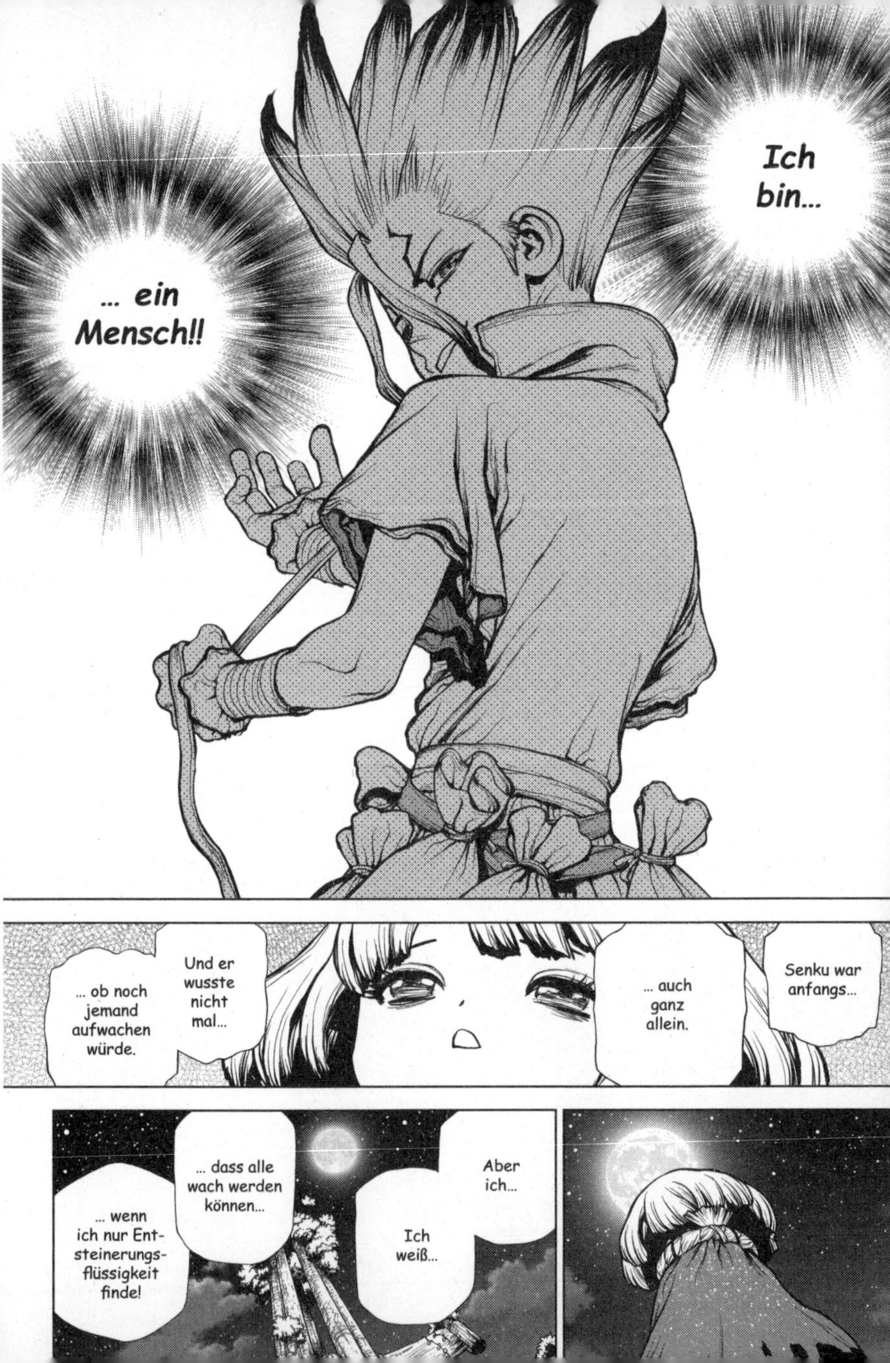
Ich bin...
... ein Mensch!!
Senku war anfangs...
... auch ganz allein.
Und er wusste nicht mal...
... ob noch jemand aufwachen würde.
Aber ich...
Ich weiß...
... dass alle wach werden können...
... wenn ich nur Entsteinerungsflüssigkeit finde!

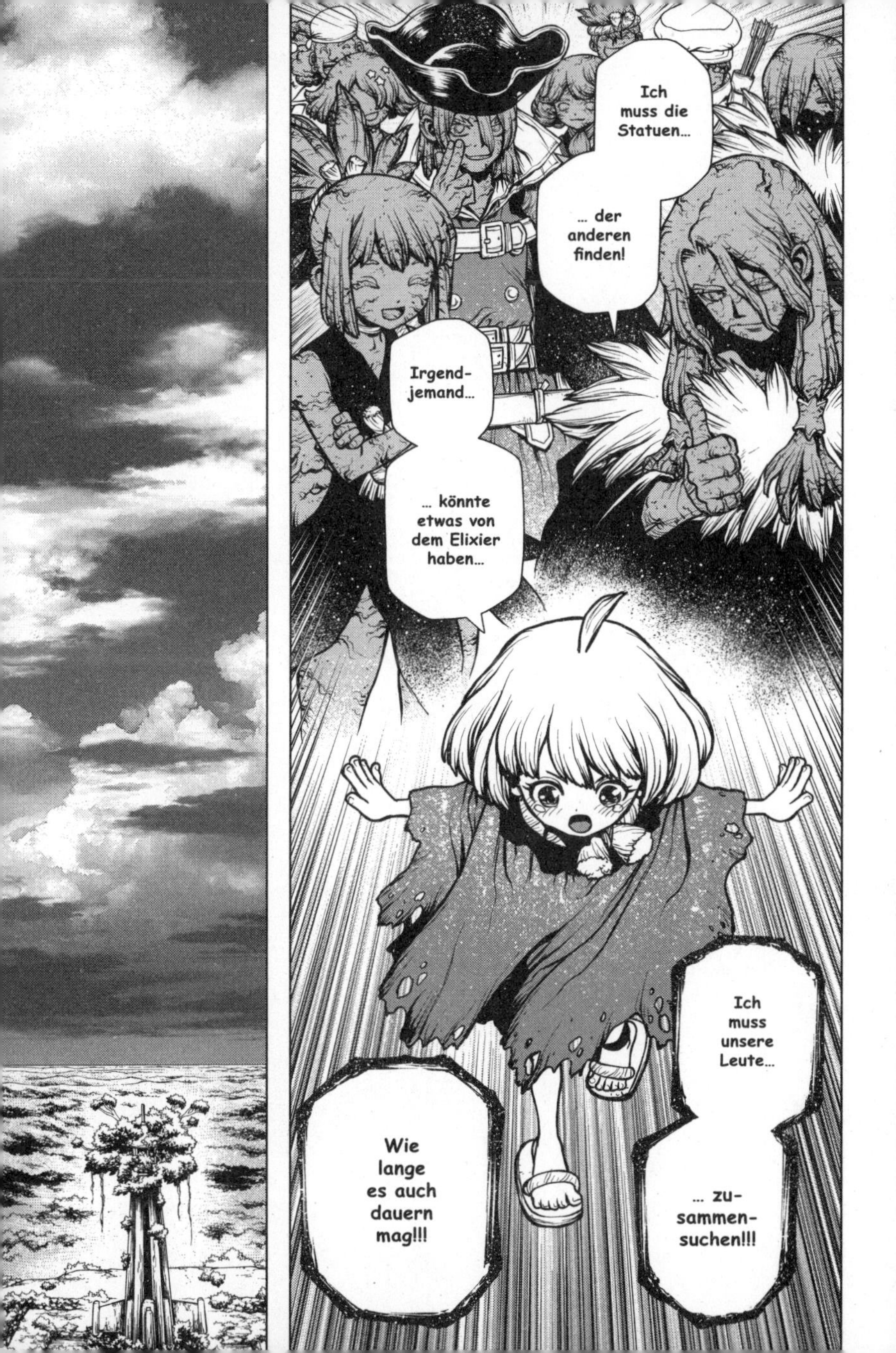
Ich muss die Statuen...
... der anderen finden!
Irgend-jemand...
... könnte etwas von dem Elixier haben...
Ich muss unsere Leute...
... zu-sammen-suchen!!!
Wie lange es auch dauern mag!!!

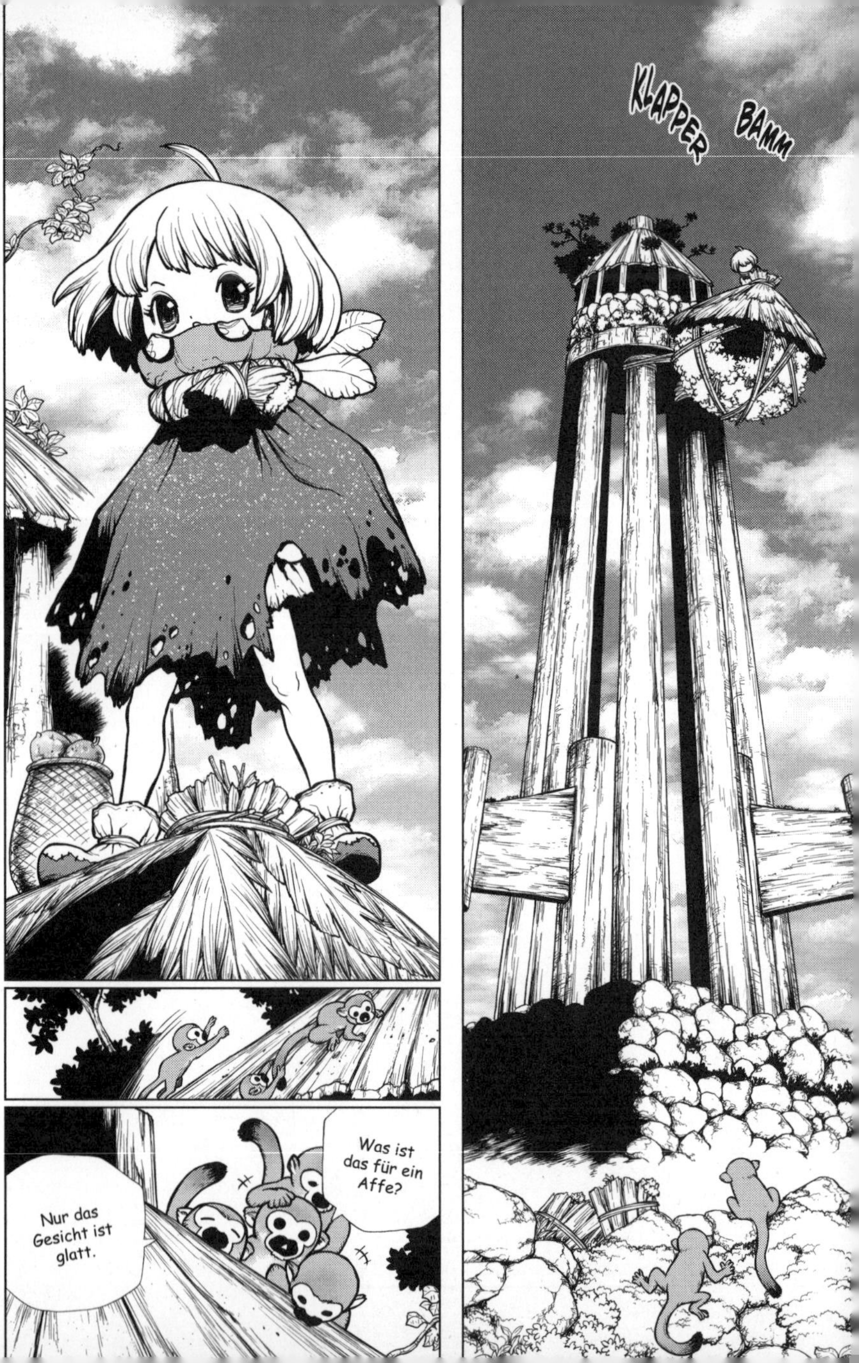
KLAPPER
BAMM
Was ist das für ein Affe?
Nur das Gesicht ist glatt.

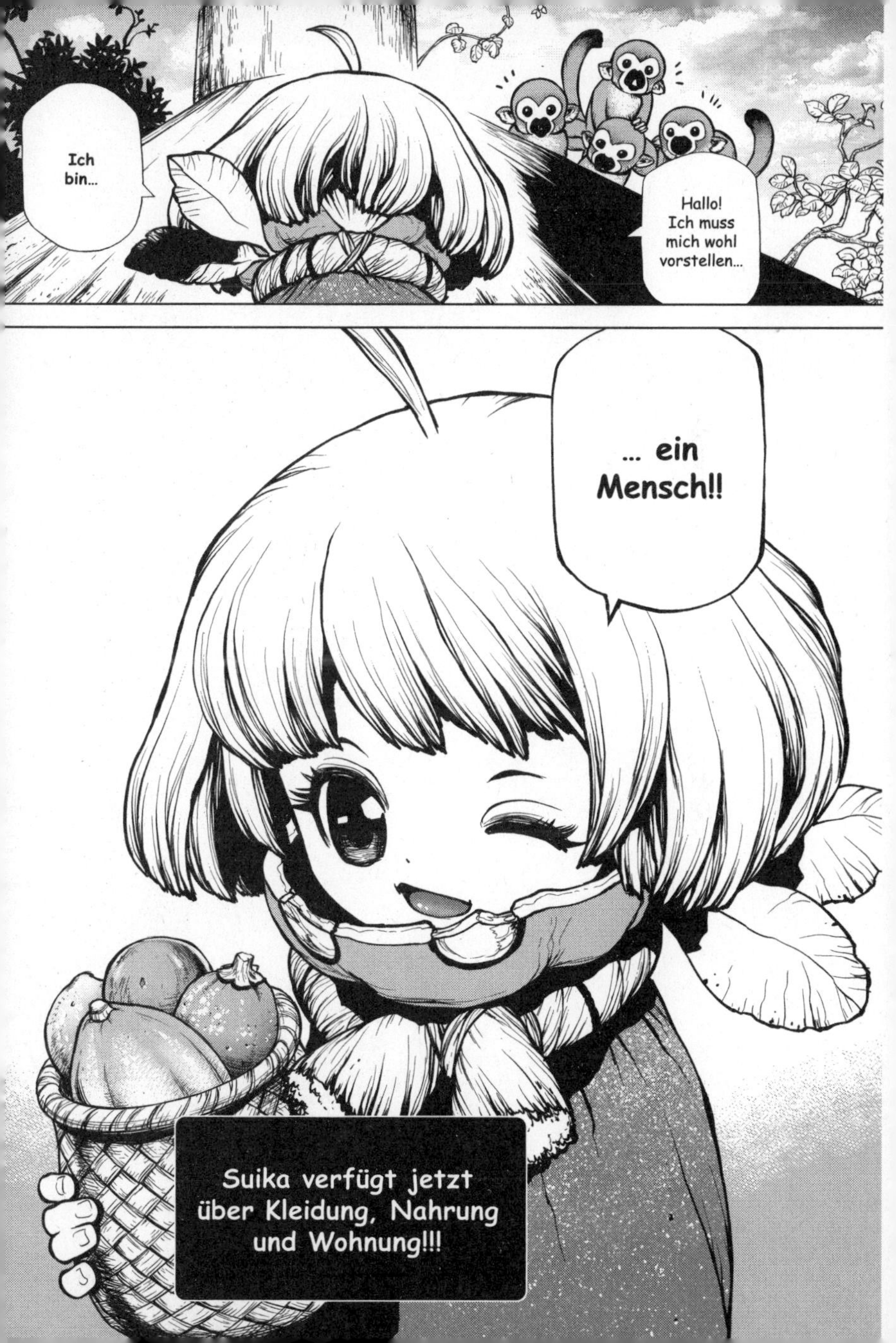
Hallo! Ich muss mich wohl vorstellen...
Ich bin...
... ein Mensch!!
Suika verfügt jetzt über Kleidung, Nahrung und Wohnung!!!

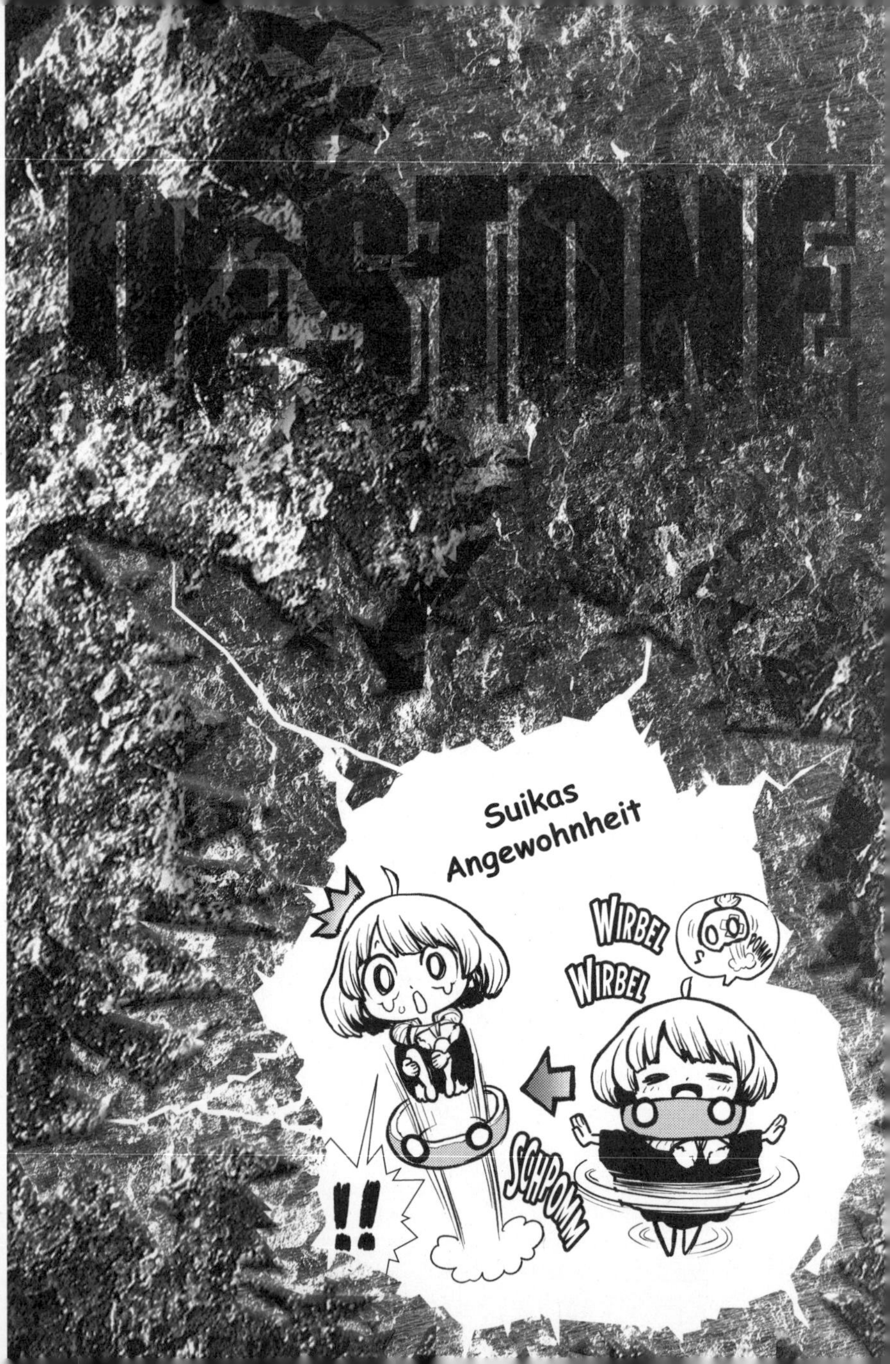

Dr.STONE
Suikas Angewohnheit
WIRBEL
WIRBEL
POMM
!!
SCHPOMM

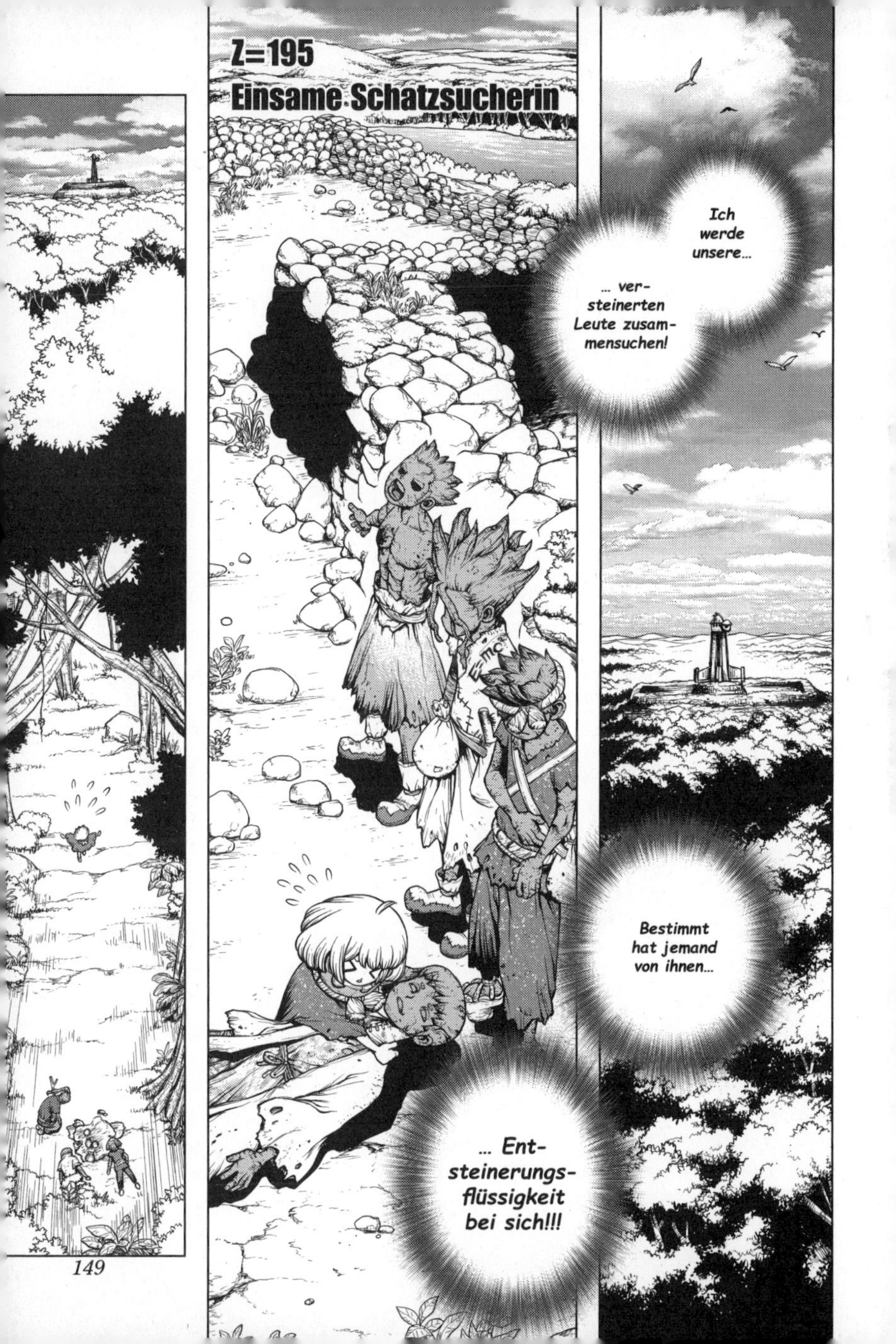
Z=195
Einsame Schatzsucherin
Ich werde unsere...
... versteinerten Leute zusammensuchen!
Bestimmt hat jemand von ihnen...
... Entsteinerungsflüssigkeit bei sich!!!

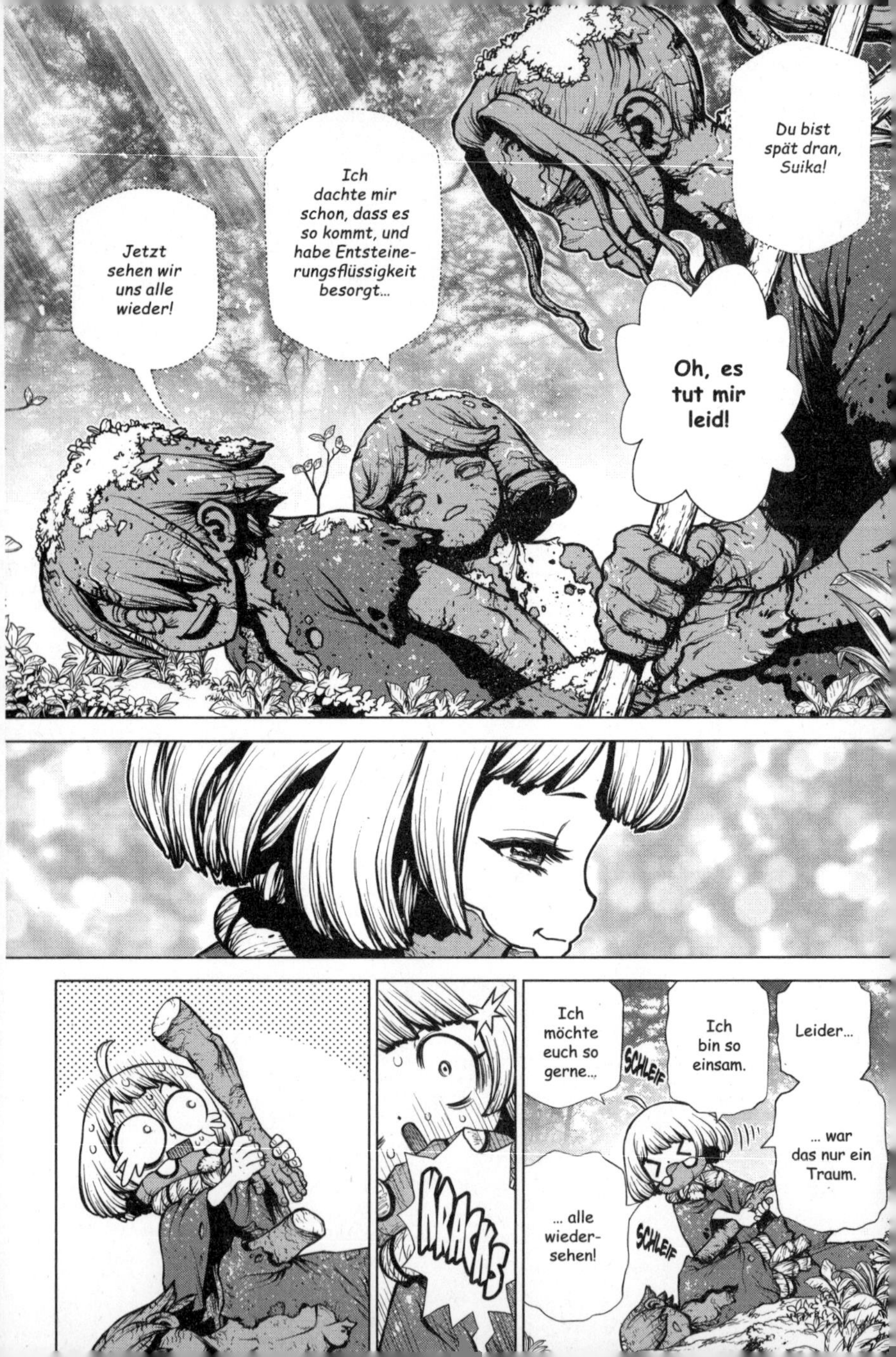
Du bist spät dran, Suika!
Oh, es tut mir leid!
Ich dachte mir schon, dass es so kommt, und habe Entsteinerungsflüssigkeit besorgt...
Jetzt sehen wir uns alle wieder!
Leider...
... war das nur ein Traum.
Ich bin so einsam.
SCHLEIF
Ich möchte euch so gerne...
... alle wieder-sehen!
SCHLEIF
KRACKS

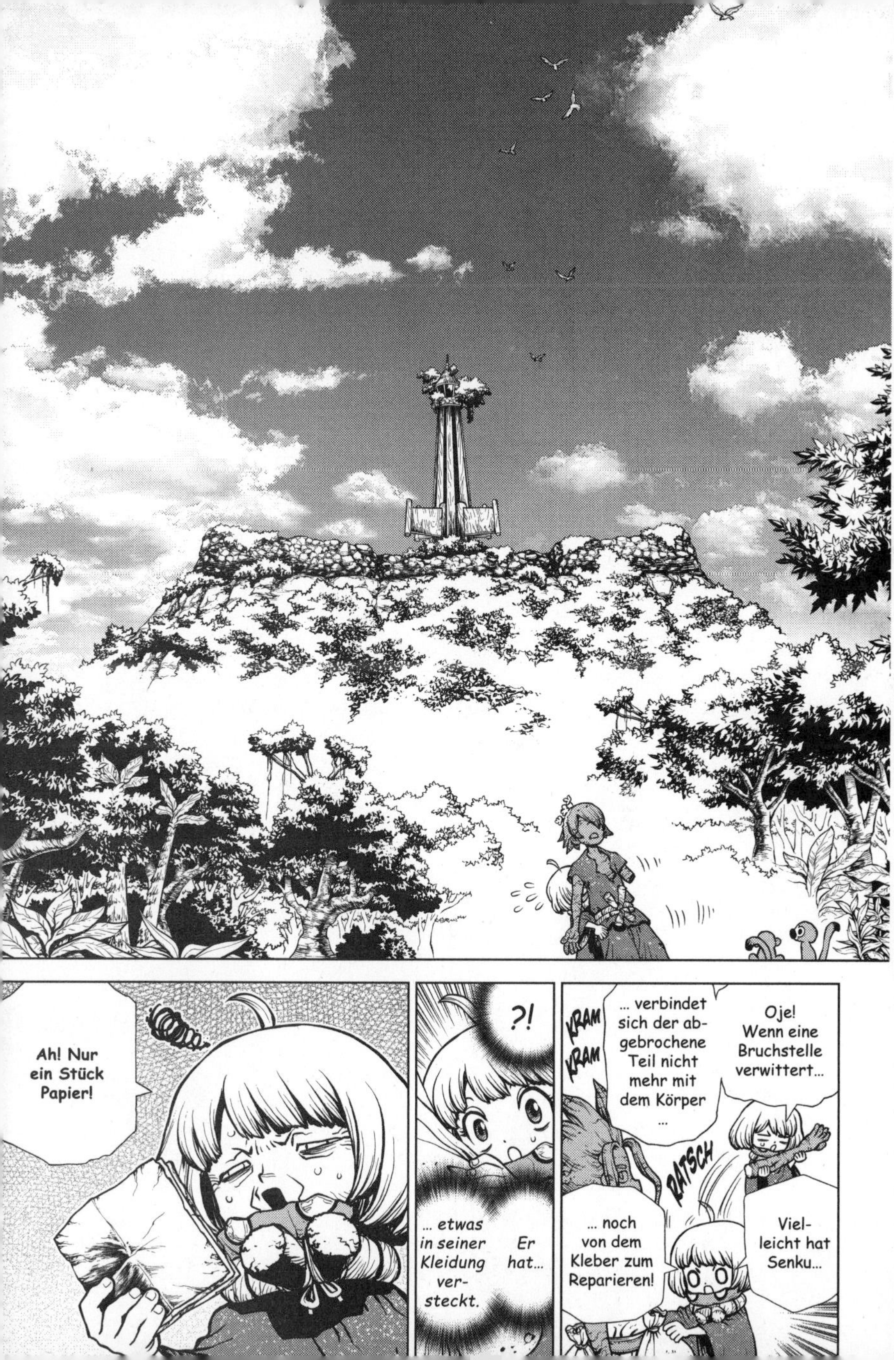
Oje! Wenn eine Bruchstelle verwittert...
... verbindet sich der abgebrochene Teil nicht mehr mit dem Körper ...
KRAM KRAM
RATSCH
Vielleicht hat Senku...
... noch von dem Kleber zum Reparieren!
?!
Er hat...
... etwas in seiner Kleidung versteckt.
Ah! Nur ein Stück Papier!

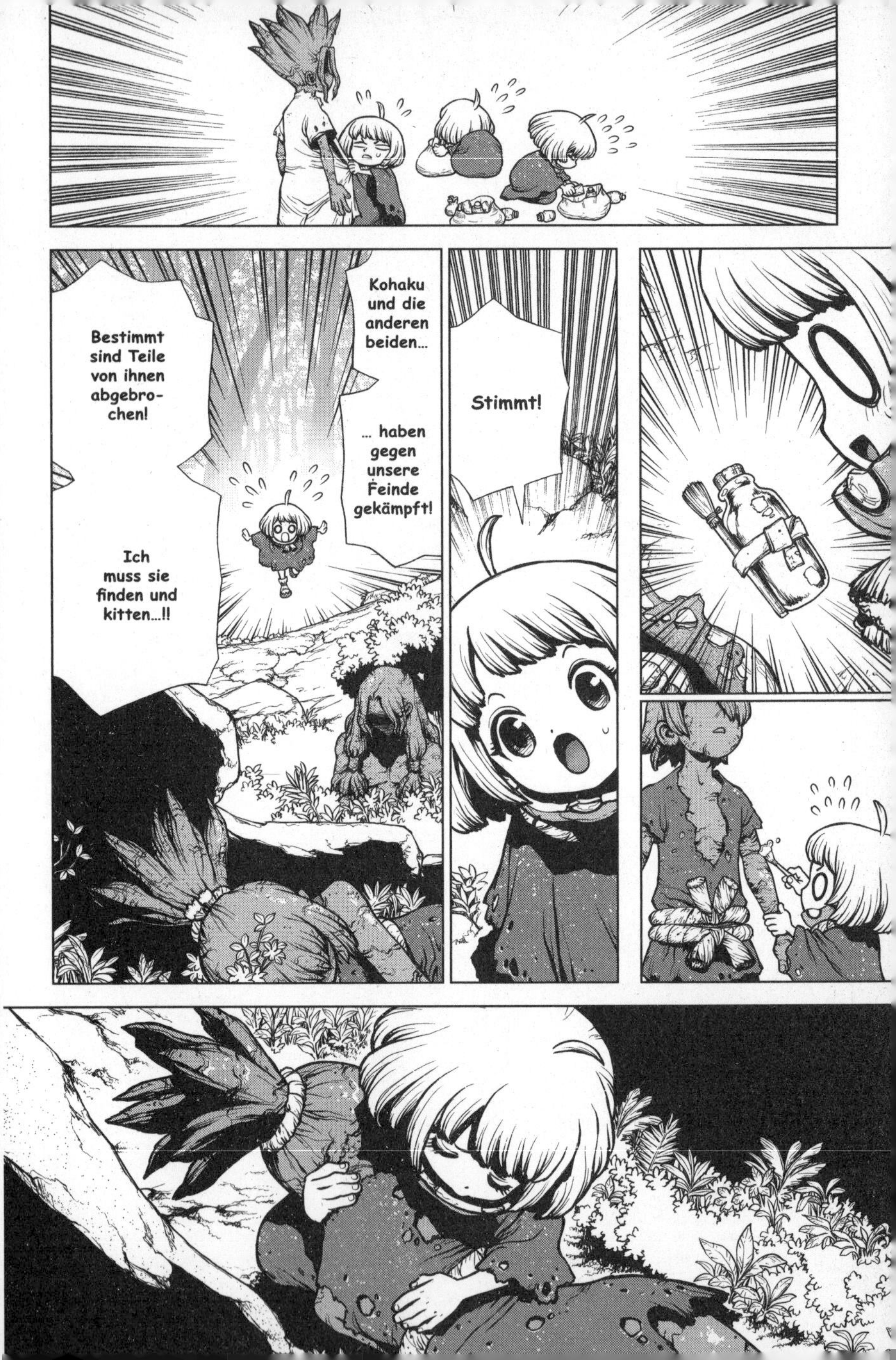
Stimmt!
Kohaku und die anderen beiden...
... haben gegen unsere Feinde gekämpft!
Bestimmt sind Teile von ihnen abgebrochen!
Ich muss sie finden und kitten...!!

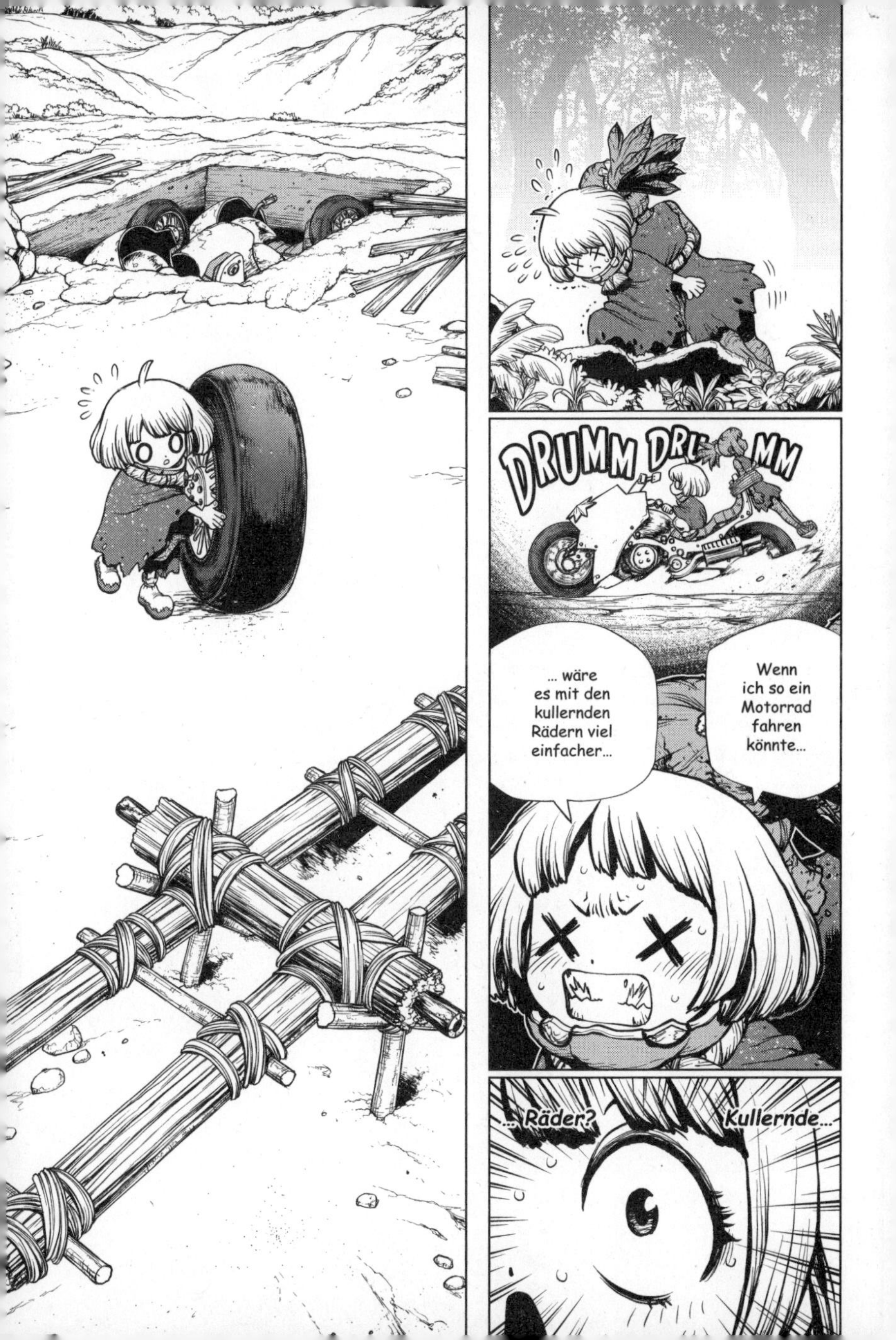
DRUMM DRU MM
Wenn ich so ein Motorrad fahren könnte...
... wäre es mit den kullernden Rädern viel einfacher...
Kullernde...
... Räder?

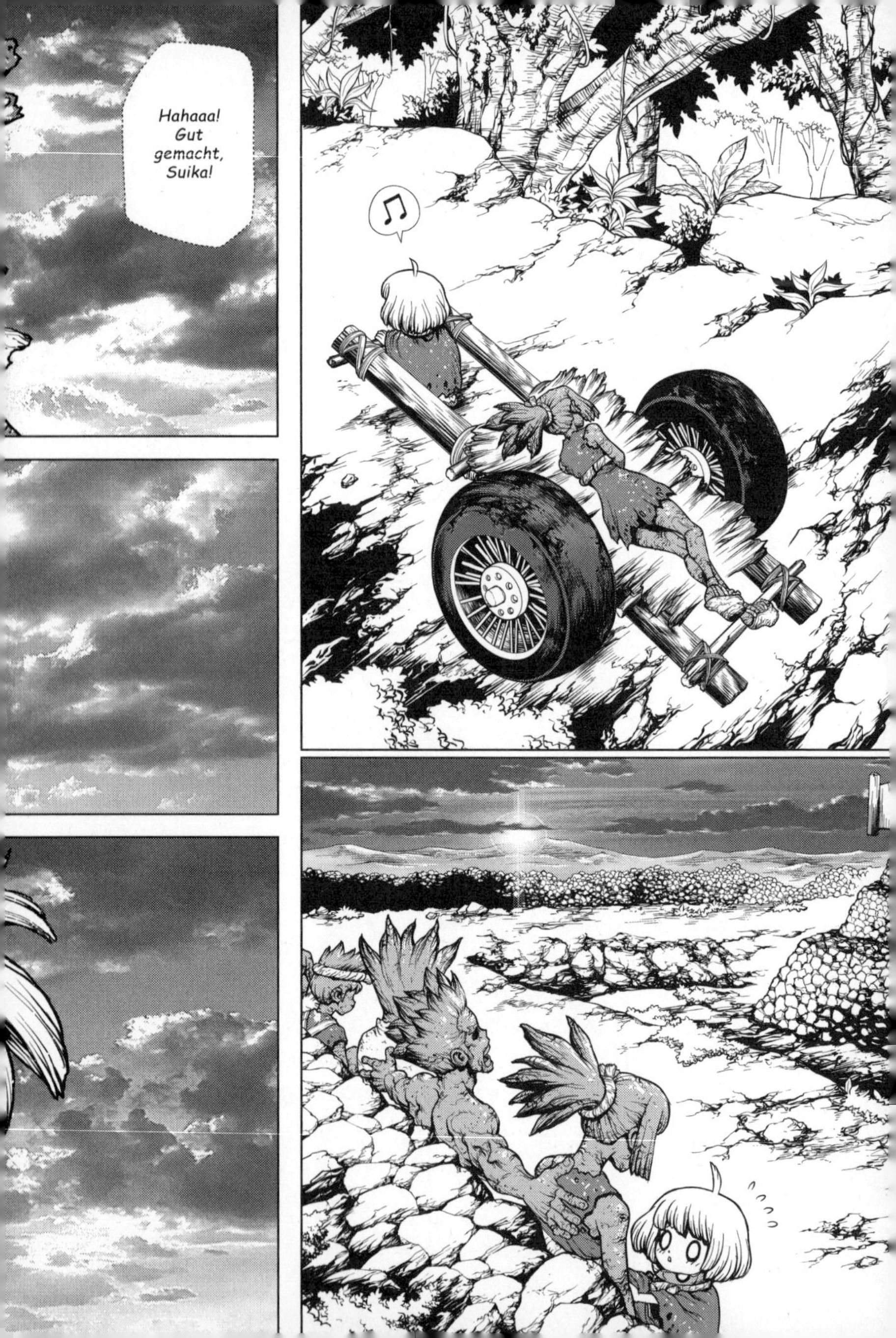

Hahaaa! Gut gemacht, Suika!
♫

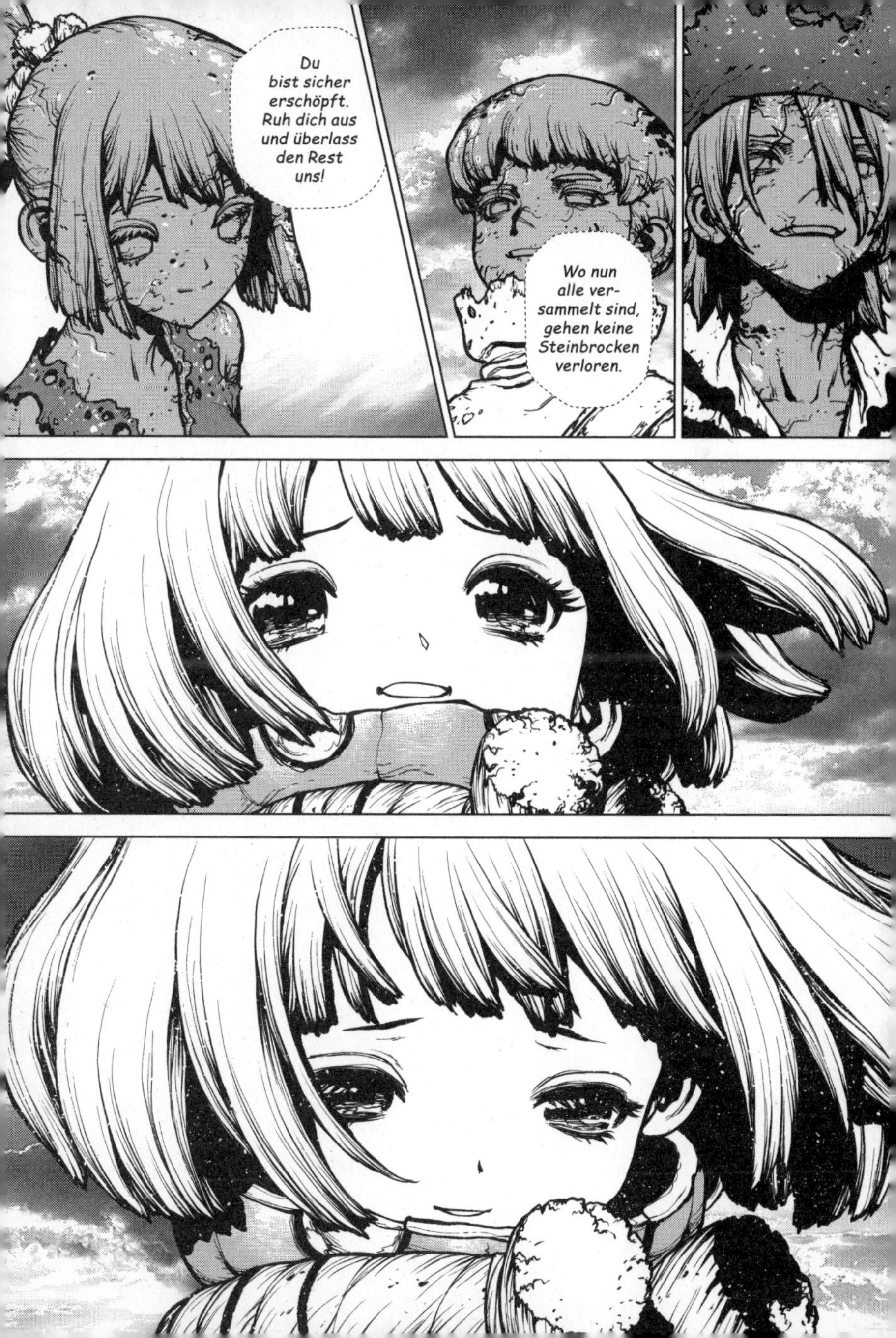
Wo nun alle versammelt sind, gehen keine Steinbrocken verloren.
Du bist sicher erschöpft. Ruh dich aus und überlass den Rest uns!

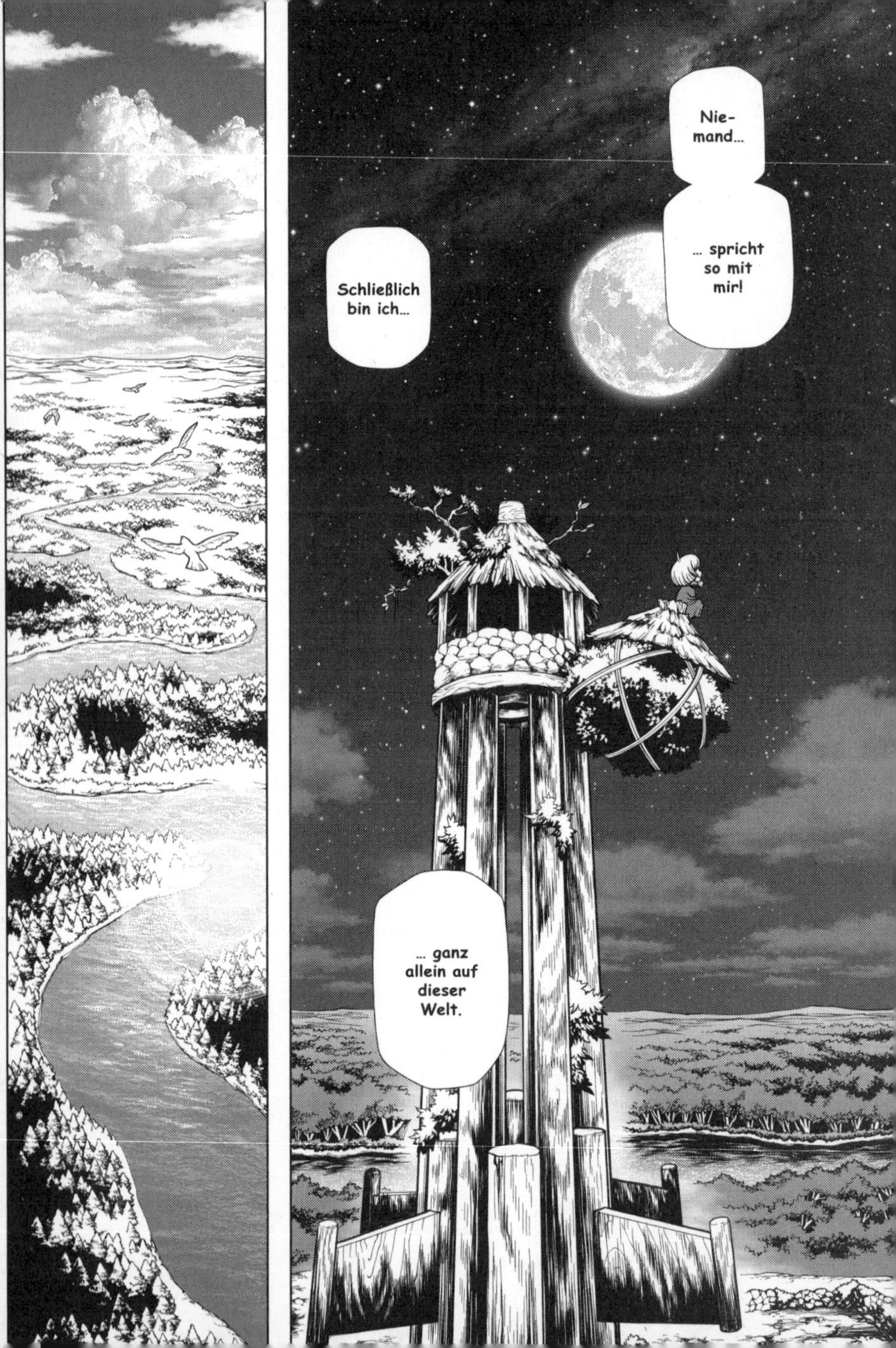
Niemand...
... spricht so mit mir!
Schließlich bin ich...
... ganz allein auf dieser Welt.

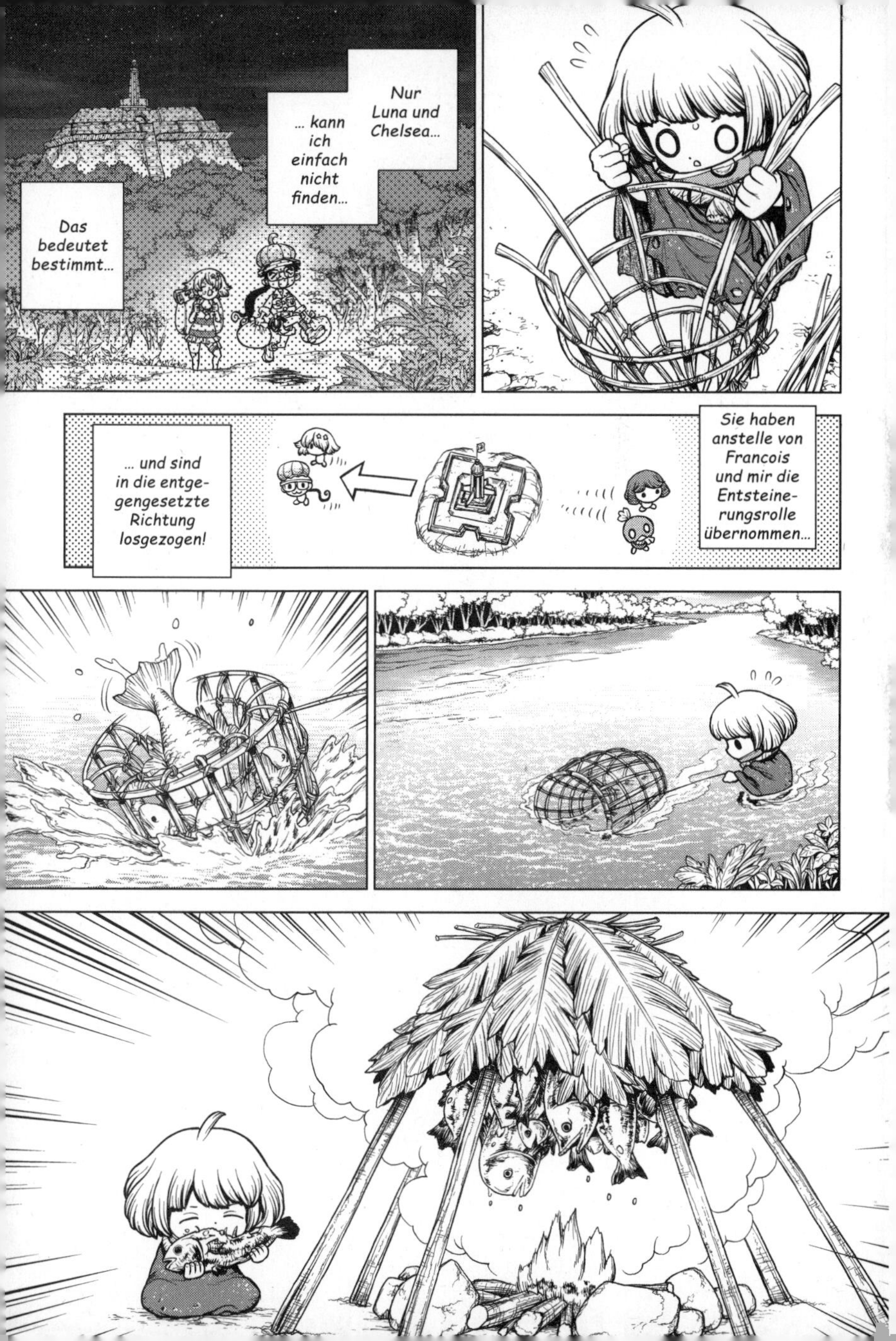
Nur Luna und Chelsea...
... kann ich einfach nicht finden...
Das bedeutet bestimmt...
Sie haben anstelle von Francois und mir die Entsteine-rungsrolle übernommen...
... und sind in die entge-gengesetzte Richtung losgezogen!

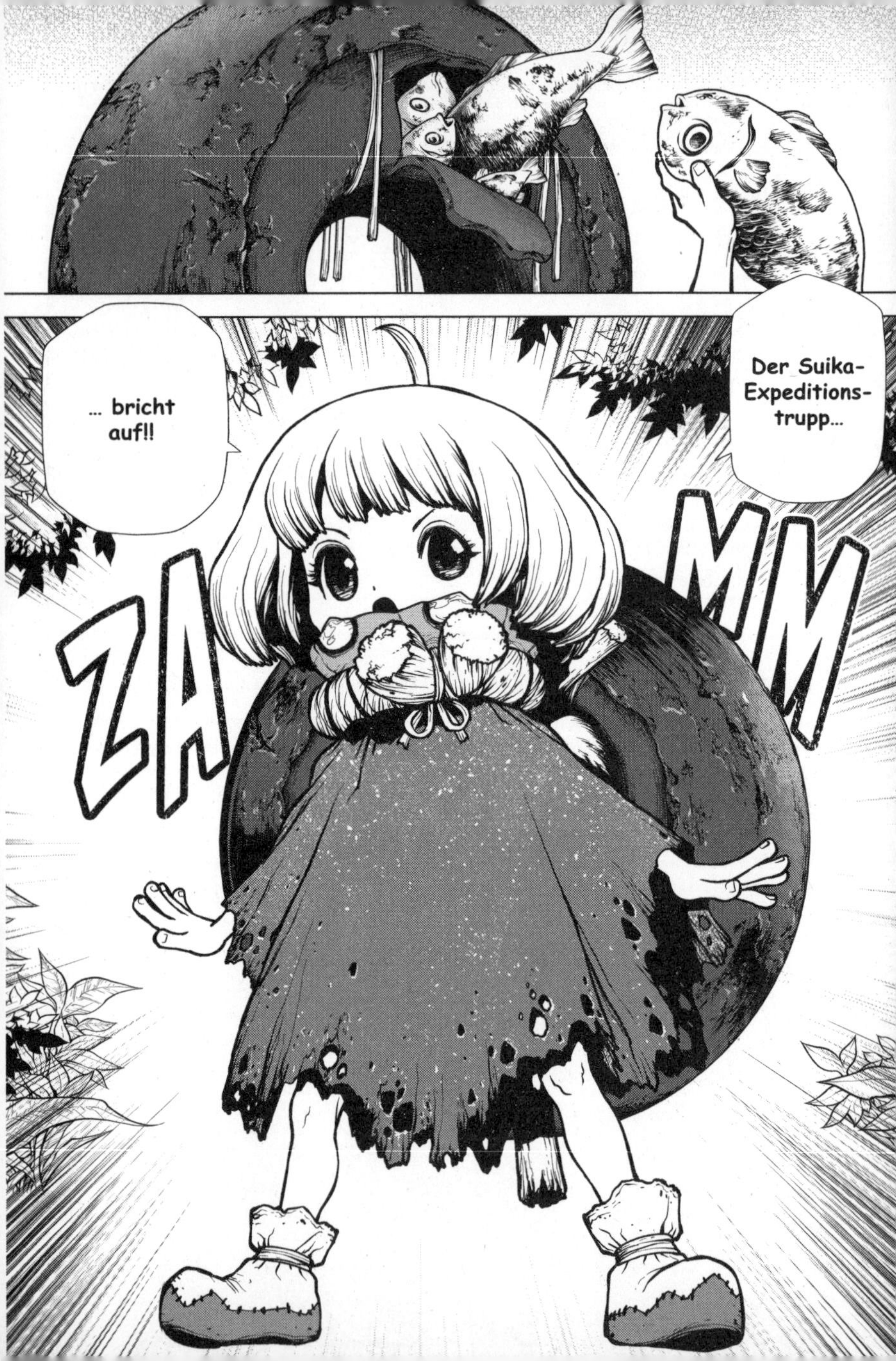
Der Suika-Expeditions-trupp…
… bricht auf!!
ZAMM

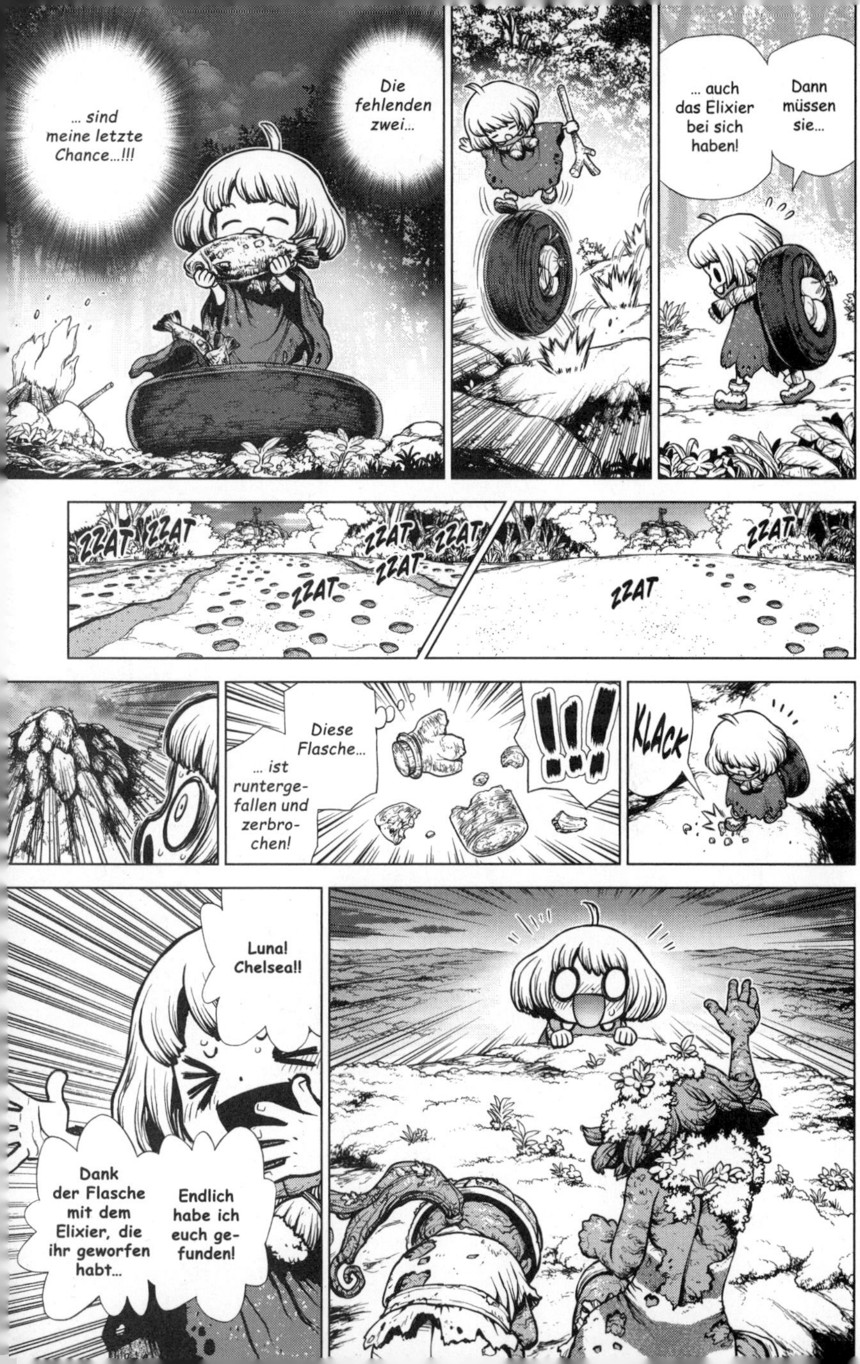

Dann müssen sie...
... auch das Elixier bei sich haben!
Die fehlenden zwei...
... sind meine letzte Chance...!!!
ZZAT ZZAT ZZAT ZZAT ZZAT ZZAT
ZZAT ZZAT
KLACK
!!!
Diese Flasche...
... ist runtergefallen und zerbrochen!
Luna! Chelsea!!
Endlich habe ich euch gefunden!
Dank der Flasche mit dem Elixier, die ihr geworfen habt...

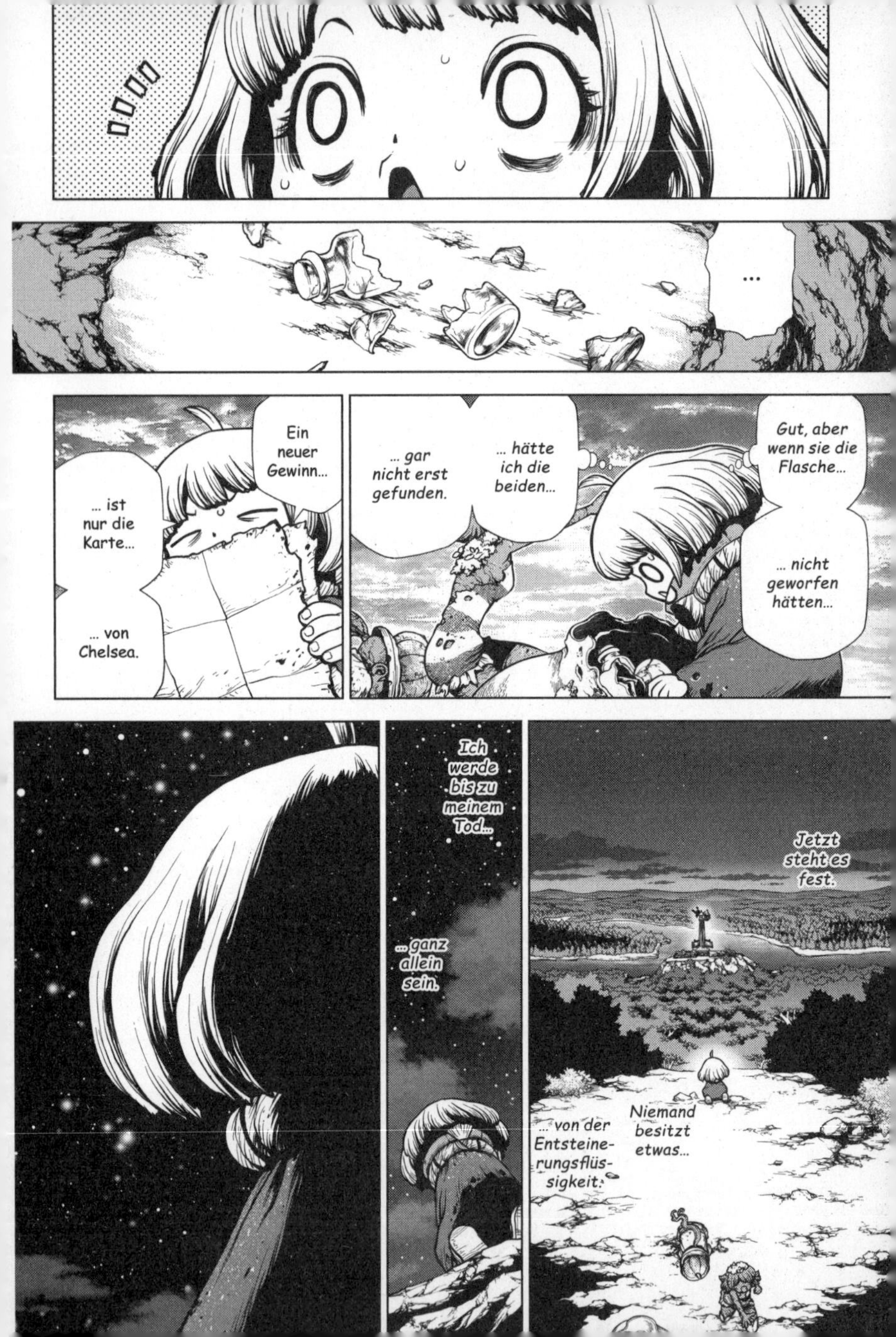
...
Gut, aber wenn sie die Flasche...
... nicht geworfen hätten...
... hätte ich die beiden...
... gar nicht erst gefunden.
Ein neuer Gewinn...
... ist nur die Karte...
... von Chelsea.
Jetzt steht es fest.
Niemand besitzt etwas...
... von der Entsteine-rungsflüssigkeit.
Ich werde bis zu meinem Tod...
... ganz allein sein.

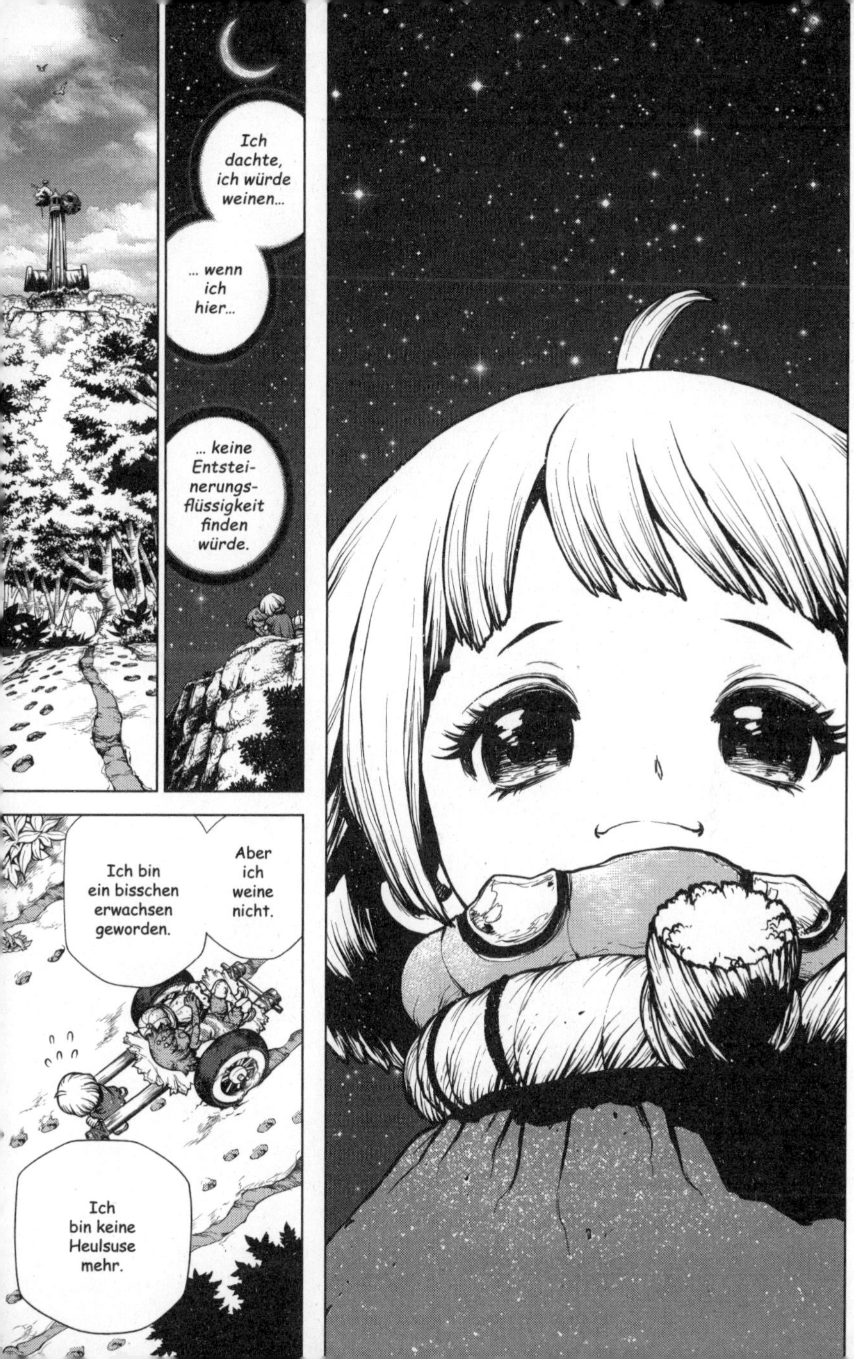
Ich dachte, ich würde weinen...
... wenn ich hier...
... keine Entsteinerungsflüssigkeit finden würde.
Aber ich weine nicht.
Ich bin ein bisschen erwachsen geworden.
Ich bin keine Heulsuse mehr.

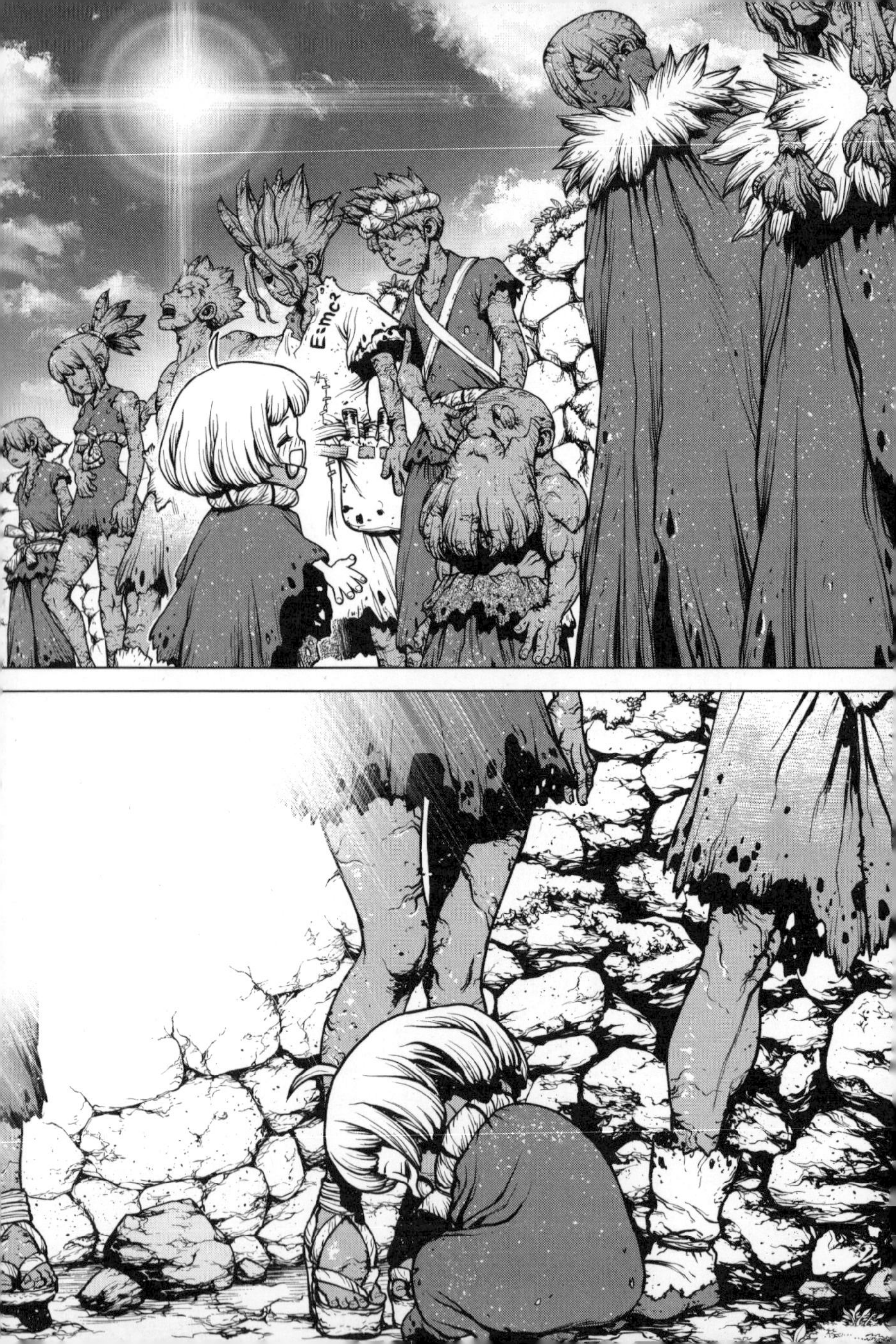
E=mc²

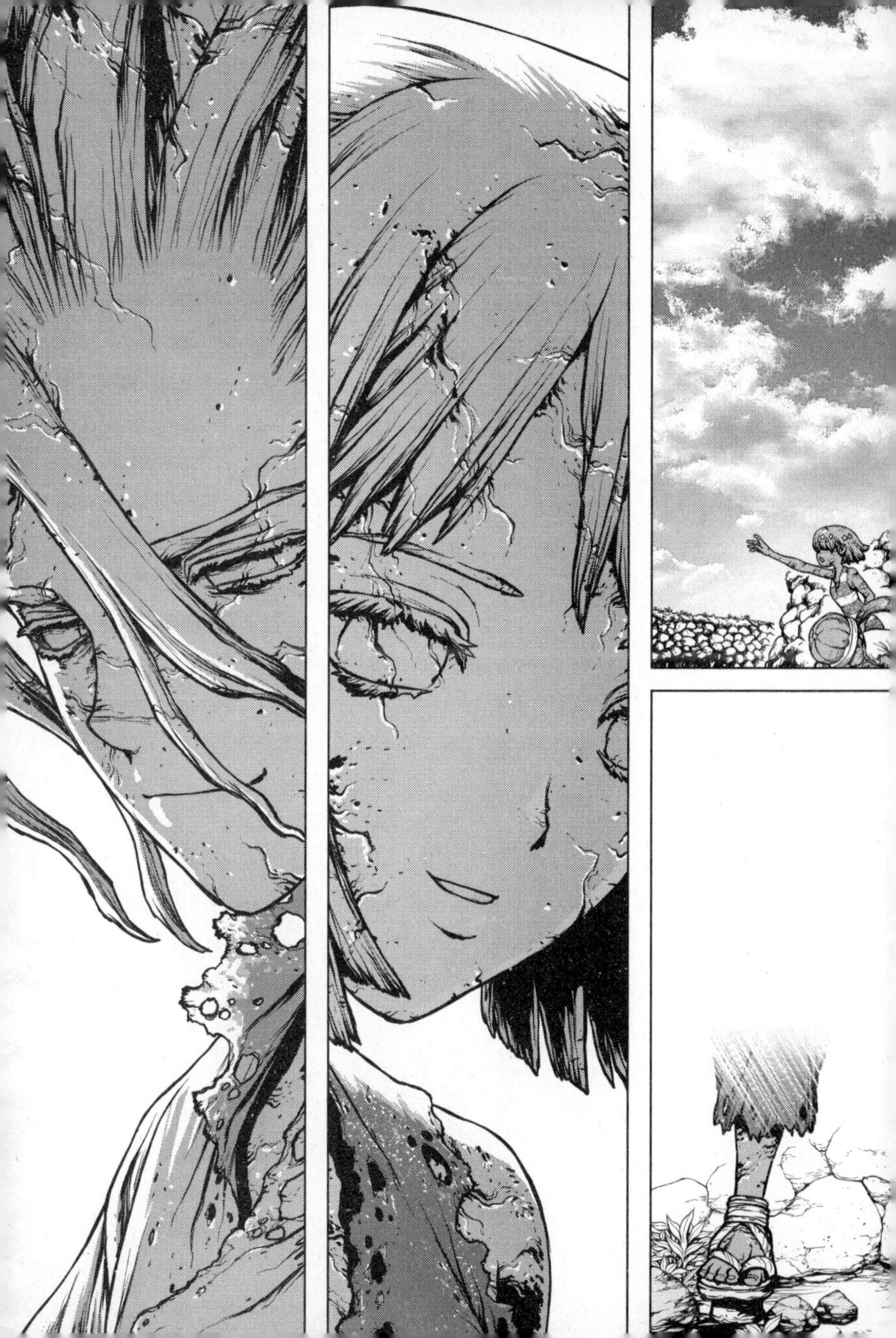

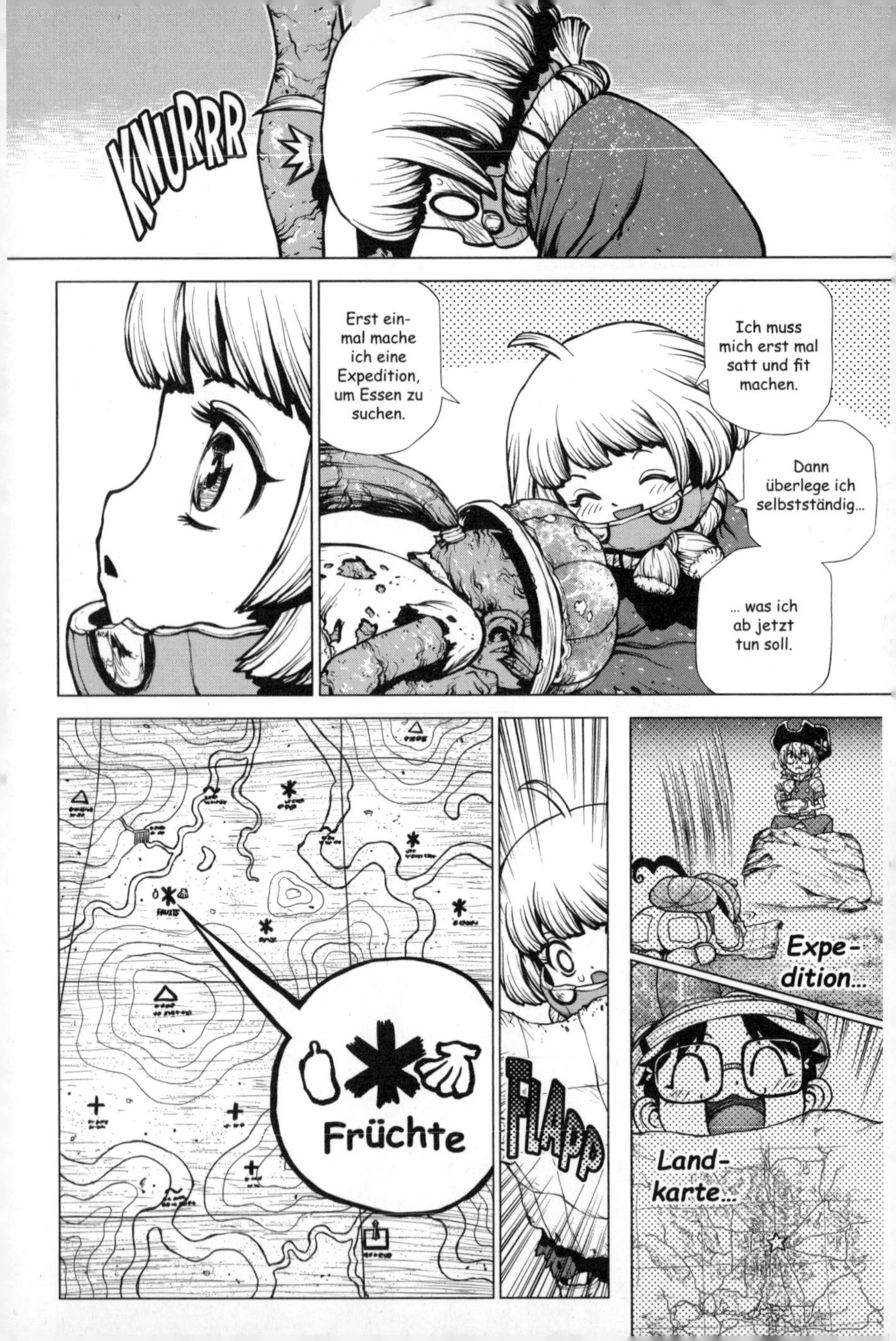
KNURRR
Ich muss mich erst mal satt und fit machen.
Dann überlege ich selbstständig...
... was ich ab jetzt tun soll.
Erst ein-mal mache ich eine Expedition, um Essen zu suchen.
Expe-dition...
Land-karte...
FLAPP
Früchte

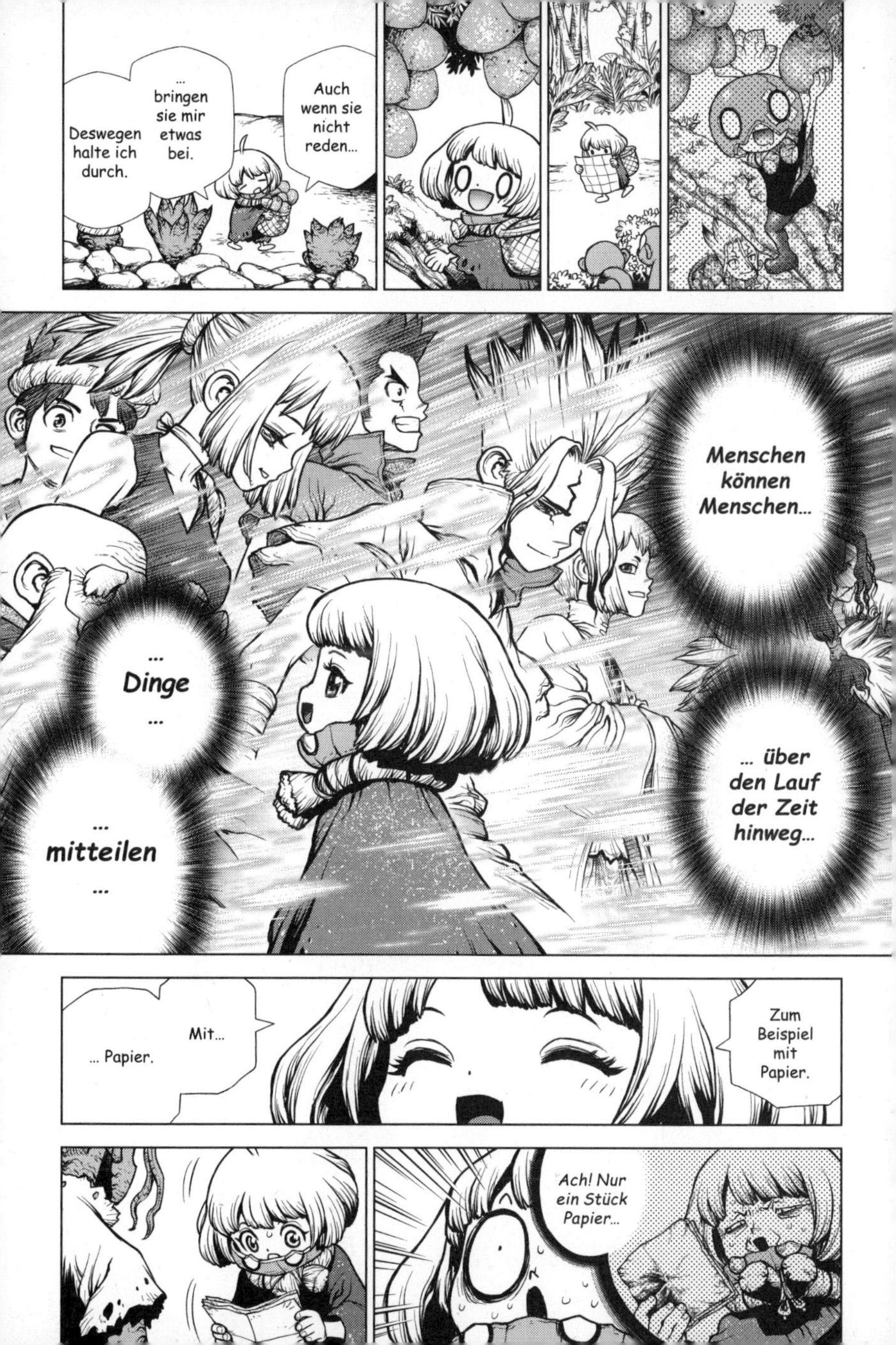
Auch wenn sie nicht reden...
... bringen sie mir etwas bei.
Deswegen halte ich durch.
Menschen können Menschen...
... über den Lauf der Zeit hinweg...
... Dinge ...
... mitteilen ...
Zum Beispiel mit Papier.
Mit...
... Papier.
Ach! Nur ein Stück Papier...

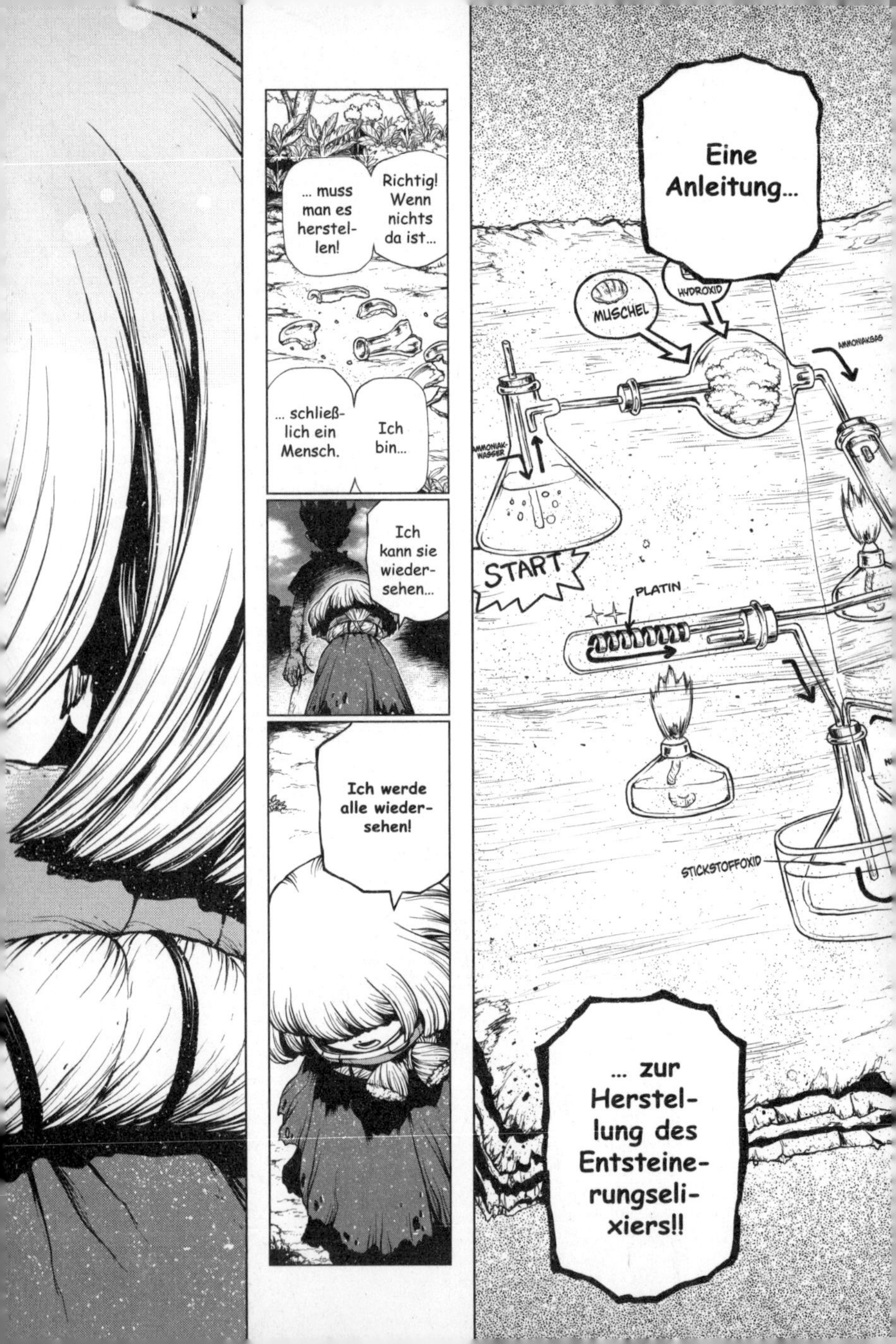
Eine Anleitung…
MUSCHEL
HYDROXID
AMMONIAKGAS
AMMONIAK-WASSER
START
PLATIN
STICKSTOFFOXID
… zur Herstellung des Entsteinerungselixiers!!
Richtig! Wenn nichts da ist…
… muss man es herstellen!
Ich bin…
… schließlich ein Mensch.
Ich kann sie wiedersehen…
Ich werde alle wiedersehen!

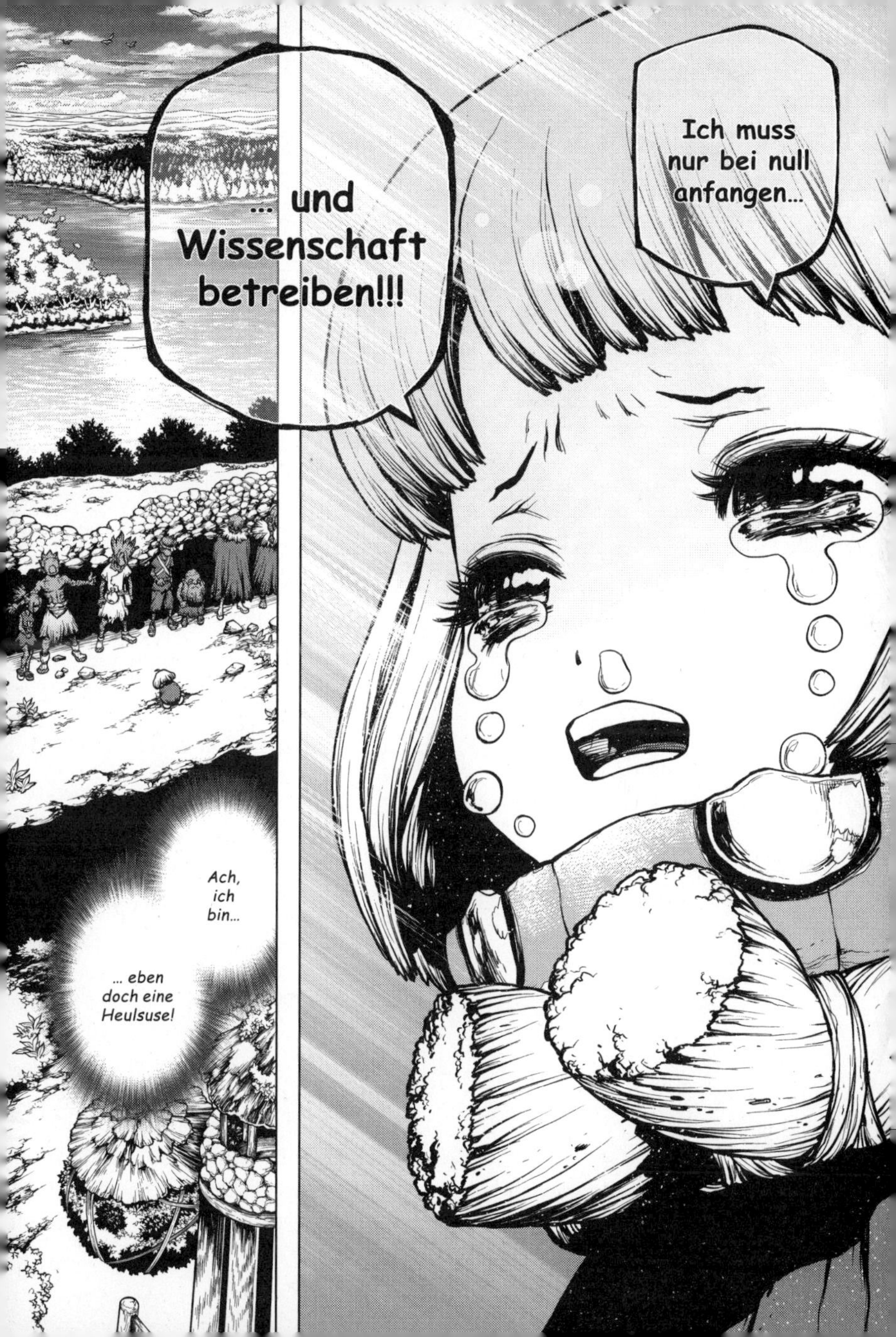
Ich muss nur bei null anfangen...
... und Wissenschaft betreiben!!!
Ach, ich bin...
... eben doch eine Heulsuse!

Z=196
Einsame Wissenschaftlerin

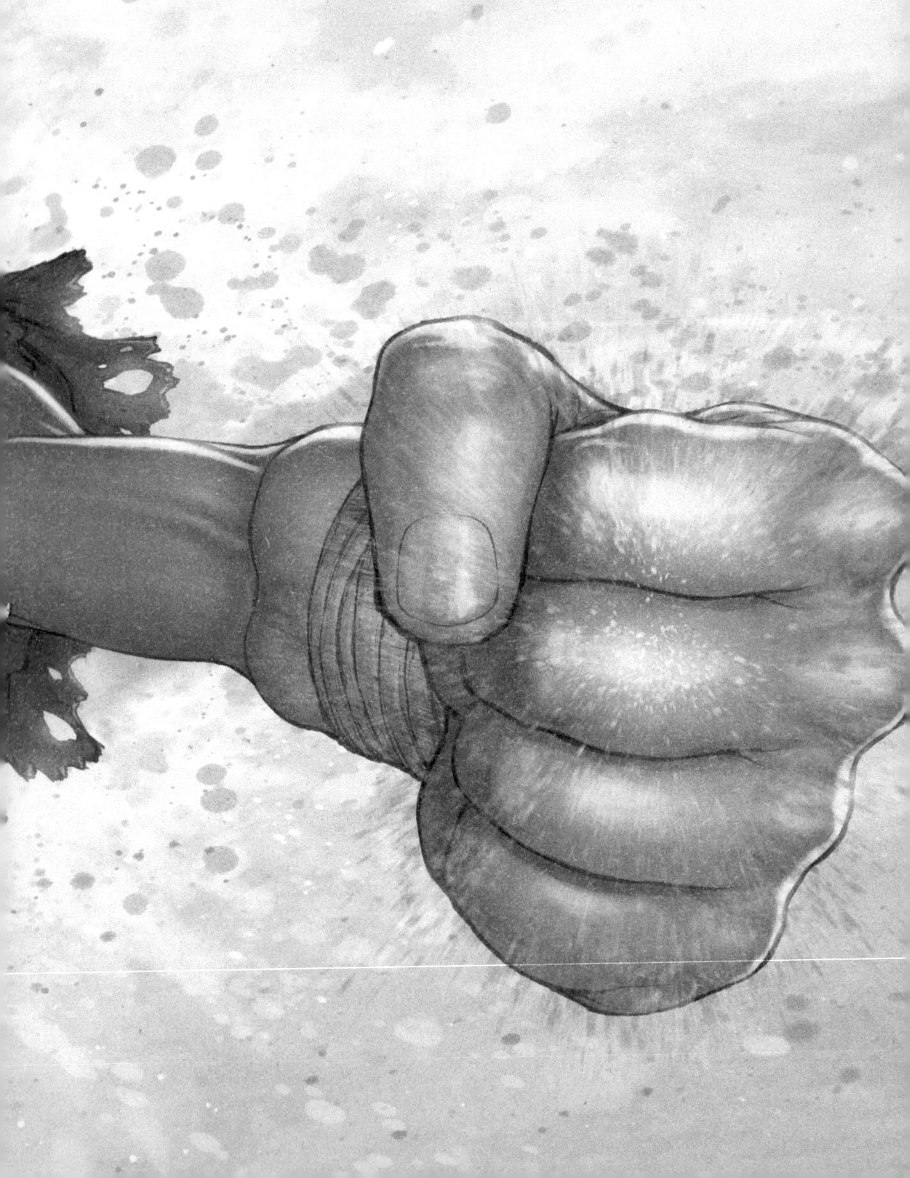

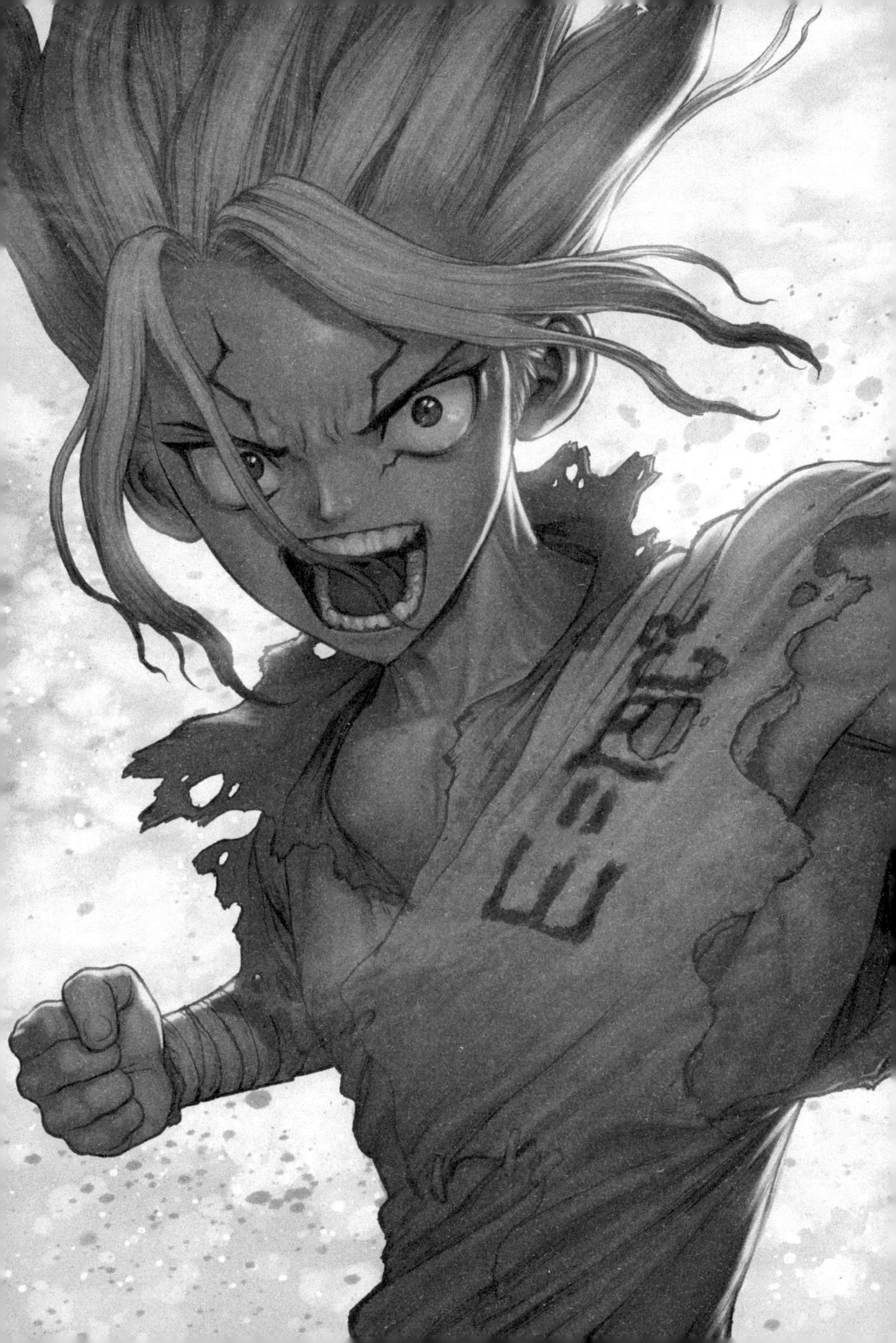

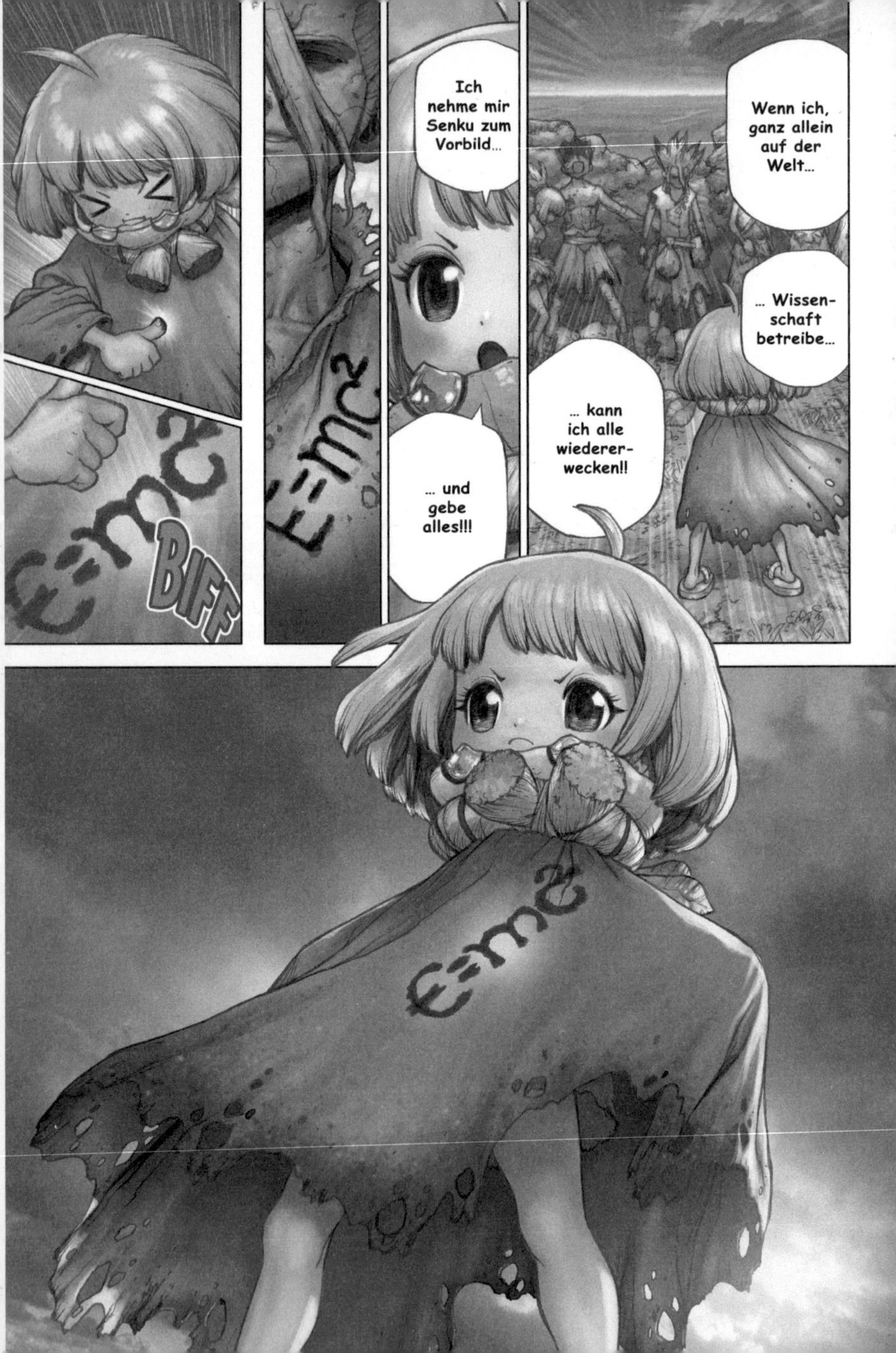
Wenn ich, ganz allein auf der Welt...
... Wissenschaft betreibe...
... kann ich alle wiedererwecken!!
Ich nehme mir Senku zum Vorbild...
... und gebe alles!!!
BIFF

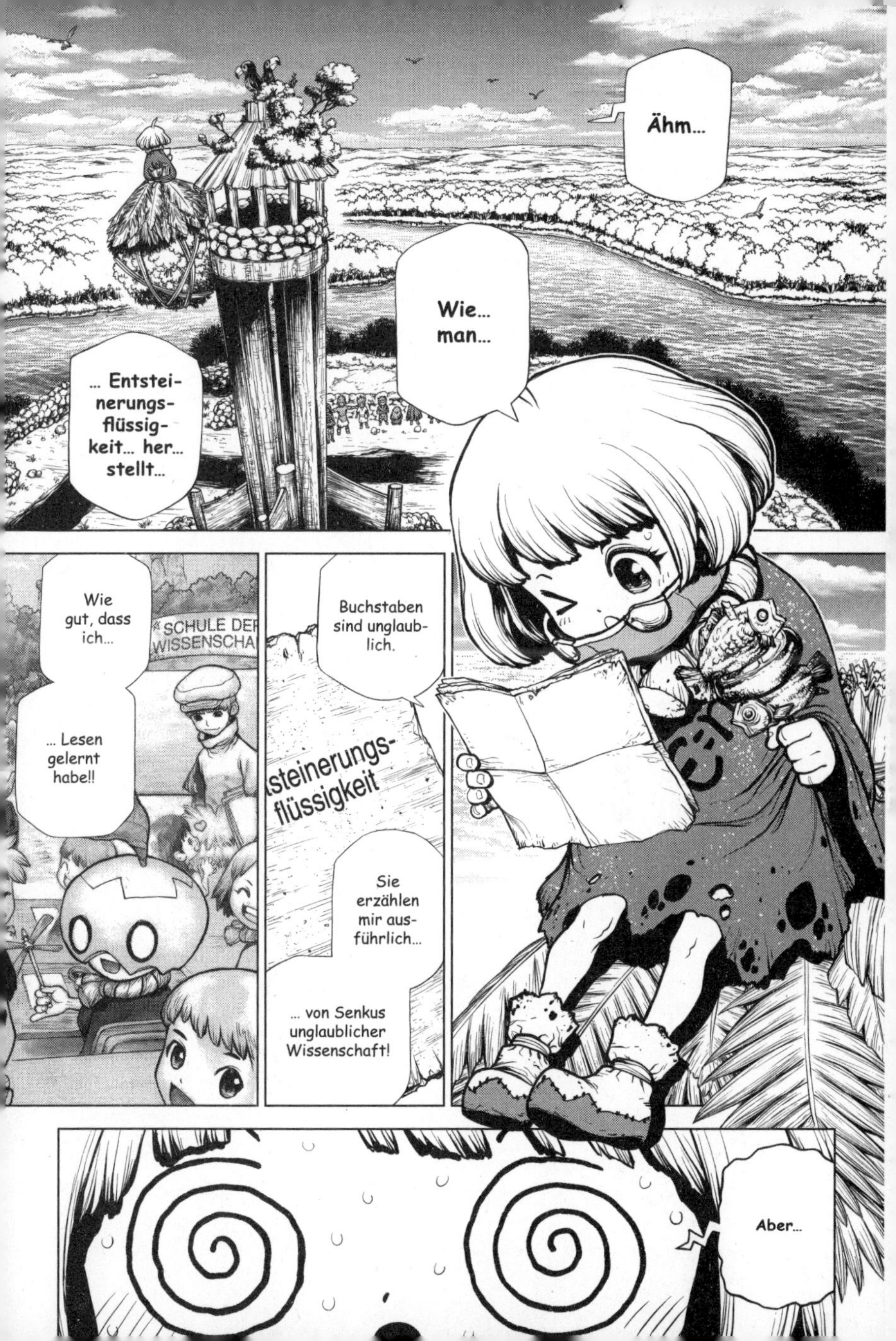
Ähm...
Wie... man...
... Entsteinerungsflüssigkeit... her... stellt...
Buchstaben sind unglaublich.
steinerungs-
flüssigkeit
Sie erzählen mir ausführlich...
... von Senkus unglaublicher Wissenschaft!
Wie gut, dass ich...
SCHULE DER
WISSENSCHA
... Lesen gelernt habe!!
Aber...

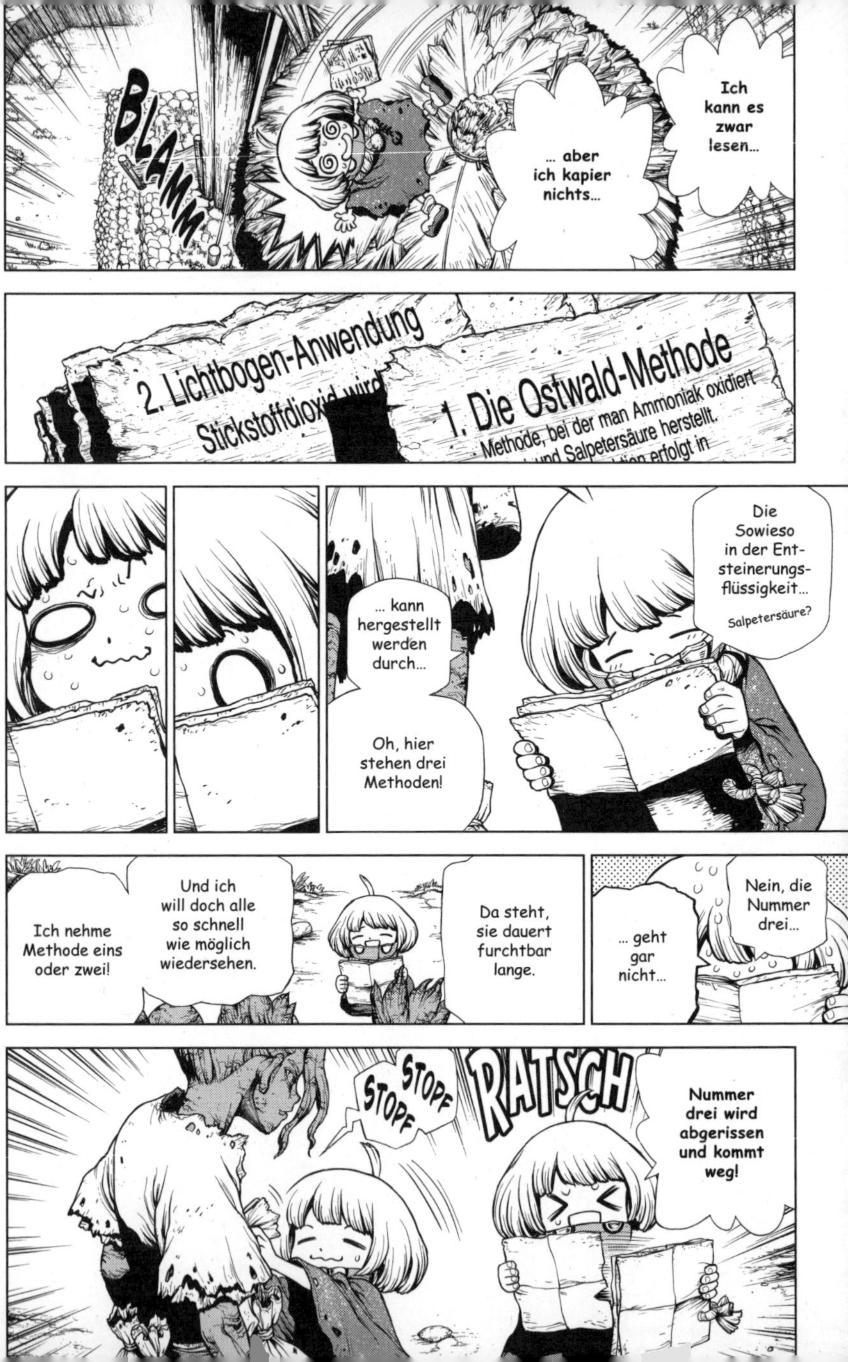
Ich kann es zwar lesen...
... aber ich kapier nichts...
BLAMM
1. Die Ostwald-Methode
Methode, bei der man Ammoniak oxidiert
und Salpetersäure herstellt.
2. Lichtbogen-Anwendung
Die Sowieso in der Entsteinerungsflüssigkeit...
Salpetersäure?
... kann hergestellt werden durch...
Oh, hier stehen drei Methoden!
Nein, die Nummer drei...
... geht gar nicht...
Da steht, sie dauert furchtbar lange.
Und ich will doch alle so schnell wie möglich wiedersehen.
Ich nehme Methode eins oder zwei!
Nummer drei wird abgerissen und kommt weg!
RATSCH
STOPF
STOPF

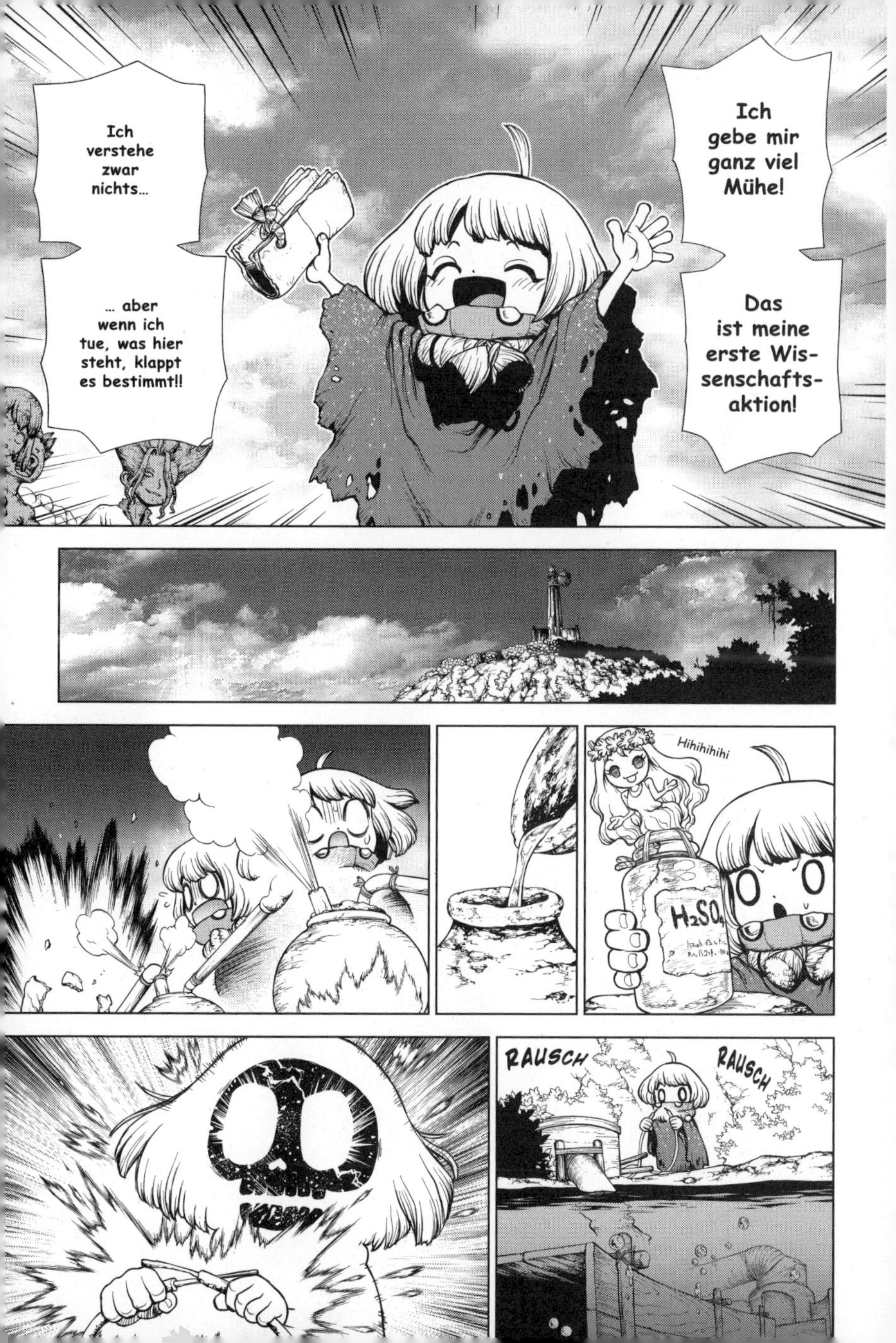
Ich gebe mir ganz viel Mühe!
Das ist meine erste Wissenschaftsaktion!
Ich verstehe zwar nichts…
… aber wenn ich tue, was hier steht, klappt es bestimmt!!
Hihihihihi
H_2SO_4
RAUSCH
RAUSCH

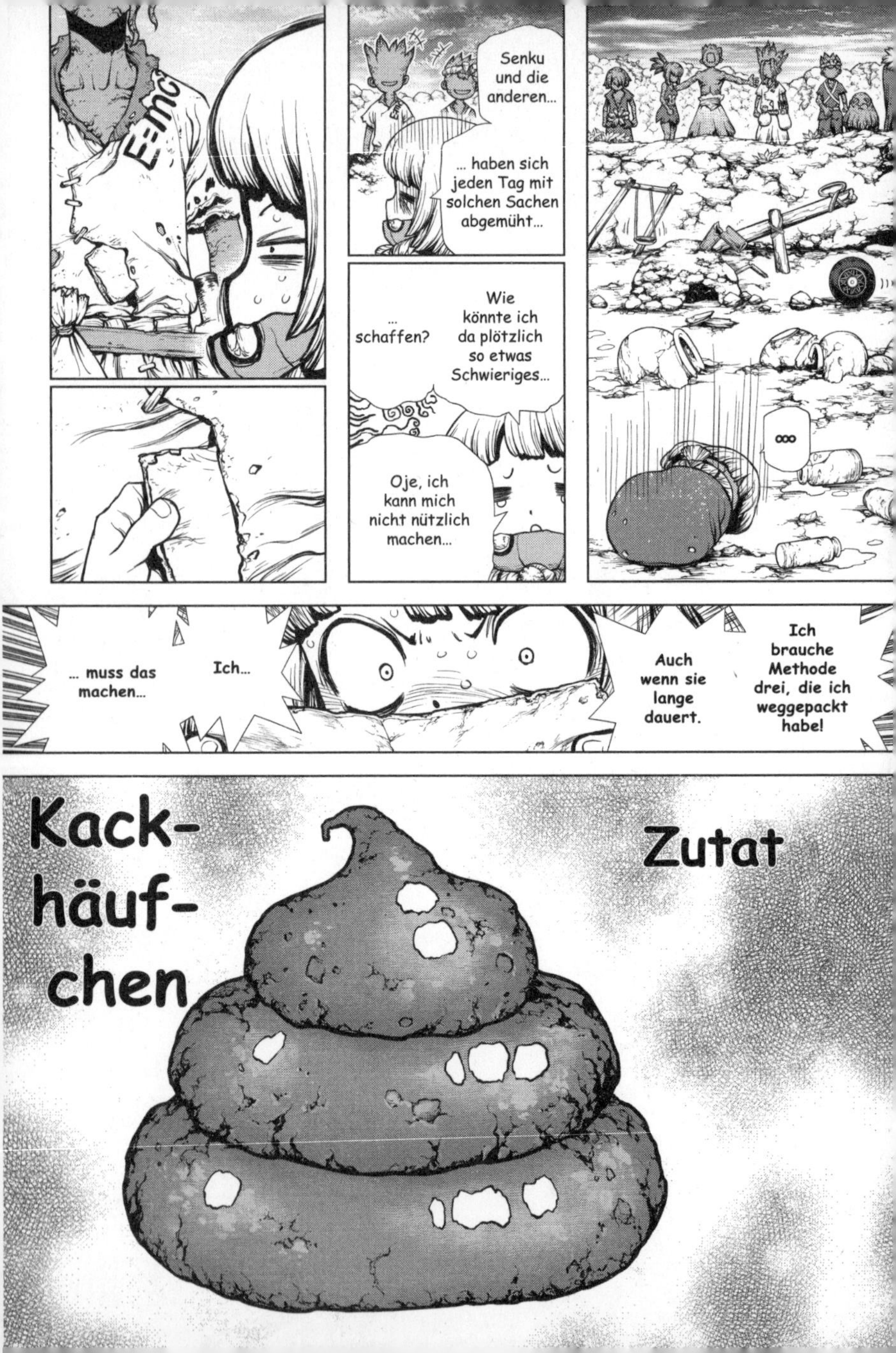

Senku und die anderen...
... haben sich jeden Tag mit solchen Sachen abgemüht...
Wie könnte ich da plötzlich so etwas Schwieriges...
... schaffen?
Oje, ich kann mich nicht nützlich machen...
∞
Ich brauche Methode drei, die ich weggepackt habe!
Auch wenn sie lange dauert.
Ich...
... muss das machen...
E=mc
Zutat
Kack-häuf-chen

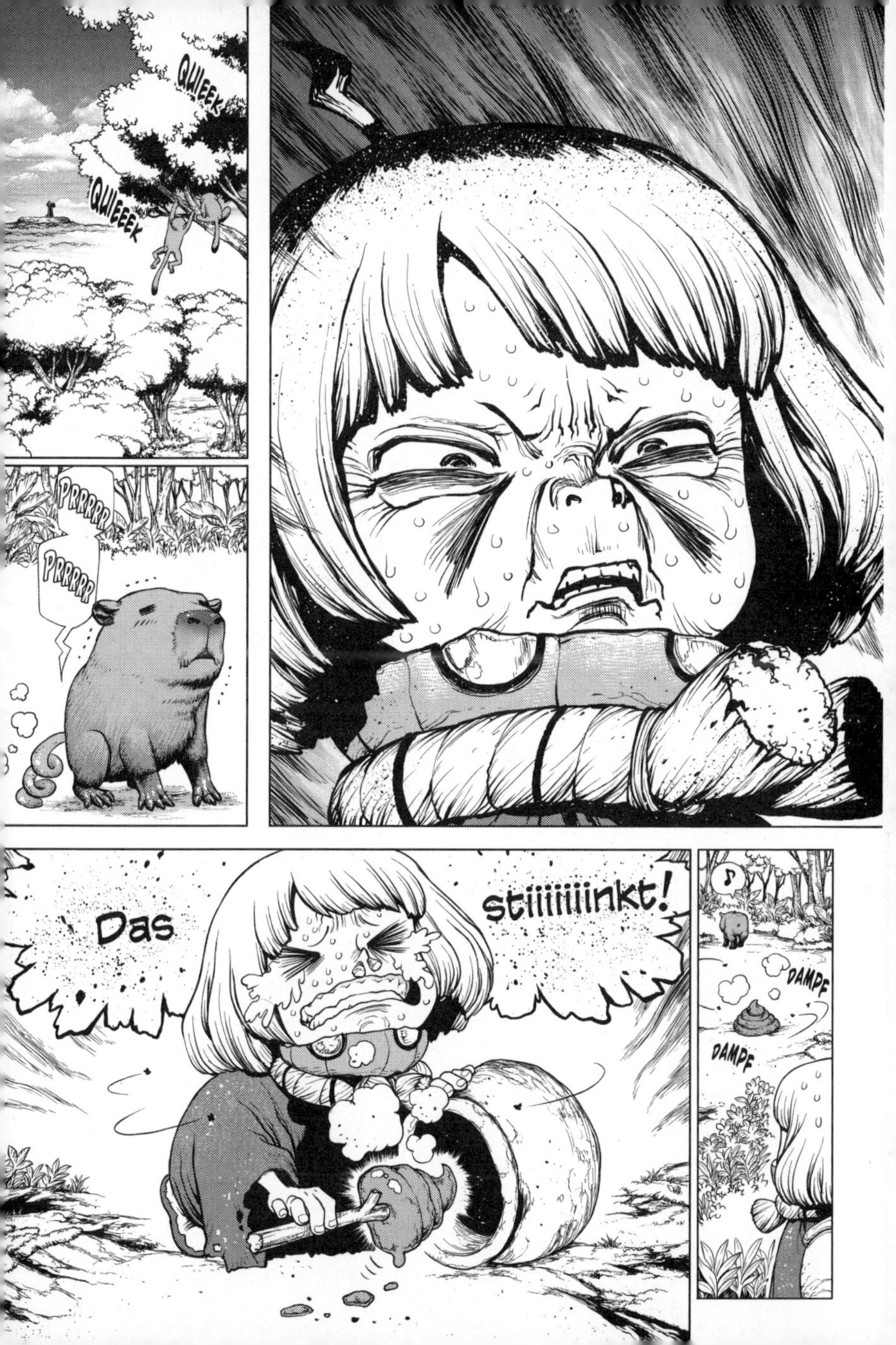
QUIEEK
QUIEEEK
PRRRRR
PRRRRR
DAMPF
DAMPF
Das stiiiiiiinkt!

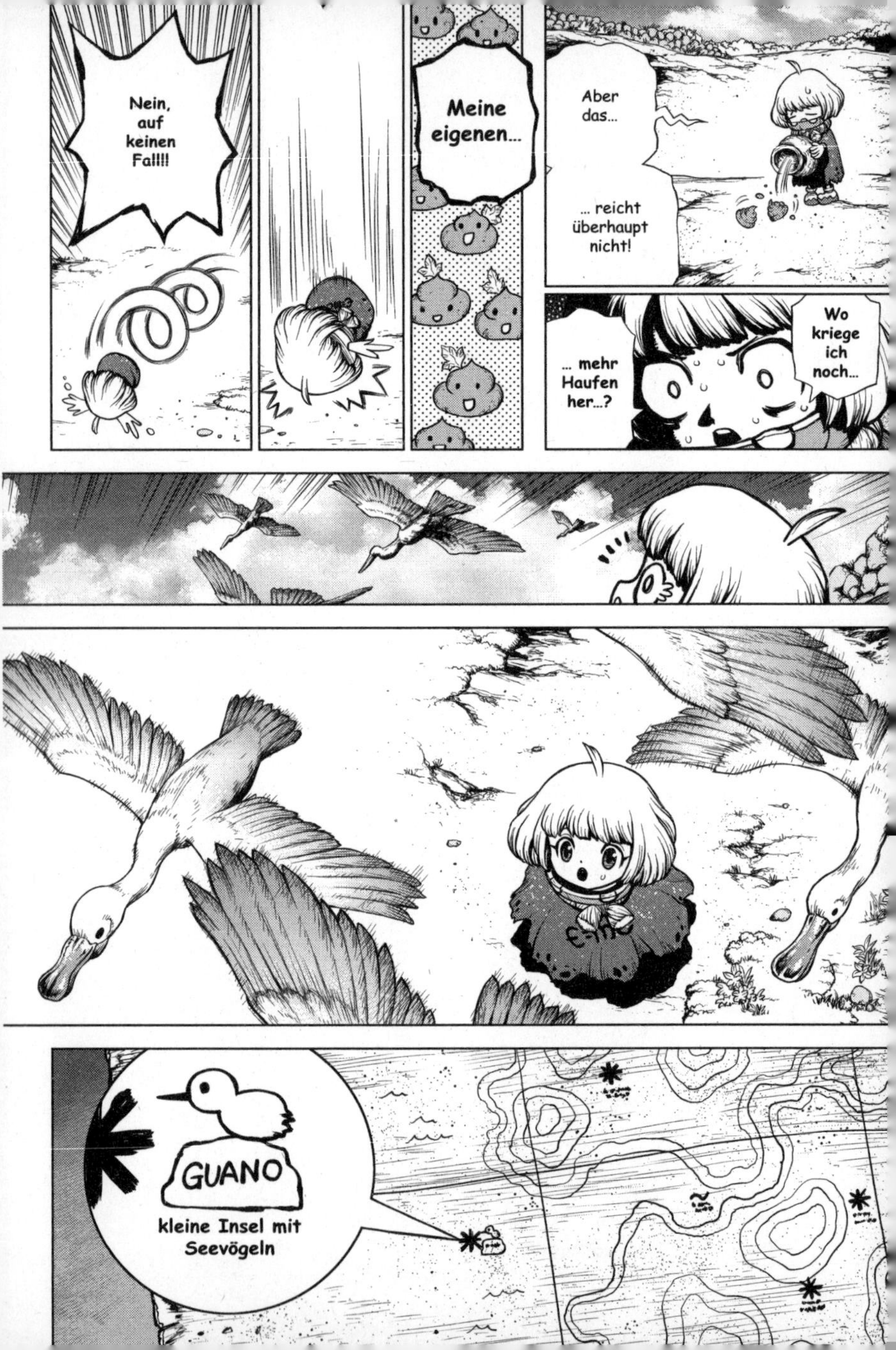

Aber das...
... reicht überhaupt nicht!
Meine eigenen...
Nein, auf keinen Fall!!!
Wo kriege ich noch...
... mehr Haufen her...?
GUANO
kleine Insel mit Seevögeln

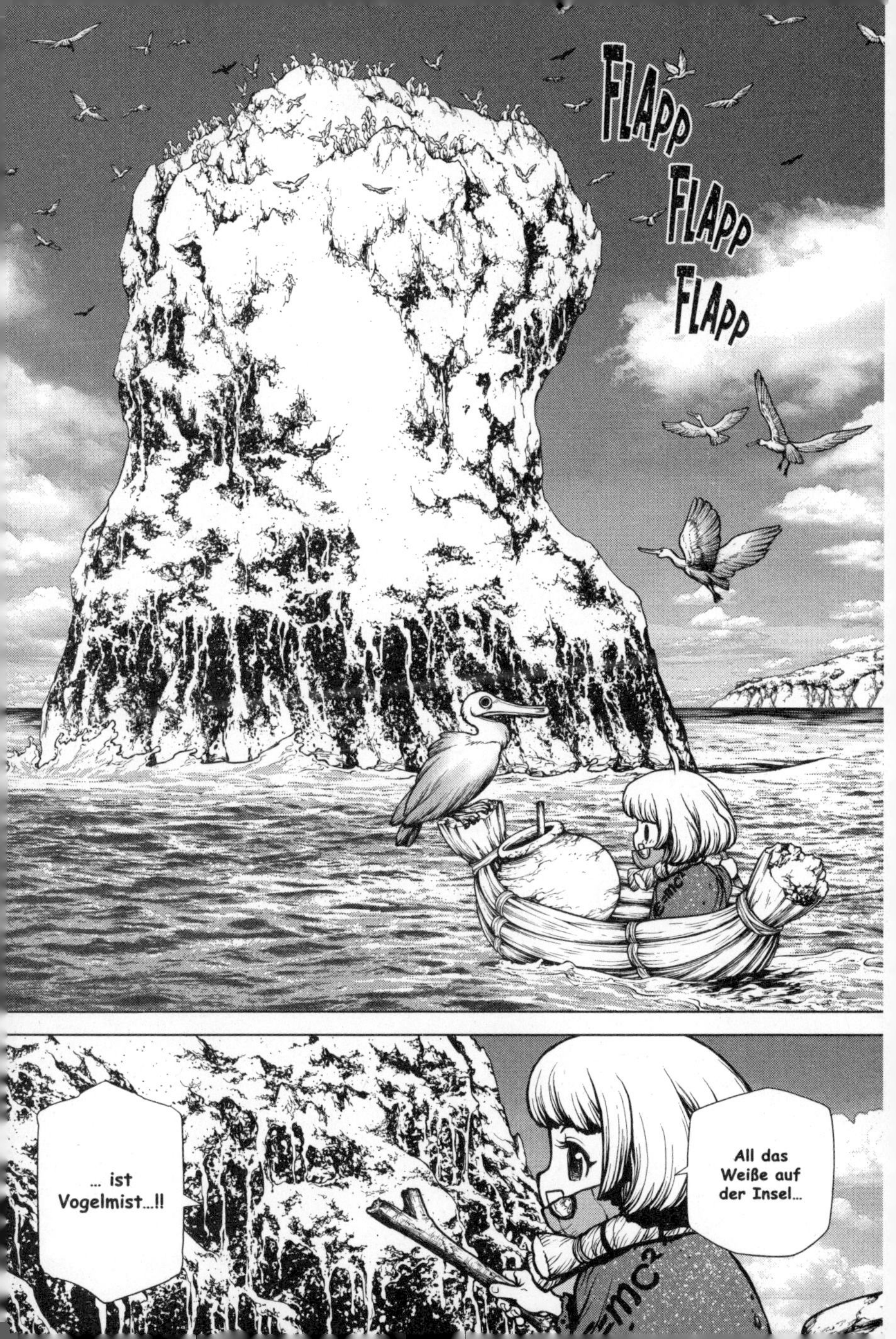
FLAPP
FLAPP
FLAPP
All das Weiße auf der Insel...
... ist Vogelmist...!!

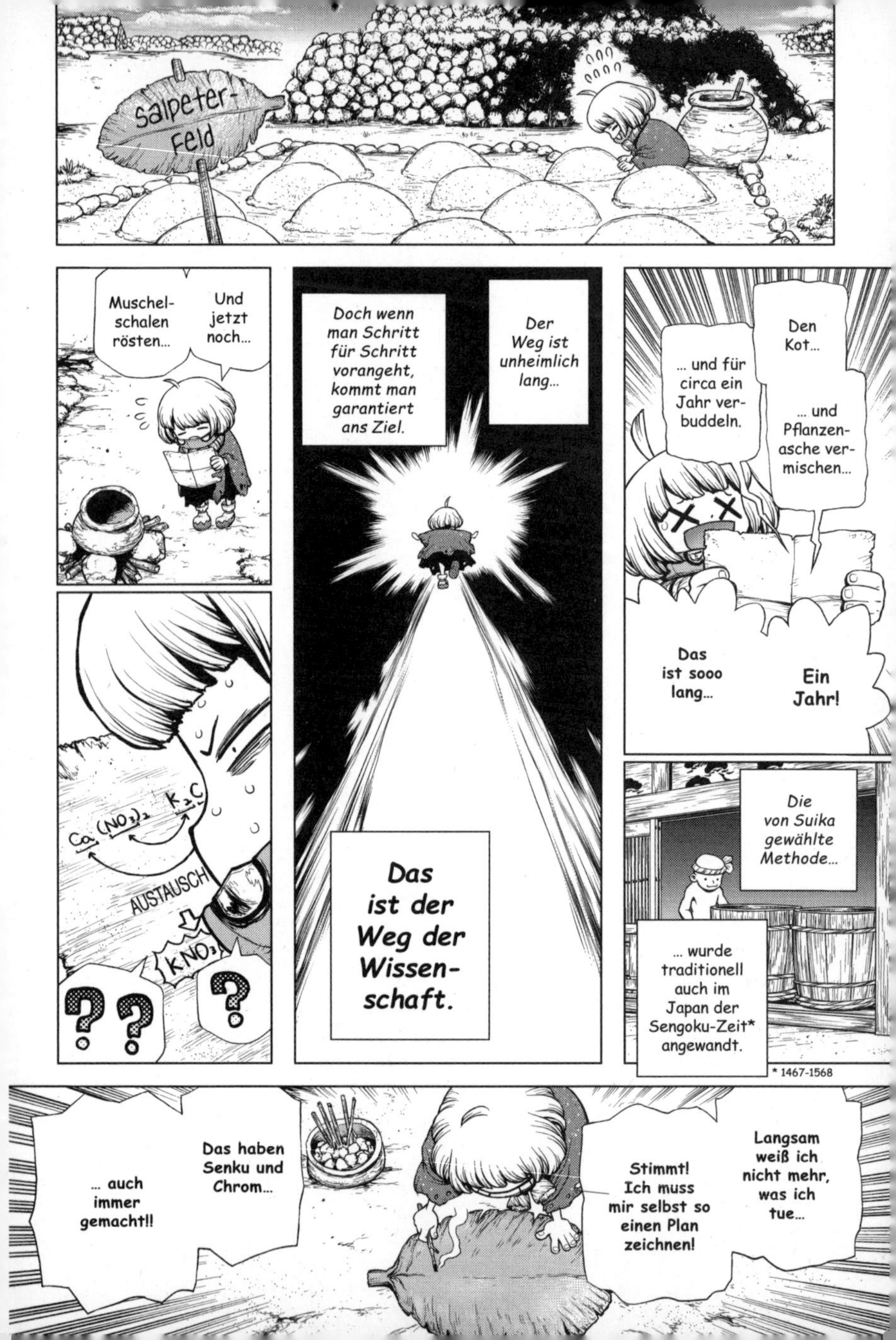
Salpeter-Feld
Den Kot...
... und Pflanzenasche vermischen...
... und für circa ein Jahr verbuddeln.
Ein Jahr!
Das ist sooo lang...
Die von Suika gewählte Methode...
... wurde traditionell auch im Japan der Sengoku-Zeit* angewandt.
* 1467-1568
Der Weg ist unheimlich lang...
Doch wenn man Schritt für Schritt vorangeht, kommt man garantiert ans Ziel.
Das ist der Weg der Wissenschaft.
Und jetzt noch...
Muschelschalen rösten...
Ca (NO3)2 K2C
AUSTAUSCH
KNO3
??
?
Langsam weiß ich nicht mehr, was ich tue...
Stimmt! Ich muss mir selbst so einen Plan zeichnen!
Das haben Senku und Chrom...
... auch immer gemacht!!

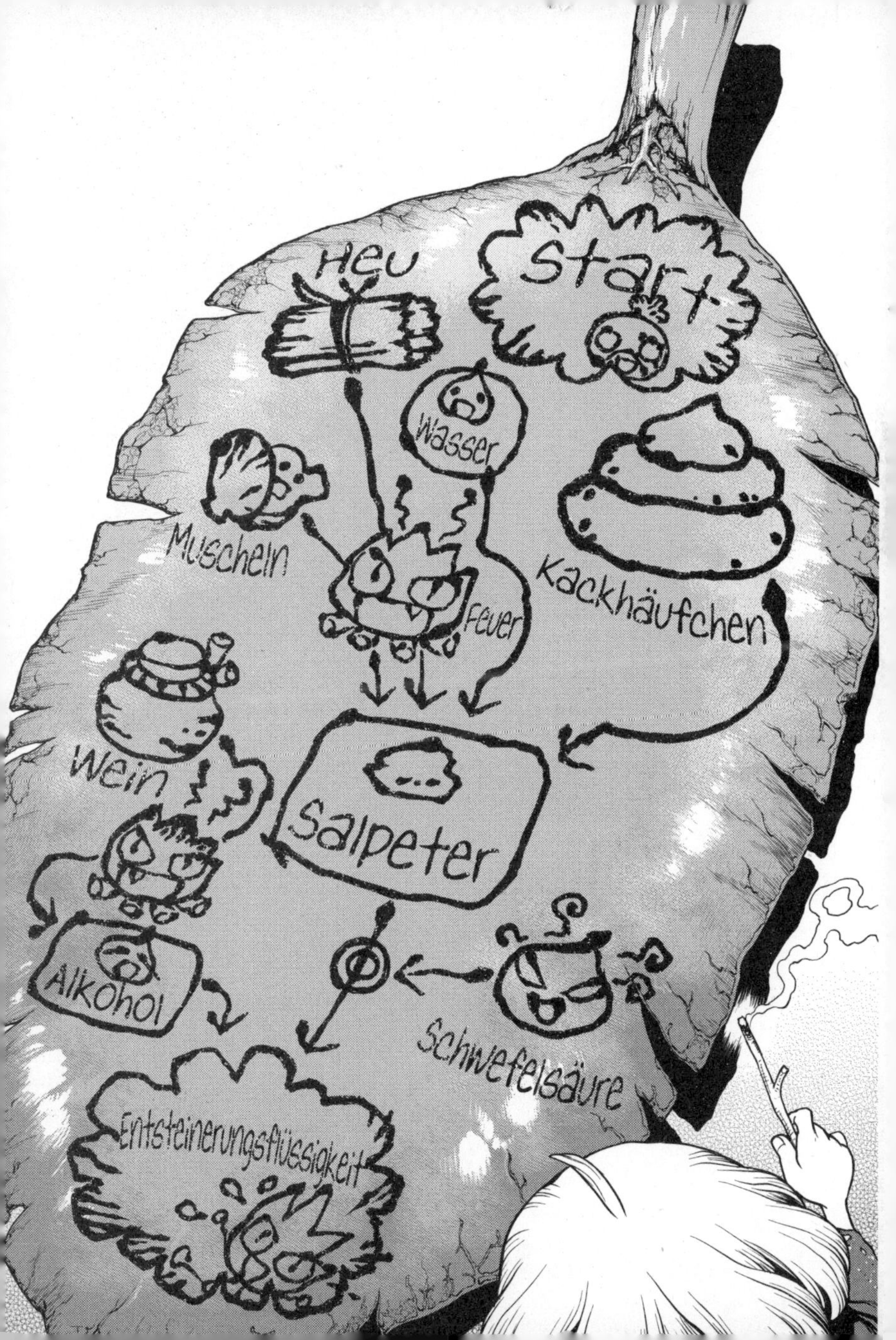
Start
Heu
Wasser
Muscheln
Kackhäufchen
Feuer
Wein
Salpeter
Alkohol
Schwefelsäure
Entsteinerungsflüssigkeit

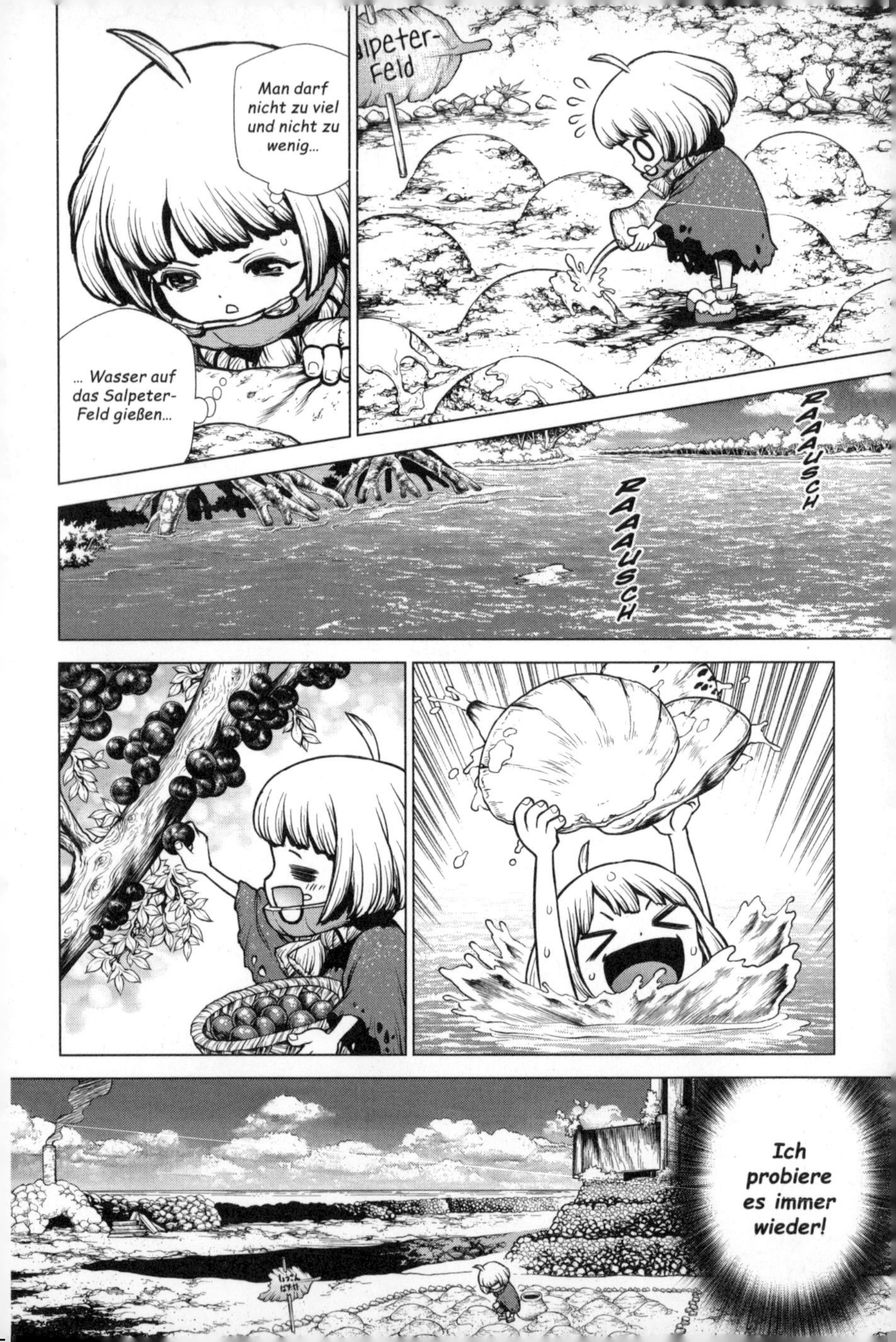
lpeter-
Feld
Man darf nicht zu viel und nicht zu wenig...
... Wasser auf das Salpeter-Feld gießen...
RAAAUSCH
RAAAUSCH
Ich probiere es immer wieder!

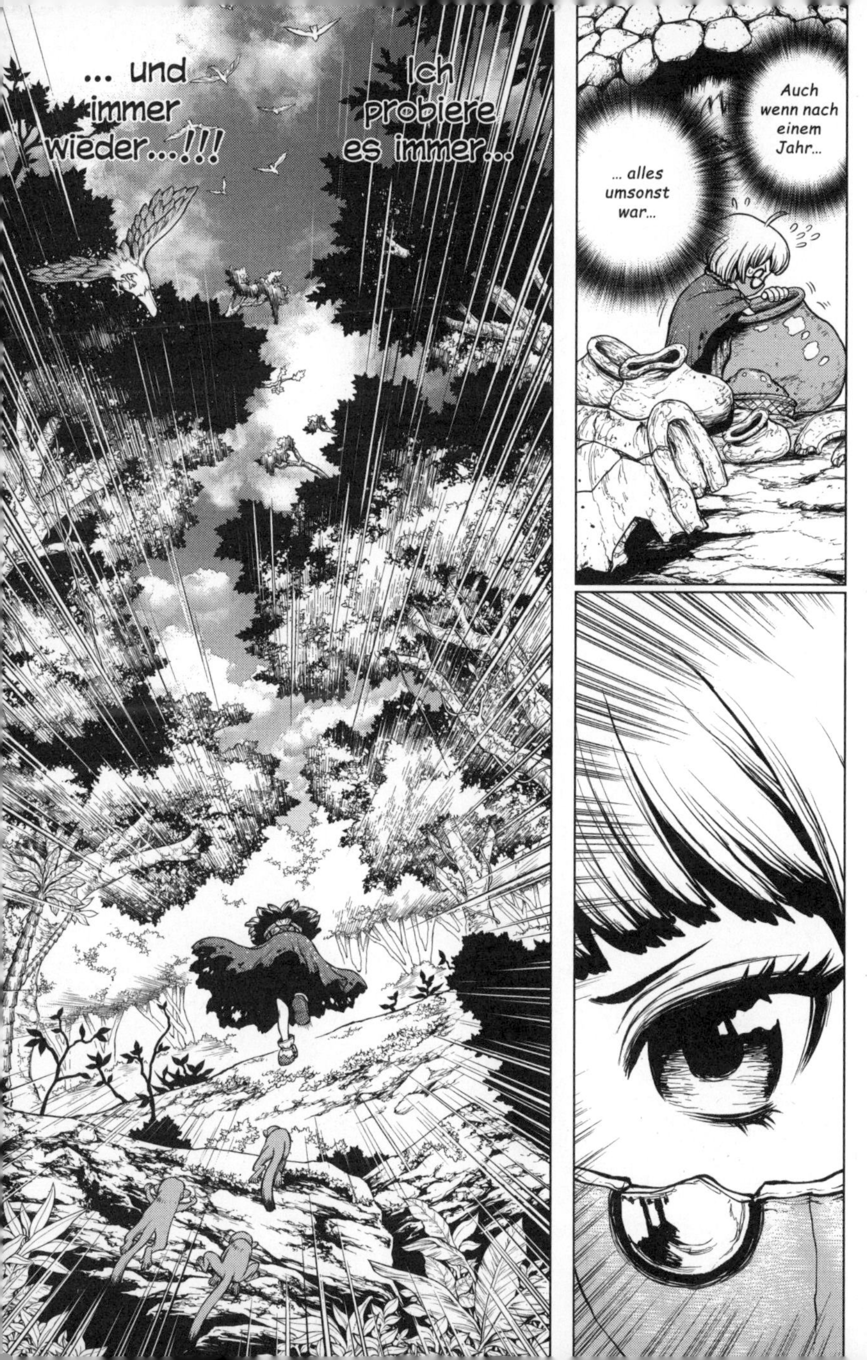
Auch wenn nach einem Jahr…
… alles umsonst war…
Ich probiere es immer…
… und immer wieder…!!!

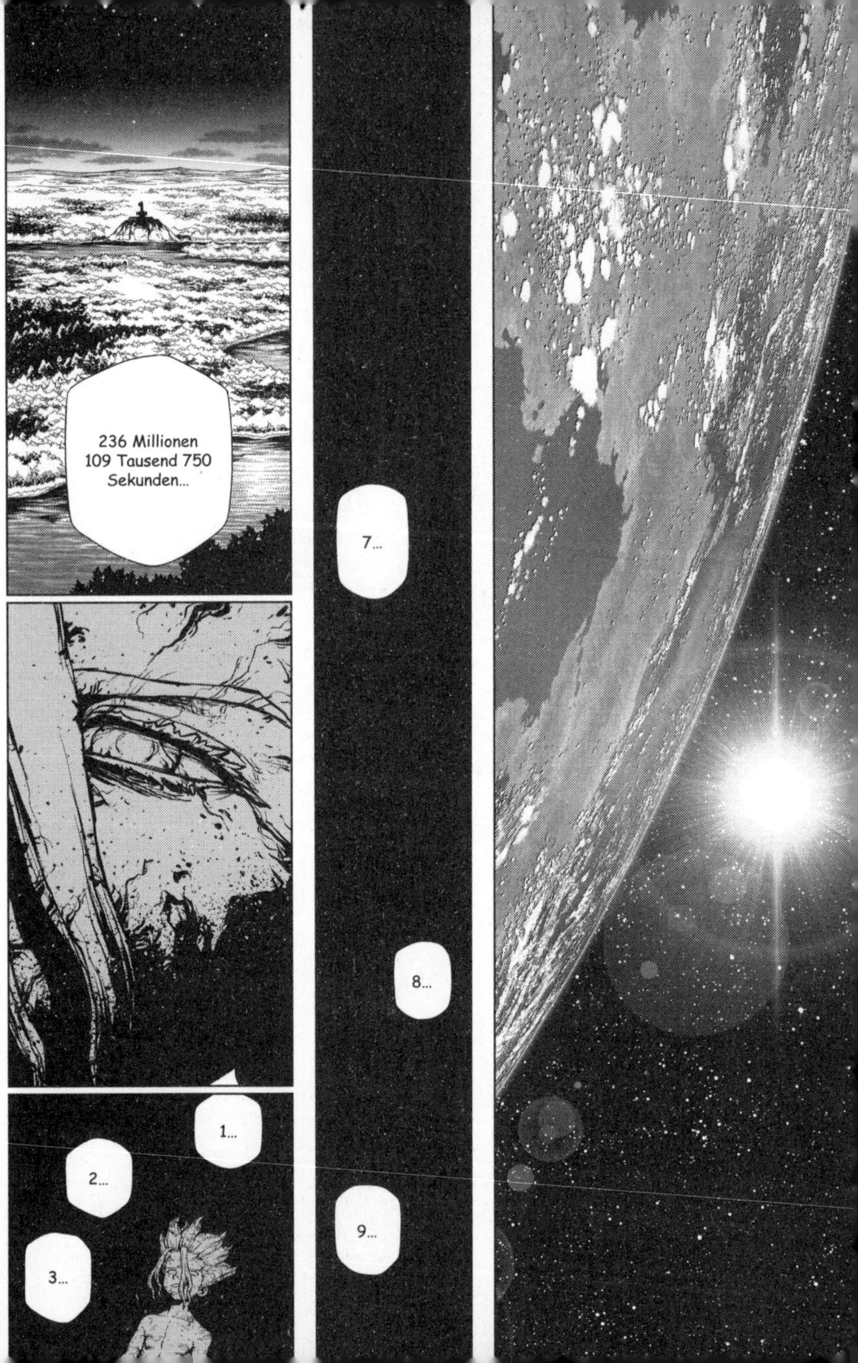
236 Millionen 109 Tausend 750 Sekunden...
1...
2...
3...
7...
8...
9...

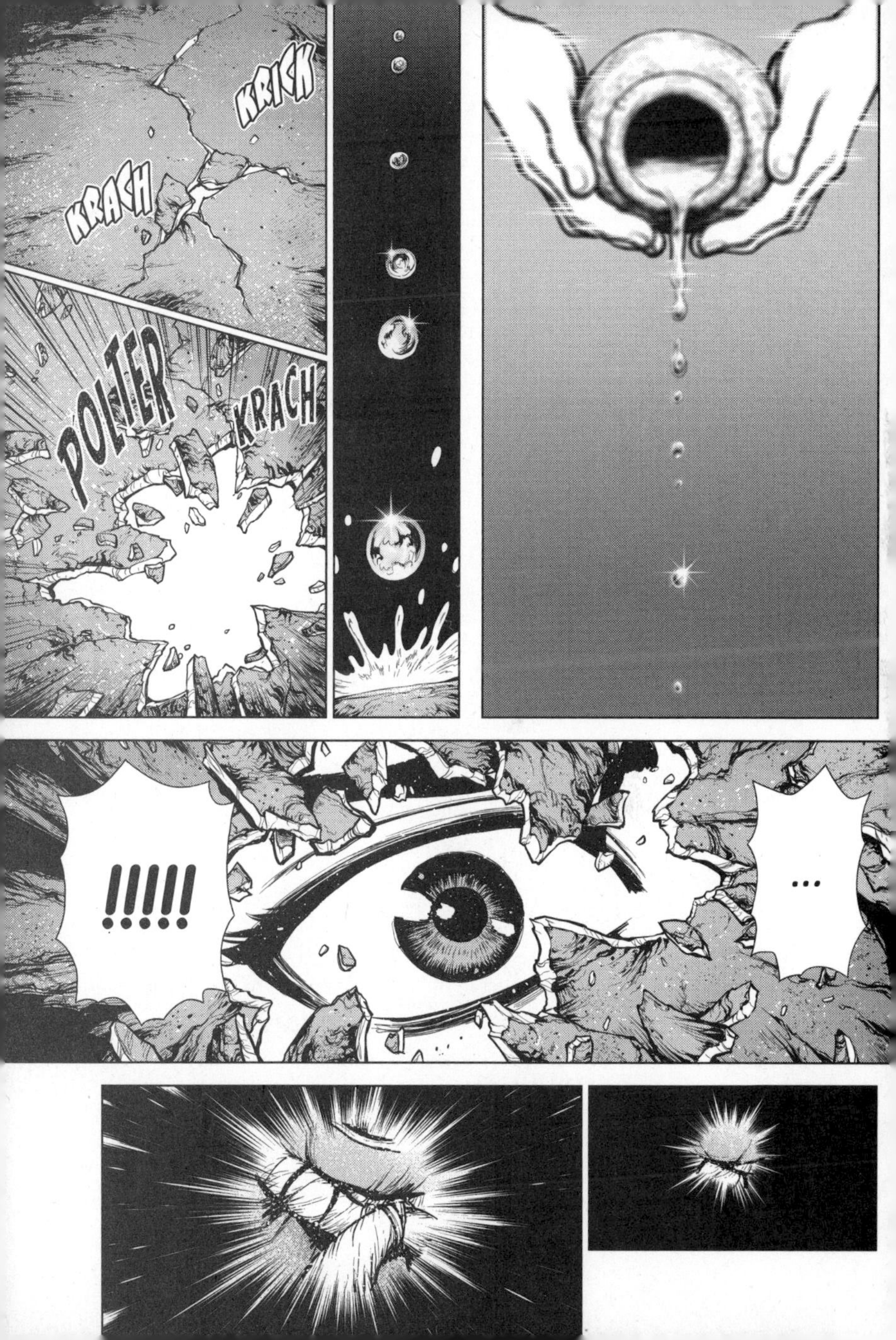
KRICK
KRACH
KRACH
POLTER
...
!!!!!

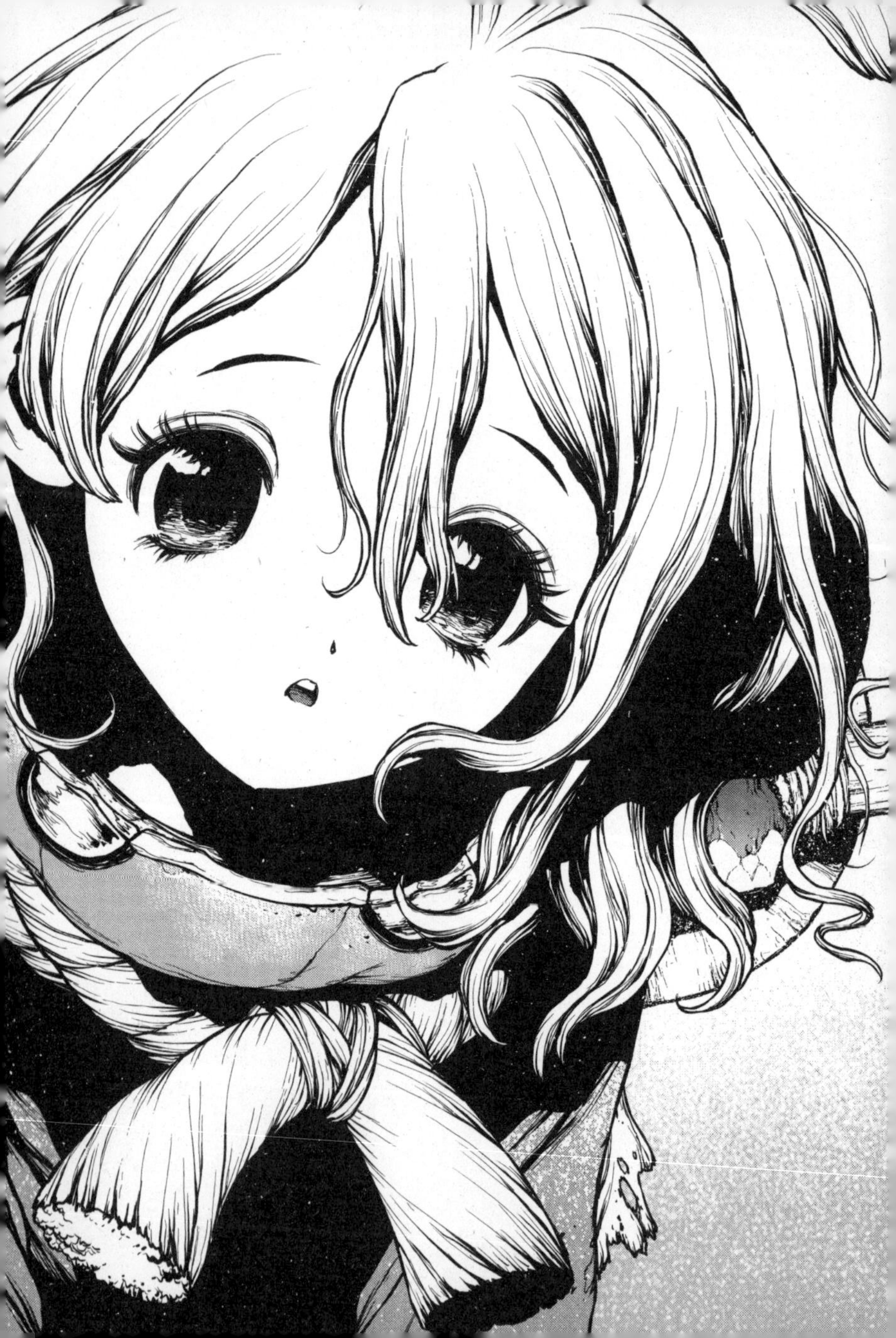

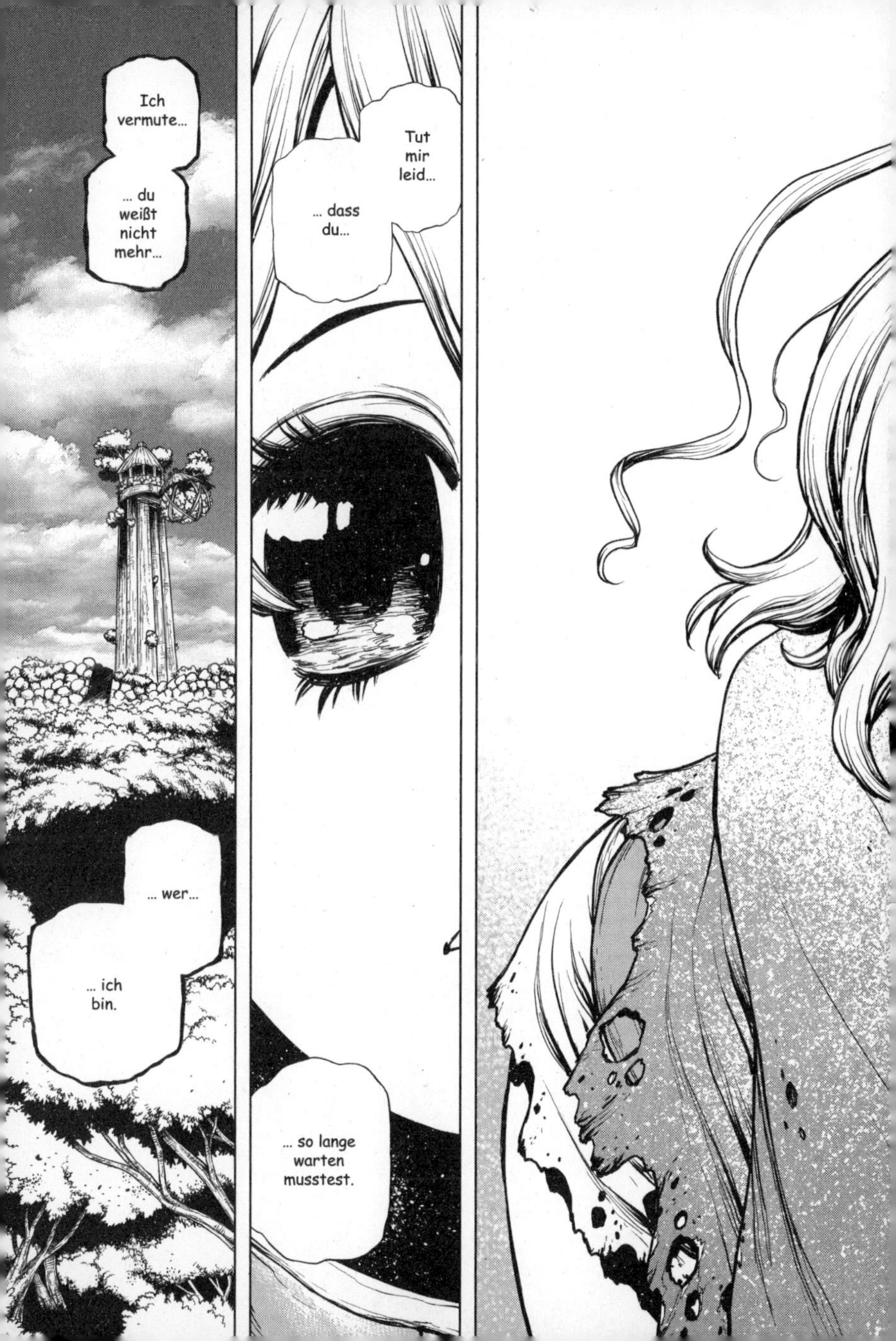
Tut mir leid...
... dass du...
... so lange warten musstest.
Ich vermute...
... du weißt nicht mehr...
... wer...
... ich bin.

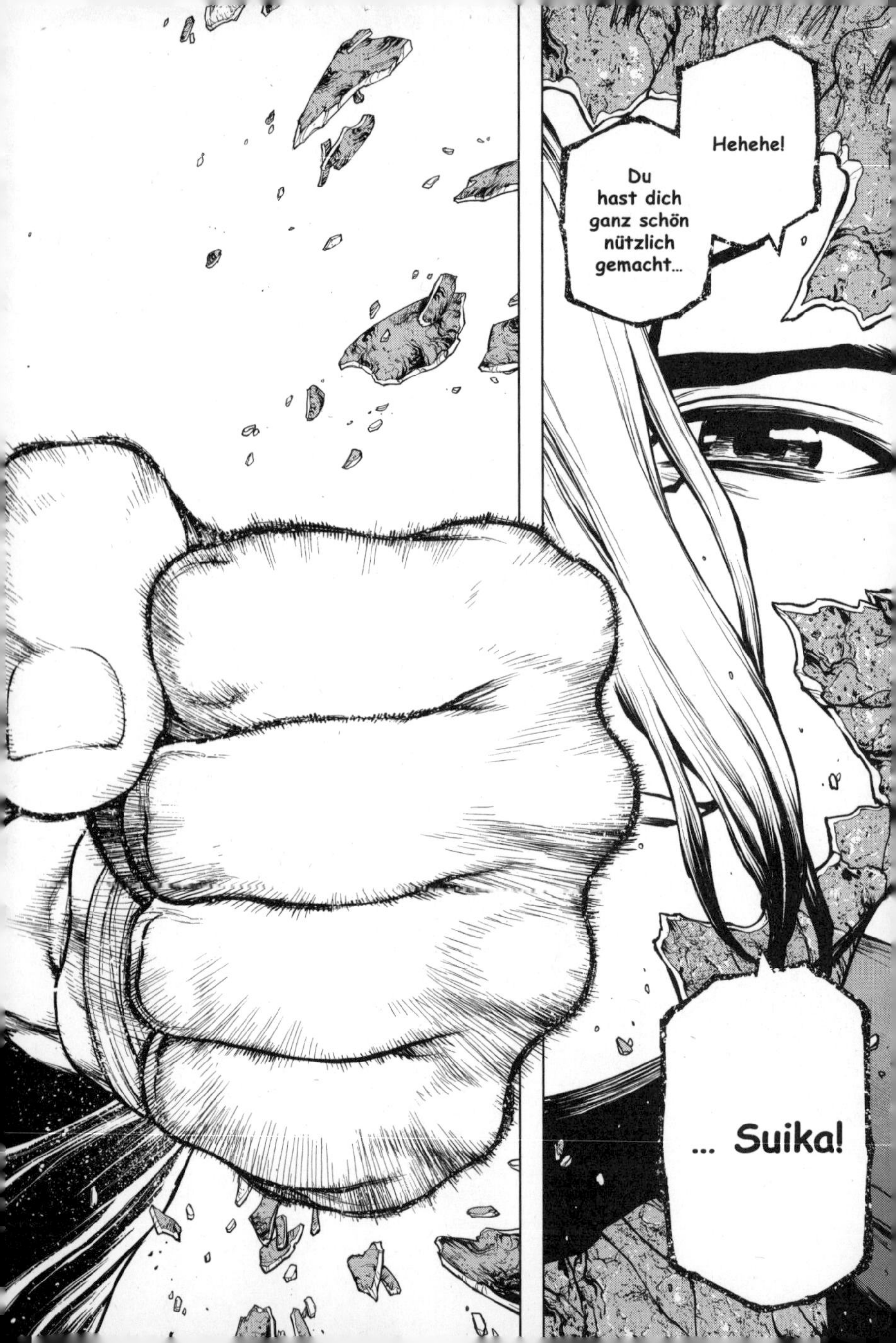
Hehehe!
Du hast dich ganz schön nützlich gemacht...
... Suika!

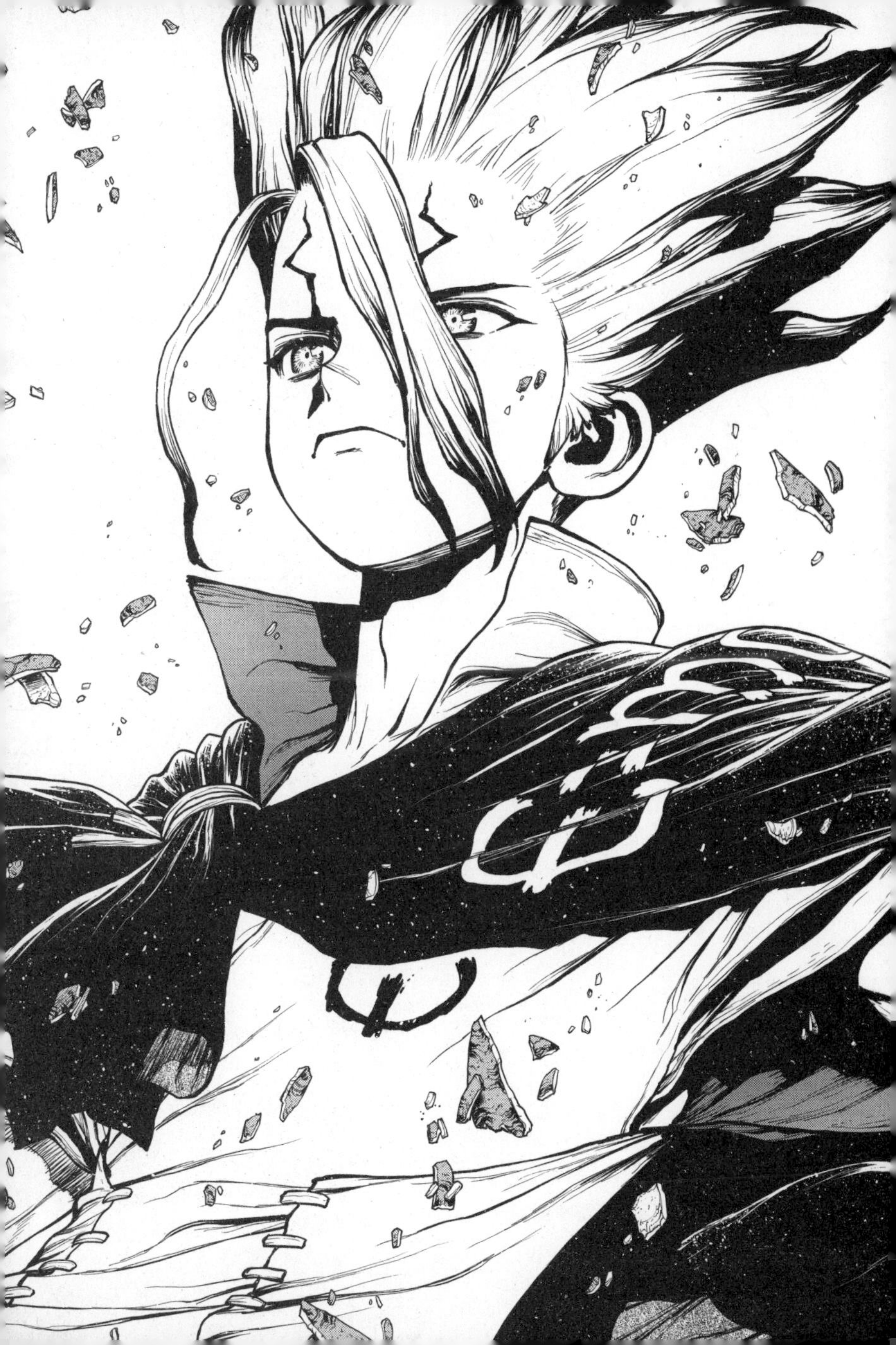

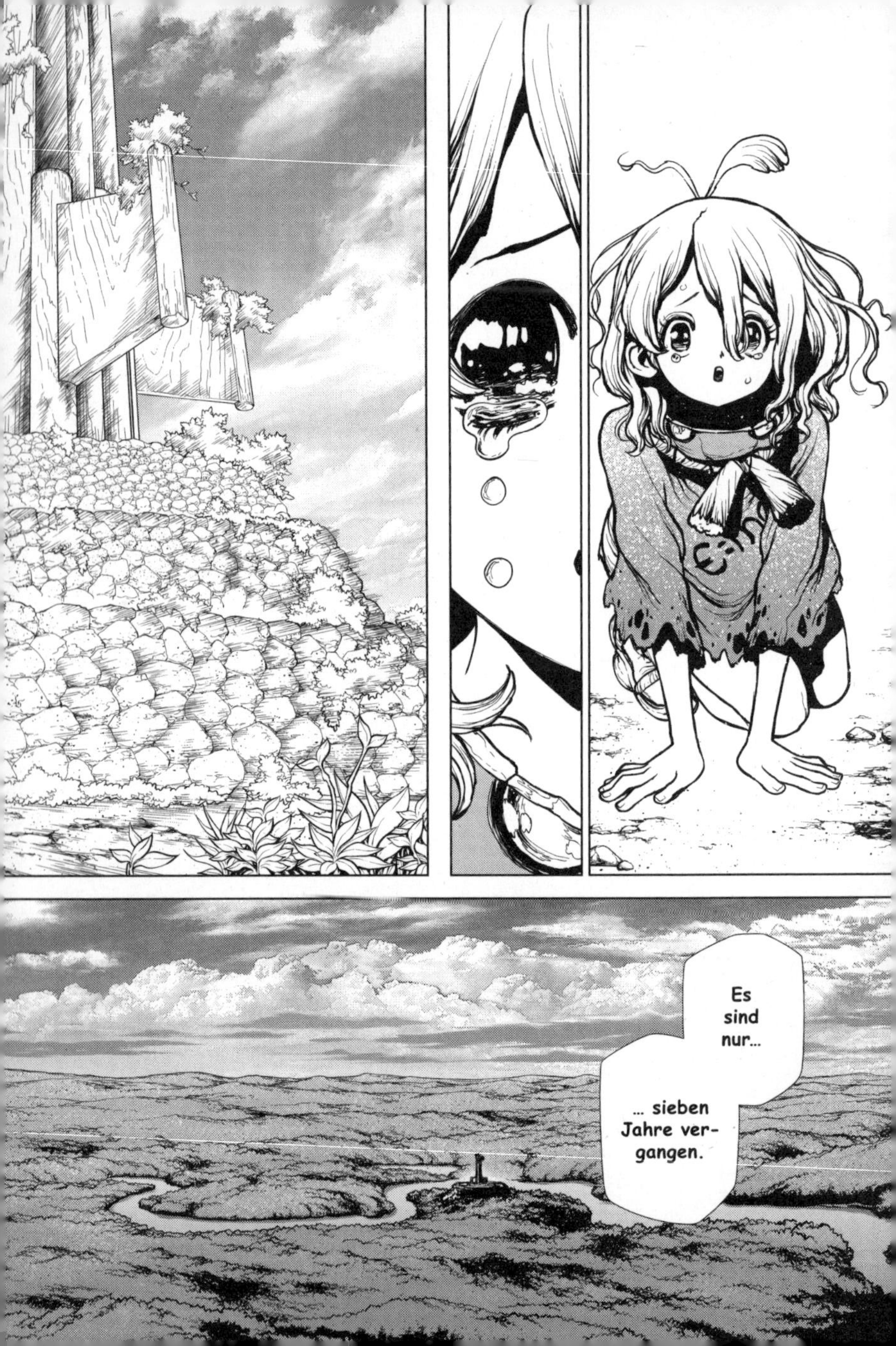
Es sind nur...
... sieben Jahre vergangen.

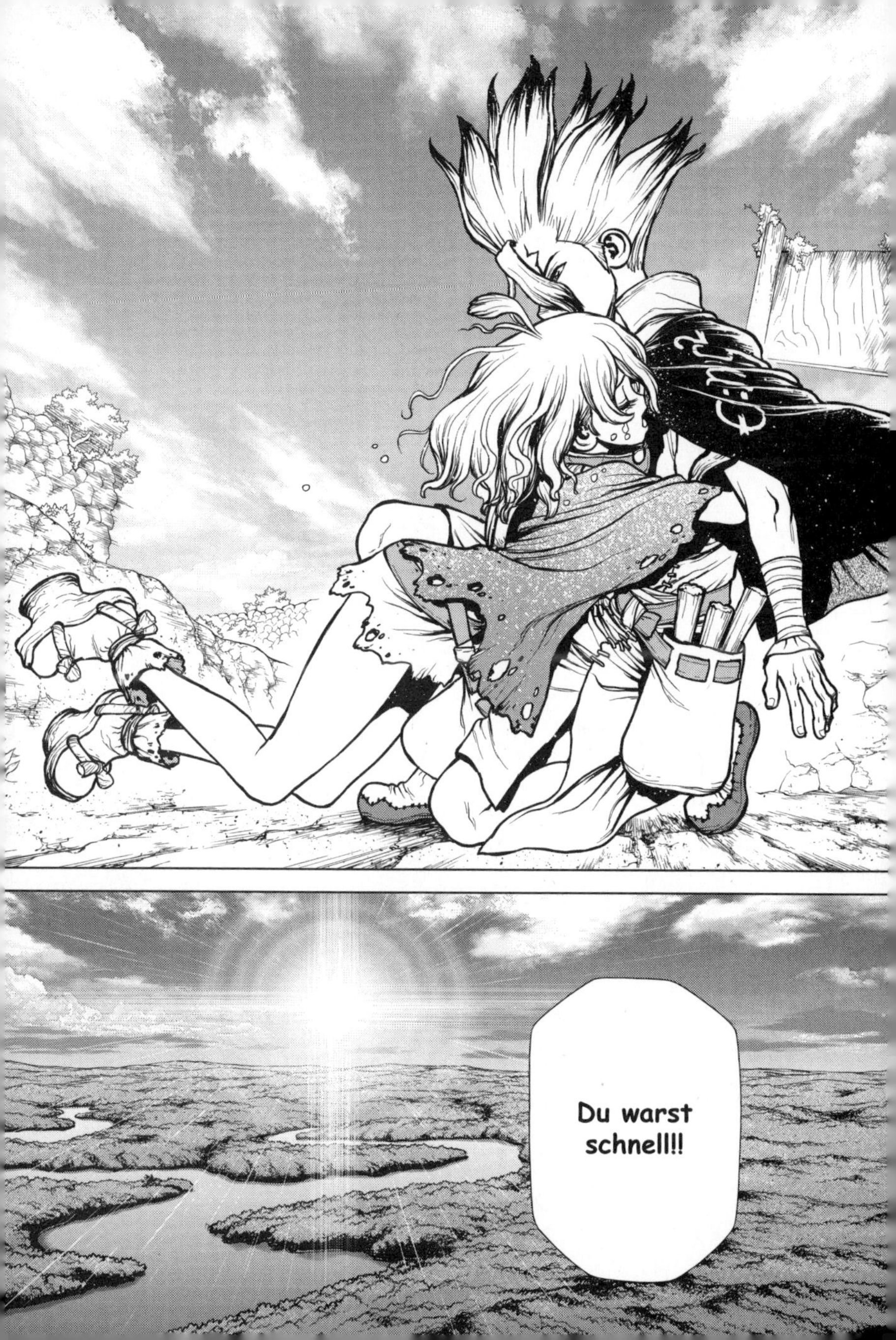
Du warst schnell!!

Ein weiteres Geheimnis der Versteinerungsstrahlen kommt ans Tageslicht...

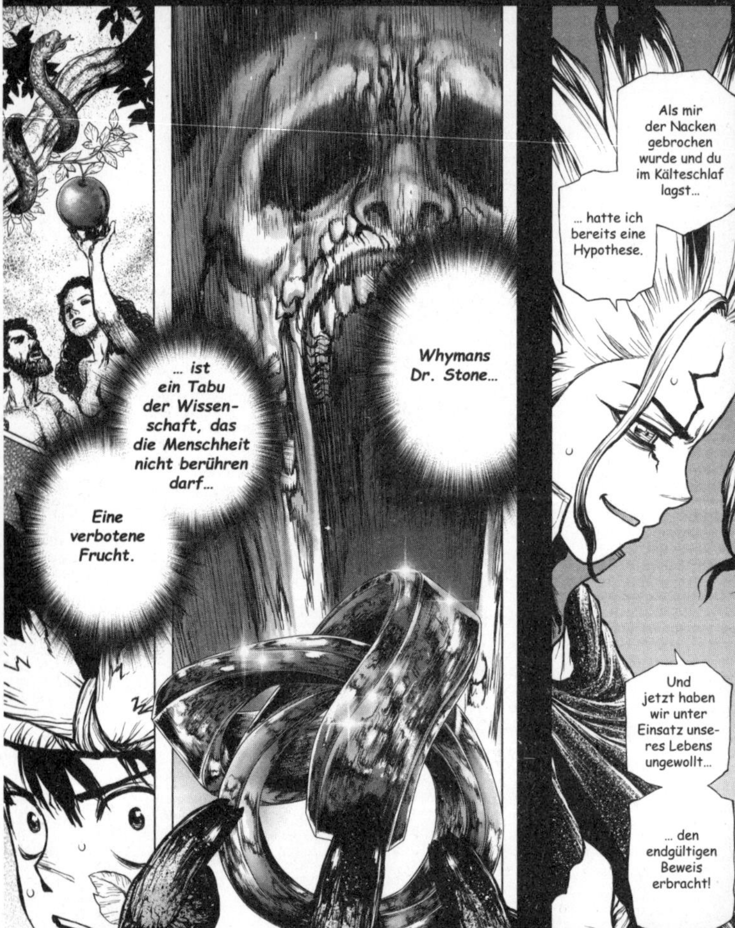

Im Handel erhältlich!!

Auf der Suche nach der Wahrheit nimmt der Plan einer Mondlandung Fahrt auf!!

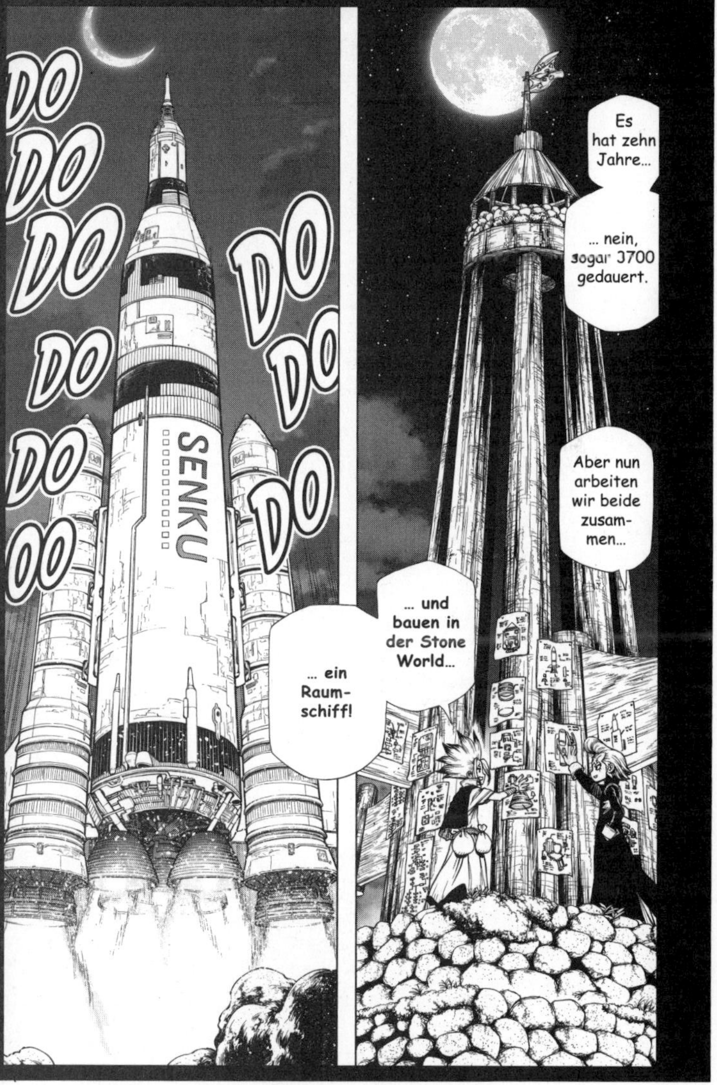

Dr. STONE 23

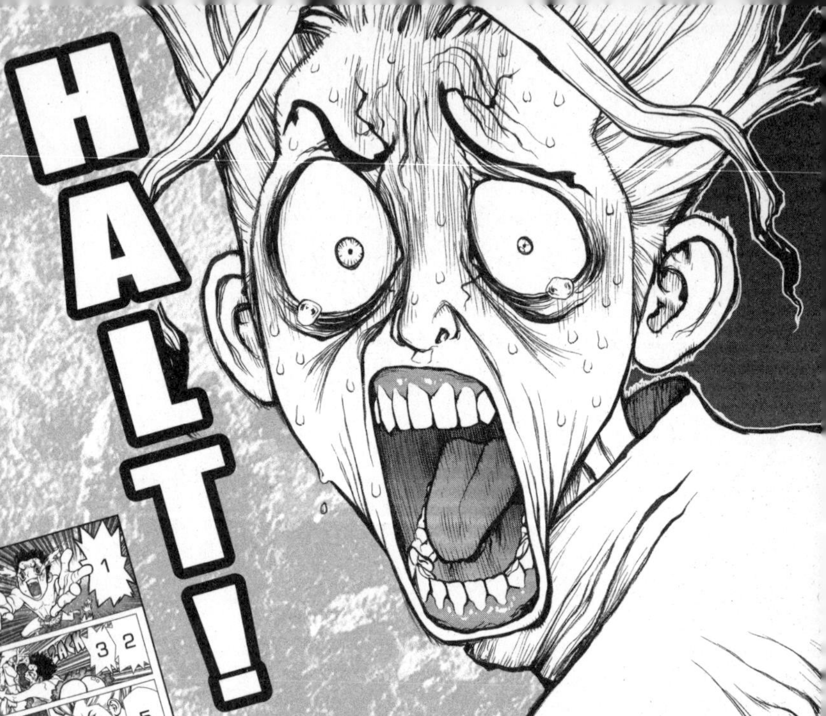

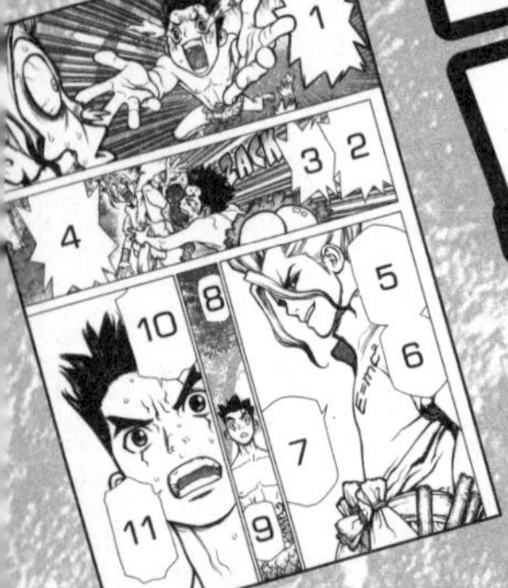

Dieser Comic beginnt nicht auf dieser Seite. **Dr. Stone** ist ein japanischer Comic. Da in Japan von »hinten« nach »vorne« gelesen wird und von rechts nach links, müsst ihr auch diesen Comic auf der anderen Seite aufschlagen und von »hinten« nach »vorne« blättern. Auch die Bilder und Sprechblasen werden von rechts oben nach links unten gelesen, so wie es die Grafik hier zeigt.
Viel Spaß mit **Dr. Stone**!

PRODUZIERT MIT VERANTWORTUNG

CARLSEN MANGA
Deutsche Ausgabe/German Edition

Aus dem Japanischen von Yuki Kowalsky

First published in Japan in 2017 by SHUEISHA Inc., Tokyo.
German translation rights in Germany, Austria, Luxembourg and German-speaking Switzerland arranged by SHUEISHA Inc. through VME PLB SAS, France.
Redaktion: Philipp Nakata
Textbearbeitung: Steffen Haubner
Herstellung: Tobias Hametner

Bei Fragen zum Produkt: carlsen.de/kontakt
ISBN: 978-3-551-75316-8

FSC
www.fsc.org
MIX
Papier | Fördert gute Waldnutzung
FSC® C083411